삼성
쇼크

삼성 쇼크

삼성은 몰락할 것인가,
아니면 다시 세상을 뒤흔들 것인가?!

이채윤 지음

창해

삼성전자의 부활, 제2 전성기의 서막

모든 거대한 질주는 단 한 번의 충격에서 시작된다.

최근 삼성전자가 다시 세계 무대의 중심으로 뛰어들며 만들어 낸 '삼성 쇼크' 역시 그러했다. 수년간 반도체 시장에서 TSMC가 압도적인 우위를 점하며 '독주'라는 말이 굳어진 시점, 일론 머스크가 전격적으로 삼성의 손을 잡았다는 소식은 단순한 계약 이상의 의미를 지녔다.

테슬라가 23조 원 규모의 파운드리 계약을 삼성과 체결한 순간, 업계는 전율했고 시장은 술렁였다. 그것은 단순히 전기차용 칩을 맡기는 수준이 아니었다. 자율주행이라는 미래 시장의 심장을 누가 지배할 것이냐를 가르는 선언이었고, 그 심장 속에 삼성의 반도체가 들어가는 순간, 삼성은 더 이상 패자의 언어를 쓰는 기업이 아니었다. 다시 제국의 언어, 승자의 언어를 되찾아온 것이다.

그 충격은 곧 연쇄 반응을 불러왔다. 수년간 소니와 손잡고 아이폰의 카메라 기술을 독점적으로 끌어올리던 애플이 돌연 삼성과 손을 잡았다는 소식이 전해졌다. 차세대 아이폰과 맥에 탑재될 이미지 센서를 삼성전자가 공급한다는 사실은 단순히 기술 교체가 아니었다. 그것은 "삼성은 여전히 필수불가결한 기업"이라는 글로벌 선언이었다.

한국 사회는 들떴다. "삼성 없는 애플은 불완전하다"는 자부심이 다시금 살아났고, 삼성전자 주가는 고공행진을 벌이기 시작했다. 전 세계 시장은 '삼성 쇼크'라는 단어를 다시 각인하기 시작했다. 테슬라와 애플, 두 기술 제국의 심장에 동시에 들어가는 칩을 공급하는 회사, 그것이 바로 삼성전자가 되었다.

그러나 계약만으로는 충분하지 않았다. 삼성은 이미 부활의 포석을 깔고 있었다. 미국이 제조업 부활을 외치며 반도체와 첨단 산업을 본토로 불러들였을 때, 삼성은 발 빠르게 움직였다. 텍사스와 오하이오에 대규모 반도체 공장을 세우며 현지화를 선택한 것이다. 미국이 원한 것은 단순한 외국 기업의 투자가 아니었다. 글로벌 공급망을 미국 중심으로 재편하고, 자국 내에서 안정적으로 반도체를 확보하려는 국가적 전략이었다.

삼성은 그 틀에 순응하면서도 동시에 영리하게 이득을 취했다. 미국 땅에 공장을 세움으로써 관세의 장벽을 피했고, 수십억 달러 규모의 보조금과 세제 혜택을 챙겼다. 미국의 제조업 부활이라는 국가 전략의 한가운데서 삼성은 단순한 외국 기업이 아니라 핵심 플레이어로 자리 잡았다.

최근 삼성전자를 둘러싼 호재가 연이어 터지고 있다. 2025년 10월 6일, 오픈AI가 AMD와 차세대 AI 가속기 'MI450' 공급 계약을 체결한다고 공식 발표하면서, 삼성전자가 이번 동맹의 최대 수혜주로 급

부상했다.

챗GPT로 AI 혁신을 이끌고 있는 오픈AI가 AMD와 손을 잡은 것은 엔비디아 독주 체제에 균열을 내겠다는 의미 있는 행보다. 그리고 그 균열의 한가운데에는, AMD의 오랜 반도체 파트너로 자리한 삼성전자가 있다.

AMD는 이미 MI300 시리즈에 삼성전자의 HBM3(4세대)를 탑재했고, 그 후속 모델 MI350에는 HBM3E(5세대)를 전량 채택했다. 여기에 오픈AI에 공급될 차세대 AI 가속기 MI450에는 삼성의 최신 HBM4(6세대)가 들어갈 가능성이 높다. 업계는 이번 계약으로 삼성전자의 HBM 매출이 올해 대비 최소 5배 이상 증가할 것으로 보고 있다. 삼성 입장에서는 그동안 하이닉스에 뒤처져 있던 HBM 시장 점유율을 단숨에 되찾을 수 있는 절호의 기회를 맞은 셈이다.

한 업계 관계자는 "삼성전자는 이미 AMD MI350용 HBM3E 12단 제품을 전량 공급하며 견고한 전략적 관계를 구축했다"며 "AMD가 내년 하반기부터 오픈AI에 공급할 MI450에도 삼성의 HBM4가 대규모로 채택될 가능성이 높다"고 전했다. 이는 단순한 납품 관계를 넘어, 글로벌 AI 생태계에서 삼성전자가 메모리 패권의 중심으로 복귀하고 있음을 보여주는 신호다.

여기에 의미심장한 장면이 하나 더 있다. 샘 올트먼 오픈AI CEO가 10월 1일 직접 이재용 삼성전자 회장을 만나 '스타게이트 프로젝트(Stargate Project)' 협력 강화를 논의한 것이다. 스타게이트 프로젝트는 오픈AI가 글로벌 기술·투자 기업들과 함께 슈퍼컴퓨터 및 AI 데이터센터를 공동 구축하는 초대형 프로젝트로, AI 시대의 인프라 주도권을 쥐기 위한 거대한 연합체다. 업계에서는 이번 회동이 오픈AI와 AMD, 그리고 삼성전자를 잇는 AI 반도체−데이터 인프라 삼각동맹의 서막이 될 것이라고 평가했다.

이재용 회장은 이번 만남에서 AI 반도체 공급뿐 아니라, 데이터센터 전력 효율 개선과 첨단 패키징, 냉각 시스템 등 인프라 전반에서의 공동 개발 가능성을 논의한 것으로 알려졌다. AI 슈퍼컴퓨팅 시대의 기반을 설계하는 자리에서 삼성이 이름을 올렸다는 점은, 단순한 납품업체가 아닌 전략 파트너로서의 위상을 확인시켜 준다.

이로써 삼성전자는 더 이상 '추격자'가 아니라, AI 반도체 생태계의 필수 축으로 자리 잡게 되었다. 오픈AI−AMD 동맹의 물결이 엔비디아의 독주를 흔드는 가운데, 삼성은 AI 데이터 인프라와 메모리 공급을 동시에 장악하며 새로운 질서를 쓰기 시작했다. 반도체 제국의 부활, 그 중심에는 이제 '삼성'이라는 이름이 다시금 선명하게 새겨지고 있다. 그리고 이 시점에서 등장한 것이 엑시노스2600다.

그동안 '발열 논란'으로 조롱을 받으며 존재감이 희미해졌던 엑시노스 시리즈는 이번에 정반대의 서사를 썼다. 최신 2nm 공정으로 제작된 차세대 AI 칩셋은 테슬라와의 협력 과정에서 성능과 효율이 동시에 검증되었고, 스마트폰이라는 울타리를 넘어 자동차와 로봇, 서버까지 넘나드는 범용 칩으로 확장되었다. AI 연산을 칩 내부에서 직접 처리할 수 있는 구조 덕분에 실시간 통역, 초저지연 자율주행, 에지 컴퓨팅 같은 기능이 가능해졌고, 발열과 전력 효율 문제 역시 과거와 비교할 수 없을 만큼 개선되었다.

엑시노스2600은 단순한 모바일 프로세서가 아니라 삼성의 기술력과 신뢰도를 되살리는 결정판이 되었고, TSMC의 독주에 금이 가는 신호탄이었다. 이재용이 직접 밀어붙인 이 프로젝트는 업계가 "신의 한 수"라 부른 결단으로 남았다.

삼성의 반격은 거기서 멈추지 않았다. 2025년, 메모리 업계가 다시 호황 국면에 들어서면서 시장은 '반도체 슈퍼사이클'이 돌아왔다고 선언했다. HBM4 수요가 폭발하자 SK하이닉스가 먼저 치고 나갔지만, 아이러니하게도 공급 부족으로 인한 반사이익은 삼성에 돌아왔다. 삼성은 패키징 기술과 하이브리드 본딩을 결합한 HBM4 샘플을 엔비디아와 AMD에 내밀었고, 일부 라인 진입이 성공하면서 시장은 다시 삼성의 가능성에 주목했다. '메모리 = 삼성'이라는 자존심은 아직 살아 있다는 신호였다.

이런 흐름 속에서 삼성전자는 2025년 3분기, 매출 86조 원·영업이익 12.1조 원이라는 역대급 실적을 발표했다. 전기 대비 매출은 15.3%, 영업이익은 158.5% 증가했으며, 전년 동기 대비로도 매출은 8.7%, 영업이익은 31.8% 늘어남으로써 삼성전자는 시장 전망을 뛰어넘는 '깜짝 실적(어닝 서프라이즈)'을 기록했다.

삼성전자는 테슬라·AMD·엔비디아·퀄컴 등 글로벌 빅테크와의 계약이 본격화되면서 수익 회복의 중심이 되었고, HBM과 AI 반도체 수요 폭증이 실적 반등을 견인했다.

이재용이 새해 벽두에 던진 메시지는 단순한 구호를 넘어선 비전이었다. 그는 "초격차"를 외치며 반도체 하나가 아니라, 6G, AI, 양자기술, 로봇, 메드텍 전반에서 미래를 선점하겠다고 선언했다. 특히 6G 분야에서 삼성은 이미 국제 표준 논의의 주도권을 쥐었고, '퀀텀 점프'를 노리는 기술 도박에 나섰다. 이는 단순히 스마트폰 네트워크의 속도를 높이는 차원이 아니라, 우주 인터넷과 메타버스·로봇 연결망까지 포괄하는 차세대 인프라 패권 싸움이었다.

CES 2025에서 삼성은 'Home AI'라는 개념을 내세워 집 안의 모든 사물이 스스로 학습하고 연결되는 세상을 선보였다. 갤럭시24와 갤럭시25는 서버 연결 없이도 실시간 다국어 통역을 구현하며 초연결 사회의 미래를 상징했다. 인터넷 없는 곳에서도 즉시 사람과 사람을 연결하는 이 장면은 단순한 기능이 아니라 새로운 글로벌 표준을 선점하겠다는 도전이었다.

물론 시장은 냉혹했다. 한국의 젊은 세대는 여전히 아이폰을 손에 쥐었고, 갤럭시는 부모 세대의 휴대폰이라는 인식이 지워지지 않았다. 하지만 삼성은 더 멀리, 더 새로운 길을 찾았다. 메드텍, 로봇, 전장, 친환경 공조 같은 신사업은 이제 부수적인 영역이 아니었다. 미국 시장을 겨냥한 의료 AI 기기, 테슬라와 애플이 뛰어드는 자율주행 전장 시장, 독일 공조기업 인수에 담긴 '친환경 삼성' 메시지는 모두 하나의 서사로 묶였다. 위기와 기회가 교차하는 그 순간, 삼성은 다시 전진하기 시작했다.

글로벌 M&A에서도 변화가 감지됐다. 이재용의 사법 리스크 등 여러 사유로 과거엔 주저하다 기회를 놓쳤지만, 최근 삼성은 AI 인프라와 에너지 솔루션 기업을 정조준하며 공격적 행보를 시작했다. 이재용이 직접 워싱턴으로 날아가 퀄컴, 메타, 아마존 CEO들과 밀담을 나눈 장면은 단순히 방어가 아니라 새로운 질서를 쓰려는 의지를 보여주었다. 테슬라·애플·엔비디아와의 동맹, 2025 반도체 슈퍼사이클의 도래, HBM4의 반사이익, 6G 주도권, 뉴로모픽 엑시노스2600의 성공적 데뷔. 이 모든 것은 삼성의 부활이 단순한 '반짝 반등'이 아니라 제2 전성기의 예고편임을 보여주었다.

그러나 적은 만만치 않다. 애플은 가격을 올리면서도 충성 고객을 잃지 않았고, 삼성은 가격을 내리면서도 충성도를 확보하지 못했다. 동시에 중국은 기술 유출 사건을 통해 삼성의 요새를 흔들며 추격의 속도를 높였다. 내부적으로도 TF 체제의 불협화음, 무노조 경영의 그림자, 글로벌 ESG 압박에 대한 뒤늦은 대응이 삼성의 발목을 잡고 있다.

이재용은 선택을 강요받고 있다. 초격차라는 말이 단순한 구호가 아니라면, 그는 실제로 그것을 실현할 수 있는가를 증명해야 한다. 아버지 이건희의 유산을 계승할 것인가, 아니면 완전히 새로운 길을 열 것인가? 초격차는 곧 무한한 베팅을 의미한다. 기술, 인재, 글로벌 거점 모두를 걸어야 하는 거대한 도박. 그것은 개인의 명운이 아니라 한국 경제 전체의 운명이 걸린 선택이다.

삼성 쇼크라는 말은 이제 이중적이다. 한때는 몰락의 전조로 불렸지만, 이제는 위기에서 반격으로 넘어가는 드라마의 타이틀로 변주되었다. 반도체와 AI, HBM4와 6G, 뉴로모픽과 로봇, 그리고 ESG

와 글로벌 정치의 교차로에서 삼성은 다시 한 번 제국의 길을 걸으려 한다. 흔들림 속에서도 질주하는 제국, 몰락의 징후 속에서도 전성기를 꿈꾸는 아이러니, 그 모순의 한가운데에서 우리는 '제2 삼성 전성시대'라는 거대한 드라마의 막이 오르는 순간을 목격하고 있다. 삼성은 흔들렸다. 그러나 그 흔들림은 파국이 아니라 질주의 예고편이었다. 초격차의 유산과 글로벌 네트워크의 전략, 반도체 슈퍼사이클과 AI 혁명, MZ세대의 도전과 알파세대를 향한 베팅, 제국의 무대는 다시 세워졌다.

이제 세계가 묻는다. 삼성은 몰락할 것인가, 아니면 다시 세상을 뒤흔들 것인가?

이 질문이야말로 지금 시대의 가장 긴박하고 매혹적인 리얼리티다. 그리고 이 거대한 드라마는 이제 막, 두 번째 전성기의 서막을 열고 있다.

삼성의 이름으로
삼성은 국가의 자존심이자 생존 전략이 되었고,
빛나는 초격차 신화와 동시에 오너 일가의 그림자,
무노조 문화 같은 어두운 유산을 품었다.

제국의 영광과 첫 균열
반도체와 스마트폰 제국의 절정기,
그러나 내부의 자만과 외부 경쟁자들의 압박 속에서
균열이 서서히 드러나기 시작했다.

"위기"라는 단어가 등장하다
2019년 일본의 수출 규제는 '삼성도 멈출 수 있다'는
현실을 각인시키며 국가와 기업을 동시에 흔들었다.

이건희의 그림자와 이재용의 무대
초격차의 유산과 글로벌 네트워크형 리더십이 교차하며,
부자의 계승과 탈피라는 줄다리기가 본격화되었다.

두 기둥의 흔들림과 삼성 쇼크
반도체와 스마트폰이라는 양대 축은
TSMC·애플·중국의 압박 속에 흔들렸지만,
머스크와의 계약을 계기로 제2의 전성기를 향한
반격의 신호탄이 쏘아 올려졌다.

SAMSUNG SHOCK

PART 1

서막

제국의 빛과 그림자

삼성의 이름으로

국가와 기업이 동일시된 서사, 삼성이라는 이름의 빛과 그림자

삼성의 이름은 단순한 상호나 기업 로고의 차원을 이미 오래전에 넘어섰다. 한국 사회에서 그것은 곧 국가의 대리인이자 국민 개개인의 생존 전략을 가능하게 하는 버팀목이었다. 외환위기의 소용돌이 속에서 은행들이 줄줄이 문을 닫고 대기업들이 무너질 때, 삼성전자가 세계 반도체 시장 1위를 차지했다는 소식은 국가적 위안이었다.

한 사회의 경제가 흔들려도 그 안에서 삼성이라는 거대한 엔진은 멈추지 않을 것이라는 믿음이 퍼졌고, "삼성이 살아야 한국이 산다"는 말은 구호가 아니라 현실의 진단처럼 들렸다. 당시 교실에서 선생이 학생들에게 "공부 열심히 해서 삼성에 들어가라"고 말하던 장면은 농담이 아니라 생존의 매뉴얼이었고, 취업 준비생들이 밤을 새우며 토익 점수를 올리고 코딩을 배우는 이유는 오직 하나, 삼성 입사라는 티켓을 손에 쥐기 위해서였다. 이처럼 삼성이라는 이름은 안정된 삶과 성공의 보증수표였으며, 동시에 한국 경제의 심장을 뛰게 하는 동력이었다.

하지만 눈부신 빛이 강할수록 그 그림자도 짙게 드리워졌다.

삼성은 '1등 DNA'를 자랑했지만 오너 일가의 권력 승계, 무노조 경영이라는 독특한 제도, 협력업체와의 불평등 관계 같은 구조적 문제들이 늘 그림자처럼 따라다녔다. 한국 사회는 이 그림자를 모르는 것이 아니었다. 그러나 사람들은 의도적으로 눈을 돌렸다. 삼성의 세금 규모와 창출하는 일자리가 너무도 막강했기 때문이다. 언론은 삼성을 향한 비판보다는 성공 신화를 대대적으로 다루었고, 젊은 세대는 삼성에 들어가는 것이 곧 신분 상승의 확실한 경로라고 믿었다. 국가와 기업이 동일시되는 희귀한 현상이 만들어졌고, '삼성 = 한국'이라는 등식은 대중의 의식 속에 뿌리 깊게 자리 잡았다.

이건희 회장이 "마누라와 자식 빼고 다 바꾸라"는 선언을 던졌을 때 그것은 단순한 경영 혁신의 구호가 아니었다. 국민에게는 한국 사회 전체가 선진국으로 향한다는 서사적 전환처럼 받아들여졌다. 실제로 그 뒤로 삼성은 반도체와 휴대폰 분야에서 눈부신 성과를 올리며 세계 기업사의 전환점을 만들어냈다. 2010년대 초반 갤럭시 시리즈가 애플의 아이폰과 어깨를 나란히 하며 세계 스마트폰 시장을 양분했을 때, 삼성은 더 이상 한국의 기업이 아니라 글로벌 제국으로 인식되기 시작했다. 올림픽 경기장, 월드컵 스타디움, 세계적인 콘서트 무대에 삼성의 로고는 국가의 국기와 나란히 걸렸고, 전 세계 가정의 거실에는 삼성 TV와 냉장고가 자리했다. "Made in Korea"라는 문구가 아니라 "Made by Samsung"이라는 문장이 곧 세계적 신뢰의 상징이 된 시기였다.

그러나 영광 뒤의 그림자는 늘 길게 남았다. 반도체 초격차 전략은 삼성의 승리를 굳건히 했지만, 동시에 막대한 비용과 인력 소모를 요구했다. 수천억 원이 투입되는 미세공정 경쟁은 마치 끝없는 전쟁 같았고, 한 번 뒤처지면 시장에서 영영 밀려날 수도 있다는 공포가 삼성을 끊임없이 몰아세웠다.

2019년 여름 일본 정부가 반도체 소재 수출을 규제했을 때, 한국 사회는 충격에 빠졌다. 포토레지스트, 불화수소, 플루오린 폴리이미드 같은 낯선 화학물질이 뉴스 헤드라인을 장식하며 '삼성도 멈출 수 있다'는 현실이 드러났다. 국민들은 분노했지만 동시에 불안을 감추지 못했다. 그 순간 삼성은 전지전능한 존재가 아니라, 국제 정치와 공급망 리스크 앞에서 흔들릴 수 있는 기업이라는 사실이 드러났다.

그러나 삼성은 좌절 대신 새로운 길을 택했다. 불과 몇 해 전 자신들을 옥죄었던 일본 땅, 요코하마에 2,500억 원 규모의 첨단 패키징 연구개발센터를 세우겠다고 발표한 것이다. 적진 한복판에서 성채를 세우듯, 일본의 소부장 생태계를 흡수하며 초격차를 이어가겠다는 전략적 도박이었다. 실제로 삼성은 도쿄대 출신 연구원들을 채용하고 나믹스, 레조낙, MEC 같은 일본 기업들과 손을 잡으며 패키징의 교두보를 마련했다. 패키징은 단순히 칩을 보호하는 과정이 아니라, 여러 칩을 하나처럼 작동하게 만드는 반도체의 최종 무대였다. 엔비디아와 AMD가 TSMC를 찾는 이유가 단순히 파운드리 때문이 아니라 턴키 패키징까지 아우르는 경쟁력 때문이었듯, 삼성은 이제 이 기술의 본산지에서 직접 승부를 걸고 있었다.

태평양 건너 미국에서는 또 다른 무대가 열렸다. 바이든 행정부가 반도체 공급망을 자국 중심으로 재편하겠다고 선언했을 때, 삼성은 텍사스 테일러에 거대한 파운드리 공장을 짓는 카드를 꺼내 들었다. 미국 상무부는 약 9조 원에 달하는 보조금과 세제 혜택을 승인했고, 삼성은 관세 부담을 줄이고 안정적 수요를 확보하며 글로벌 공급망의 핵심 플레이어로 올라섰다. 물론 협상 과정에서 중국 내 투자를 제한하는 '가드레일 조항'이 발목을 잡을 뻔했지만, 결국 완화된 조건으로 돌파했다. 삼성은 미국과 중국 사이의 줄타기 속에서도 영리하게 생존 전략을 짜내며, 단순한 외국 기업이 아니라 미국의 제조 주권 전략에서 빠질 수 없는 파트너로 자리매김했다.

이런 행보는 곧장 실질적 성과로 이어졌다. 테슬라는 자율주행 칩 개발을 위해 삼성과 23조 원 규모의 파운드리 계약을 체결했고, 머스크는 "이 계약은 최소 금액일 뿐"이라며 규모가 더 커질 것을 예고했다. 애플 역시 이미지 센서 공급을 삼성으로 전환하며 오랜 경쟁 구도를 넘어 협력의 새 국면을 열었다. 삼성은 다시 두 거대 제국의 심장에 동시에 들어가는 기업이 되었고, 글로벌 시장은 '삼성 쇼크'라는 말을 다시 꺼내들었다.

이쯤 되면 삼성이라는 이름은 단순한 기업의 로고가 아니라 하나의 문명적 기호였다. 국가의 위기 때마다 삼성은 구원처럼 등장했고, 글로벌 무대에서 삼성은 한국이라는 이름을 대신하는 브랜드였다. 그러나 이 이름이 가지는 무게는 영광만큼이나 무거운 그림자를 동반했다. 내부적으로는 TF 체제가 협업을 무너뜨렸고, 무노조 경영의 후유증이 여전히 불만을 낳았으며, ESG와 글로벌 규제의 압박은 뒤늦은 대응으로 비판을 받았다. 삼성의 이름은 자부심이자 부담, 희망이자 위기의 동의어가 된 것이다.

오늘날 한국 사회에서 여전히 중요한 질문은 단순하다.

"삼성은 괜찮은가?" 기업의 운명이 곧 국가의 운명이 되는 이 희귀한 구조 속에서, 삼성의 이름은 여전히 빛과 그림자를 동시에 안고 있다. 요코하마의 연구소, 텍사스의 공장, 테슬라와 애플의 계약, 그리고 글로벌 시장의 냉혹한 경쟁 속에서 삼성의 이름은 제국의 문장처럼 빛나고 있지만 동시에 시험대 위에 놓여 있다. 국가와 기업이 동일시된 이 서사는 여전히 끝나지 않고, 앞으로도 '삼성의 이름으로'라는 문장은 한국과 세계의 경제 드라마 한가운데에서 계속 울려 퍼질 것이다.

제국의 영광과 첫 균열

**반도체·스마트폰 제국의 전성기,
그러나 내부와 외부에서 시작된 미세한 금**

삼성의 영광은 반도체와 스마트폰이라는 두 기둥 위에 세워졌다. 반도체는 세계 산업의 쌀이라 불리며 수많은 기업의 심장을 뛰게 했고, 스마트폰은 전 세계 소비자의 손안에 들어간 제국의 깃발이었다.

2000년대 후반, 애플이 아이폰으로 세상을 바꾸기 전부터 삼성은 이미 메모리 반도체에서 압도적인 점유율을 차지하고 있었다. D램과 낸드플래시 시장에서 삼성의 점유율은 각각 40% 안팎으로 치솟았다. 서버와 PC, 스마트폰 제조사들은 삼성의 칩 없이는 단 하루도 공장을 돌릴 수 없었다. 반도체 시장에서 삼성이 흔들리면 세계가 흔들린다는 공식이 만들어졌고, 바로 그때 삼성의 이름은 글로벌 경제의 구조를 떠받치는 기둥이 되었다. 스마트폰에서는 갤럭시 시리즈가 세계인의 일상을 장악했다. 2010년 출시된 첫 갤럭시는 아이폰의 대항마로 출발했지만, 불과 몇 년 만에 시장의 절반 가까이를 점령하며 애플과 나란히 서게 되었다. 런던 지하철, 뉴욕 타임스스퀘어, 도쿄 시부야의 네온사인에 등장한 삼성 갤럭시는 단순한 전자제품이 아니라 한국이라는 국가의 존재감을 증명하는 문장이었다. 한국 기업이 만든 스마트폰이 세계인의 손에 들린다는 사실은 국민에게 자부심을 넘어 일종의 대리 권력감을 주었다. 반도체와 스마트폰 두 축이 동시에 번영하던 시기는 곧 삼성 제국의 황금기였다.

그러나 황금기에는 언제나 금이 간다. 삼성의 반도체는 초격차 전략으로 세계 1위를 이어갔지만, 파운드리 시장에서는 대만의 TSMC가 날개를 달고 치고 올라왔다. 2010년대 중반 이후 TSMC는 미세공정에서 연속적인 성공을 거두며 애플, 엔비디아, AMD 같은 초대형 고객들을 모두 흡수했다. 아이폰에 들어가는 프로세서가 TSMC 공정에서만 생산된다는 사실은 충격이었다. 메모리에서는 삼성의 이름이 절대적이었지만, 시스템 반도체와 파운드리에서는 TSMC의 독주가 구조화되면서 균열이 시작되었다. 특히 애플과의 관계는 아이러니를 드러냈다. 갤럭시와 아이폰이 시장에서 치열하게 맞붙는 한편, 애플은 반도체 공급망에서 삼성 대신 TSMC를 택하며 양사의 관계는 경쟁과 협력, 갈등과 필요의 복잡한 교차로에 서게 되었다.

내부적으로도 문제가 피어나기 시작했다. 스마트폰 시장에서 삼성은 수많은 기종을 쏟아내며 점유율을 유지했지만, 브랜드 충성도에서 애플에 밀리기 시작했다. 애플은 해마다 아이폰의 가격을 올리면서도 고객 충성도를 잃지 않았고, 삼성은 가격을 내리면서도 소비자의 마음을 붙잡는 데 실패했다. MZ세대가 애플을 '문화적 아이콘'으로 인식하는 사이, 삼성은 여전히 부모 세대의 스마트폰이라는 이미지에서 벗어나지 못했다. 광고와 마케팅을 아무리 쏟아부어도, "갤럭시를 쓰는 것은 실용, 아이폰을 쓰는 것은 취향"이라는 인식이 고착되면서 젊은 세대의 선택은 갈수록 애플로 쏠렸다. 내부 엔지니어들 사이에서는 "스펙은 우리가 이겼는데, 감성은 졌다"는 자조가 흘러나왔다.

외부 환경도 거칠었다. 일본의 반도체 소재 수출 규제는 삼성의 절대 권력에도 치명타를 가했다. 불화수소, 포토레지스트, 플루오린 폴리이미드 같은 핵심 소재가 막히자, 세계 1위 기업도 하루아침에 공정을 멈출 수 있다는 사실이 드러났다. 국민들은 분노와 공포를 동시에 느꼈다. "삼성마저 무너질 수 있다"는 인식은 곧 "한국 경제 전체가 흔들릴 수 있다"는 집단적 불안을 불러왔다. 바로 이 지점에서 삼성 제국의 균열은 단순한 기업 문제가 아니라 국가적 균열로 확장되었다.

또 다른 문제는 메모리 시장의 사이클이었다. 삼성은 슈퍼사이클이 도래할 때마다 막대한 이익을 쓸어 담았지만, 불황이 오면 그만큼 큰 손실을 떠안아야 했다. 시장의 특성상 호황과 불황은 반복되었고, 그때마다 삼성의 실적은 롤러코스터를 탔다. 반도체 가격이 폭락하던 시기, 삼성은 '사상 최대 적자'라는 굴욕적인 타이틀을 안기도 했다. 메모리 초격차로 시장을 지배하는 듯 보였지만, 실적의 불안정성은 제국의 기반을 흔드는 첫 균열이었다.

그러나 균열은 외부의 충격이나 시장의 사이클 때문만은 아니었다. 삼성 내부의 조직문화가 갈라진 틈새를 넓혔다. TF 체제가 빠른 대응을 가능하게 했지만 협업을 무너뜨렸고, 무노조 경영의 후유증은 갈수록 조직 내부의 불만을 키웠다. 기술자들이 피로에 지쳐 나가떨어지고, 젊은 인재들이 구글이나 애플, 심지어는 스타트업으로 이탈하는 현상은 삼성이 내부적으로 소진되고 있다는 신호였다. 영광의 시대에 드리운 그림자는 점점 선명해지고 있었다.

이 시기 삼성의 상징적인 장면은 갤럭시 노트7의 배터리 폭발 사태였다. 최고 사양의 스마트폰으로 출시된 노트7은 불과 몇 주 만에 전량 리콜이라는 사상 초유의 사건으로 마무리되었다. 글로벌 시장에서 "삼성 = 안전하지 않은 스마트폰"이라는 낙인이 찍혔고, 소비자 신뢰는 한순간에 무너졌다. 물론 삼성은 이후 위기를 교훈 삼아 품질 관리 시스템을 강화했지만, 제국의 무오류 신화가 깨진 순간이었다. 제국의 균열은 이렇게 소비자 인식 속에서 더욱 날카롭게 드러났다.

파운드리 경쟁, 브랜드 충성도 격차, 일본 수출 규제, 메모리 사이클의 불안, 내부 조직의 갈등, 제품 신뢰성 문제. 이 모든 것이 합쳐져 삼성 제국의 영광에 금이 가기 시작했다. 그러나 균열이 있다고 해서 제국이 곧장 무너지는 것은 아니었다. 오히려 그 균열은 더 큰 반격과 재도약의 서막을 예고했다. 삼성은 요코하마연구소를 통해 일본의 심장부에서 패키징 기술을 정조준했고, 미국 텍사스에서 반도체 공장을 세우며 글로벌 공급망의 새로운 축이 되었다. 균열은 제국의 종말이 아니라, 제2 전성기를 준비하는 역설적인 기회였다.

삼성의 이름이 국가와 기업을 동일시하게 만들었던 것처럼, 삼성의 균열은 국가의 불안을 그대로 반영했다. 국민들은 삼성이 흔들릴 때마다 한국 경제 전체가 휘청거린다고 믿었고, 실제로도 그 믿음은 현실과 크게 다르지 않았다. 반도체와 스마트폰이라는 두 축 위에서 제국은 여전히 강력했지만, 내부와 외부에서 새어 나온 작은 금들이 서서히 확대되며 제국의 미래를 위협하기 시작했다. 바로 그 시점에서, 삼성의 영광은 빛나는 동시에 균열을 내포하는 이중적 서사가 되었다.

이 장면은 곧 다음 이야기를 예고한다. '위기'라는 단어가 처음으로 공공연하게 등장한 순간, 삼성은 더 이상 무적의 제국이 아니었다. 균열은 드러났고, 위기의 언어는 서서히 현실이 되어가고 있었다.

03

"위기"라는 단어가 등장하다

2019년 일본 수출규제 충격, '삼성도 멈출 수 있다'는 현실의 각인

2019년 여름, 한국 사회의 뉴스 헤드라인을 뒤덮은 단어는 '수출규제'였다. 일본 정부가 반도체 핵심 소재 3종, 포토레지스트와 불화수소, 플루오린 폴리이미드의 대한국 수출을 규제하겠다고 발표하던 순간, 대한민국은 산업 전쟁의 한가운데로 내던져졌다. 그 파장은 단순한 무역 분쟁의 차원을 넘어섰다. 이 세 가지 소재는 반도체와 디스플레이 공정에서 없어서는 안 되는 물질이었고, 특히 삼성이 자랑하는 최첨단 라인에서 필수적인 재료였다. 그 순간 사람들은 비로소 깨달았다. 세계 1위 기업, 반도체 초격차를 외치던 삼성도 한 나라의 정치적 결정 앞에서 멈출 수 있다는 사실을.

포토레지스트는 빛으로 회로를 새기는 반도체 공정의 핵심이었고, 불화수소는 웨이퍼 세정과 식각 공정에서 반드시 필요했다. 플루오린 폴리이미드는 OLED 패널을 접는 데 필요한 고분자 소재였다. 이 세 가지가 막히면 반도체 라인과 디스플레이 라인은 즉각적으로 멈출 수밖에 없었다. 언론은 연일 "삼성이 멈출 수 있다"는 문장을 내보냈고, 국민들은 서늘한 충격을 받았다.

삼성은 국가 경제의 버팀목으로 여겨졌지만, 일본의 한마디에 휘청거릴 수 있다는 사실은 국민적 자존심에 깊은 상처를 남겼다. 거리에는 'NO JAPAN' 피켓이 들려 있었고 소비자들은 일본 맥주와 자동차를 불매했지만, 동시에 속으로는 불안했다. 일본의 부품이 끊기면 삼성이 멈추고, 삼성이 멈추면 한국 경제 전체가 흔들린다는 계산이 너무도 뻔했기 때문이다.

삼성 내부는 초긴장 상태로 들어갔다. 반도체 라인을 책임지는 엔지니어들은 기존 재고가 며칠이나 버틸 수 있는지 계산했고, 긴급히 대체 공급처를 찾는 TF가 꾸려졌다. 국내외에서 소재 국산화 프로젝트가 급히 추진되었고, 정부와 기업은 함께 뛰었다. 일본의 규제가 시작된 날부터 삼성의 반도체 라인은 하루하루가 전쟁이었다. 대체 물질을 테스트하면서 불량률이 치솟았고, 라인의 안정성을 확보하기 위해 수많은 엔지니어들이 밤을 새웠다. 언론에 드러나지 않은 수많은 보고서와 회의 속에서, "세계 1위도 이렇게 무너질 수 있구나"라는 절망과 "지금 버티지 못하면 한국은 끝난다"는 절박감이 교차했다.

당시 시장은 더욱 잔인했다. TSMC는 애플과 엔비디아의 주문을 독점하며 자신들의 우위를 확대하고 있었고, SK하이닉스는 메모리에서 틈새를 파고들었다. 글로벌 IT 기업들은 불안정한 공급망을 우려하며 삼성을 대신할 수 있는 파트너를 모색하기 시작했다. 반도체라는 산업은 국가와 국가 사이의 신뢰 위에서 굴러가는데, 일본 규제는 그 신뢰를 흔드는 신호탄이었다. 투자자들은 곧바로 반응했다. 삼성전자의 주가는 흔들렸고, 한국 증시는 동반 하락했다. 주식시장에 등장한 단어도 '위기'였다.

삼성의 엔지니어들은 현장에서 이 단어를 더 날카롭게 체감했다. 식각 공정에서 불화수소가 부족하면 회로가 제대로 새겨지지 않았고, 미세공정에서 불량이 쏟아졌다. 반도체 산업은 미세한 오차에도 전체 수율이 무너지는 섬세한 공정의 연속이다.

"삼성은 멈추지 않는다"는 믿음이 깨진 순간, 위기는 추상적인 담론이 아니라 구체적인 라인의 불량률과 직결된 숫자였다. 내부 보고서에는 '위험'이라는 붉은 표시가 곳곳에 찍혔고, 관리자들은 매일같이 대체 물질의 테스트 결과를 확인했다. 그러나 수율 회복은 생각보다 더디게 진행됐다. 위기라는 단어는 이제 삼성이 스스로 입 밖에 낼 수밖에 없는 현실이 되었다.

이 사태는 한국 사회 전반에도 균열을 드러냈다. 정부와 기업이 서로 책임을 미루던 초기의 혼란, 국민 정서와 국제 외교 사이에서 갈팡질팡하는 모습은 삼성이 결코 독립적으로 존재할 수 없는 기업임을 증명했다. 삼성의 위기는 곧 한국의 위기였고, 국가의 취약한 공급망 구조가 드러나는 순간이었다. 국민들은 애국심과 불매 운동으로 위기를 극복하자고 외쳤지만, 속으로는 모두 알았다. 일본의 소재를 대체하지 못하면 삼성도, 한국도 끝장이라는 사실을.

그러나 아이러니하게도, 이 위기는 국산화 프로젝트의 기폭제가 되었다. 삼성과 SK, LG 등 주요 기업들이 국내 소재 중소기업과 협력해 불과 몇 년 만에 대체 생산라인을 구축했고, 정부는 수조 원의 예산을 투입해 연구개발을 지원했다. 일본이 던진 규제의 칼날은 한국의 반도체 생태계를 재편하는 불쏘시개가 되었다. 하지만 그 과정에서 삼성의 내부는 지독하게 소진됐다. 수많은 엔지니어들이 고통스러운 나날을 보냈고, 긴급 대응 체제는 조직 문화를 더욱 경직시켰다.

그럼에도 2019년 여름, "위기"라는 단어가 삼성의 공식 언어로 떠올랐던 순간은 지워지지 않는다. 위기는 단지 일본과의 분쟁 때문만이 아니라, 세계 최강 기업이라 믿었던 삼성도 특정 국가의 공급망에 발목 잡힐 수 있다는 사실이 확인된 사건이었다. 이 사건은 삼성이 추후 요코하마에 2,500억 원을 들여 첨단 패키징 연구소를 세우는 결정으로 이어졌다. 일본의 심장부에서 일본의 생태계를 흡수하겠다는 도전은 바로 그 위기의 기억 위에서 탄생한 것이다.

삼성의 역사는 수많은 위기 속에서 만들어졌다. 외환위기 때도, 반도체 가격 폭락 때도, 글로벌 금융위기 때도 삼성은 버텼다. 그러나 2019년 일본 수출 규제는 달랐다. 그것은 단순한 시장의 사이클이 아니라 국가 간의 정치적 결정으로 촉발된 위기였다. '삼성도 멈출 수 있다'는 말이 국민의 입에서 공공연히 나온 순간, 삼성 제국의 무적 신화는 균열을 드러냈다. 바로 그때부터 '위기'라는 단어는 삼성의 새로운 동반자가 되었고, 앞으로 이어질 더 큰 반격의 서막을 준비하는 서사적 장치가 되었다.

삼성의 영광은 여전히 견고했지만, 일본의 규제가 던진 교훈은 단호했다. 초격차도, 1위의 자부심도, 한 나라의 정치적 결정 앞에 서는 흔들릴 수 있다. 이 교훈은 앞으로의 이야기, 초격차 전략과 글로벌 공급망 재편, 그리고 일론 머스크와의 동맹 같은 반격의 무대에서 늘 그림자처럼 따라다니게 될 것이다. 2019년 여름의 그 충격은 삼성 제국의 서사에 지울 수 없는 문장으로 새겨졌다. "위기라는 단어가 처음 등장한 날"로.

04

이건희의 그림자와 이재용의 무대

부친의 초격차 유산 vs 아들의 글로벌 네트워크형 리더십,
계승과 탈피의 줄다리기

이건희라는 이름은 한국 자본주의의 신화와도 같았다. 1987년 총수 자리에 오른 그는 삼성이라는 기업 집단을 단순한 대기업에서 초국적 제국으로 변모시켰다. "마누라와 자식 빼고 다 바꾸라"는 신경영 선언은 당시 한국 사회의 정신을 뒤흔든 전환점이었고, 반도체 초격차 전략은 삼성을 세계 1위 반도체 기업으로 올려놓았다. 그는 스펙과 품질에 집착했고, 완벽하지 않은 제품은 반드시 폐기하라고 지시했다.

1995년 구미 사업장에서 불량 휴대폰 15만 대를 쌓아놓고 불태운 사건은 단순한 퍼포먼스가 아니라 집단 의식에 각인된 상징이었다. 그로부터 몇 년 뒤, 삼성의 휴대폰은 세계 시장에서 모토로라와 노키아를 꺾으며 1위로 올라섰다. 이건희의 시대는 한국 기업 역사에서 영광과 공포가 공존하는 시대로 기록되었다. 그는 '초격차'라는 단어를 경영의 언어로 만든 최초의 인물이었고, 한국 사회는 그를 두려움과 존경이 뒤섞인 눈으로 바라보았다.

그러나 이건희의 리더십이 남긴 유산은 빛만큼이나 긴 그림자였다. 권력은 철저히 오너 중심으로 집중되었고, 무노조 경영은 신성불가침의 원칙처럼 강요되었다. 협력업체와의 수직적 관계, 조직 내부의 군대식 문화, 글로벌 경쟁에서 살아남기 위해 치러야 했던 과로와 희생은 기업 신화의 이면에 숨겨진 상처였다. 이건희는 한국 사회 전체의 패러다임을 바꾸었지만, 그가 세운 제국은 동시에 수많은 불평등과 억압을 내포하고 있었다.

무대는 그의 아들 이재용에게로 바뀌었다. 이건희가 쓰러진 뒤, 한국 사회는 새로운 총수의 얼굴을 기다렸다. 이재용은 아버지와 달랐다. 그는 카리스마로 조직을 흔드는 독재형 리더가 아니라, 글로벌 네트워크를 쌓으며 유연하게 움직이는 협상가였다. 아버지가 기술과 품질을 집요하게 추구하는 장인이었다면, 아들은 네트워크와 동맹을 통해 글로벌 질서 속에 삼성의 자리를 마련하려 했다. 그의 행보는 늘 외부와의 만남에서 시작되었다. 선밸리 콘퍼런스에서 세계 빅테크 CEO들과 어깨를 나란히 하고, 백악관에서 퀄컴, 메타 수뇌부와 대화를 나누고, 테슬라와의 파운드리 계약을 성사시키는 장면에서 그의 스타일은 분명히 드러났다.

이재용의 시대를 상징하는 결정적 사건은 테슬라와의 23조 원 규모 파운드리 계약이었다. TSMC가 애플과 엔비디아를 독점하며 파운드리의 왕좌를 차지하던 시점, 머스크는 오히려 삼성의 손을 잡았다. 텍사스 테일러에 건설 중인 삼성 공장은 테슬라 본사와 차로 한 시간 거리에 불과했다. 머스크는 삼성과의 협력에서 물류와 시간, 효율의 이점을 보았다. 더 중요한 것은, 삼성이 생산라인 운영에서 고객의 개입을 허용할 만큼 유연하게 움직였다는 사실이었다. 머스크는 "삼성이 생산 효율 극대화를 허용했고, 나는 라인을 걸을 것이다"라는 메시지를 남겼다. 이는 과거 이건희가 주도하던 일방적 경영 방식과는 정반대의 행보였다. 고객과 함께 라인을 만들고, 파트너와 함께 성장하는 네트워크형 리더십, 그것이 이재용의 스타일이었다.

애플과의 협력 역시 상징적이었다. 오랜 기간 경쟁자였던 애플이 차세대 아이폰과 맥에 탑재할 이미지 센서를 삼성에 맡기겠다고 발표했을 때, 업계는 술렁였다. 애플은 소니와 손을 잡고 고급 카메라 기술을 독점해왔지만, 어느 순간 삼성과 협력할 수밖에 없었다. 이는 기술적 전환이기도 했지만, 동시에 정치적 메시지였다. "삼성은 여전히 필수불가결하다"는 글로벌 선언이었다. 이재용은 경쟁자와 협력자의 경계를 허물며, 글로벌 무대에서 삼성의 존재감을 다층적으로 키우고 있었다.

그렇다고 해서 이재용이 아버지의 그림자를 완전히 벗어난 것은 아니었다. 반도체 초격차라는 언어는 여전히 삼성의 심장에 각인되어 있었다. 그는 새해 벽두마다 초격차를 언급했고, 임직원들에게 기술과 인재를 향한 끊임없는 도전을 요구했다. 6G, 양자기술, 뉴로모픽, AI 반도체 등은 모두 초격차의 확장판이었다. 다만 이건희가 내부 혁신을 통해 초격차를 다졌다면, 이재용은 글로벌 동맹과 투자로 그 간극을 메우려 했다. 요코하마에 세운 2,500억 원 규모의 첨단 패키징 연구소는 일본이라는 과거의 규제국 심장부에 성채를 세운 상징이었고, 텍사스 테일러 공장은 미국의 제조 주권 전략에 편입되면서 삼성의 파운드리를 재건하는 교두보가 되었다. 초격차의 무게는 아버지로부터 물려받은 유산이었지만, 그 방식은 아들의 네트워크로 재해석되고 있었다.

이재용의 무대는 기술만이 아니라 정치와 경제의 교차로에도 있었다. 워싱턴과 베이징 사이에서 줄타기해야 하는 지정학적 압박 속에서, 그는 때로 미국의 보조금을 챙기며, 때로는 중국 공장의 가동률을 유지하기 위해 묘수를 찾으며 활로를 모색했다. 바이든 정부가 칩스법(CHIPS Act)으로 보조금을 제공하는 대신 중국 내 생산 확장을 제한하는 '가드레일 조항'을 내걸었을 때, 삼성은 곤혹스러웠다. 그러나 긴 협상 끝에 10년간 웨이퍼 투입량의 5% 이상 확장만 막는 조건으로 완화시켰다.

이 장면은 이재용의 글로벌 외교력이 빛을 발한 사례였다. 이재용의 무대는 더 이상 공장 내부가 아니라 백악관 회의실과 다보스 포럼이었다. 그는 기술자가 아니라 협상가였다.

하지만 그림자는 여전히 남았다. 오너 리스크는 사라지지 않았고, 재판과 사면, 사회적 논란은 이재용의 리더십을 끊임없이 시험했다. 이건희의 그림자 속에서 태어난 제국은 아직도 오너 중심 구조를 벗어나지 못했고, 글로벌 스탠더드인 ESG와 투명한 지배구조에서는 뒤처져 있었다. 이재용은 초격차라는 유산을 이어가면서도, 동시에 그 구조적 한계를 극복해야 하는 모순된 과제를 짊어지고 있었다.

이건희가 남긴 그림자는 위대함과 동시에 부담이었다. 초격차 신화와 무노조 경영, 권력 집중과 세계 1위의 영광, 이 모든 것이 아들에게 넘어온 동시에 짐이 되었다. 이재용은 그 그림자 위에서 새로운 무대를 펼치고 있다. 테슬라와 애플, 퀄컴과 메타, 워싱턴과 베이징. 그의 리더십은 글로벌 네트워크와의 동맹을 통해 삼성의 위치를 재정의하고 있다. 그러나 아직 물음표는 남는다. 그는 아버지의 유산을 계승할 것인가, 아니면 완전히 새로운 길을 열 것인가? 초격차와 네트워크. 두 언어가 교차하는 지점에서, 삼성 제국은 다시 한 번 시험대 위에 서 있다.

삼성의 서사에서 이 장면은 제국의 계승과 탈피라는 이중적 드라마다. 아버지가 남긴 초격차의 신화를 지키면서도, 아들은 글로벌 질서 속에서 새로운 길을 찾고 있다. 제국은 여전히 거대하고, 무대는 넓어졌지만, 그림자는 쉽게 지워지지 않는다. 이건희의 그림자와 이재용의 무대, 이 줄다리기가 앞으로 삼성이 걸어갈 길의 방향을 결정할 것이다.

05

두 기둥의 흔들림

반도체와 스마트폰이라는 양대 축,
TSMC·애플·중국의 압박 속 불안한 균형

삼성 제국의 기초는 언제나 두 개의 기둥 위에 세워져 있었다. 하나는 산업의 쌀이라 불리는 반도체, 다른 하나는 세계인의 손에 쥐어진 갤럭시 스마트폰이었다. 이 두 축이 동시에 돌아갈 때 삼성은 누구도 넘볼 수 없는 거대한 제국이다. 반도체는 막대한 수익과 글로벌 기술 리더십을 보장했고, 스마트폰은 브랜드 파워와 소비자 시장에서의 존재감을 입증했다. 그러나 제국의 두 기둥은 시간이 흐르며 균열의 징후를 드러내기 시작했다. 그것은 외부 경쟁자의 압박과 내부의 구조적 피로가 겹쳐 만들어낸 균열이었다.

먼저 반도체의 균열은 파운드리에서 시작되었다. 메모리 반도체에서 삼성은 오랜 세월 압도적 1위를 지켜왔다. 하지만 시스템 반도체, 특히 파운드리 시장에서는 상황이 달랐다. 대만의 TSMC는 미세공정에서 잇따라 성과를 내며 애플, 엔비디아, AMD 같은 초대형 고객을 독점했다. 아이폰의 두뇌가 되는 A시리즈 칩은 전량

TSMC에서 생산되었고, 엔비디아의 GPU 역시 TSMC의 패키징 기술(CoWoS)에 의존했다. 이 간극은 단순한 기술 격차가 아니라 신뢰의 문제였다. 고객들이 삼성 대신 TSMC를 찾는 이유는 기술력뿐 아니라 안정적 수율과 협업의 노하우였다. 삼성의 파운드리 라인은 수율 문제로 고객사로부터 불만을 샀고, 일부 대형 계약은 잇따라 TSMC에 넘어갔다. 테슬라와의 23조 원 계약이 화제를 모았지만, 전체 파운드리 시장 점유율에서 TSMC와의 간극이 여전히 큰 탓에 삼성은 추격자의 입장에서 벗어나지 못했다.

메모리 시장에서도 도전은 거세졌다. AI 붐으로 HBM(고대역폭 메모리)이 폭발적으로 수요를 끌어올렸는데, SK하이닉스가 엔비디아의 HBM3 공급을 독점하면서 시장을 장악했다. 삼성이 뒤늦게 HBM3E 인증을 통과하고 HBM4 개발에 속도를 냈지만, 엔비디아의 신뢰는 이미 하이닉스 쪽으로 기울어 있었다. 메모리의 초격차 신화가 흔들리는 장면이었다. 한때 "삼성 메모리가 없으면 서버도 없다"는 말이 통했지만, 지금은 "삼성의 HBM은 테스트 중"이라는 조심스러운 평가가 따라붙었다. 이 불안한 균형 속에서 삼성의 반도체 기둥은 여전히 크지만 더 이상 절대적이지 않았다.

스마트폰 기둥에서의 균열은 더욱 뚜렷했다. 한때 갤럭시는 아이폰과 함께 글로벌 시장을 양분하며 세계인의 손안에서 존재감을 빛냈다. 그러나 시간이 흐르면서 젊은 세대의 선택은 점점 아이폰으로 쏠렸다. 미국과 유럽에서는 아이폰이 고급문화의 상징으로 자리 잡았고, 한국의 MZ세대 역시 아이폰을 '감성의 아이콘'으로 인식했다. 갤럭시는 스펙과 기능에서 아이폰을 앞서는 경우도 많았지만, 브랜드 충성도에서는 애플에 뒤졌다. 애플은 해마다 아이폰의 가격을 올리면서도 고객 충성도를 잃지 않았고, 삼성은 가격을 내리며 프로모션을 쏟아붓고도 충성도를 회복하지 못했다.

중국 시장에서는 화웨이, 샤오미, 오포, 비보 같은 토종 브랜드들이 저가 시장을 빠르게 장악했다. 애플은 프리미엄 시장을 차지했고, 중저가 시장은 중국 업체들의 놀이터가 되었다. 그 사이에서 갤럭시의 존재감은 희미해졌다. 삼성은 한때 중국 스마트폰 시장 점유율 20%를 넘었지만, 지금은 1% 남짓한 점유율로 사실상 퇴출된 상태다. 중국 소비자들에게 삼성은 더 이상 선망의 브랜드가 아니라, 구식의 이미지를 가진 외국 기업일 뿐이었다. 인도와 동남아 같은 신흥 시장에서는 여전히 점유율을 유지했지만, 그곳에서도 샤오미와 리얼미 같은 브랜드가 거세게 추격했다.

스마트폰 시장의 균열은 단순한 소비자 선택의 문제가 아니었다. 브랜드가 흔들리면 반도체 사업에도 영향을 미쳤다. 삼성은 갤럭시에 자체 엑시노스 칩을 탑재하며 내부 수직계열화를 강화하려 했지만, 소비자 불만과 발열 논란은 오히려 갤럭시의 이미지를 악화시켰다. 퀄컴의 스냅드래곤 칩을 다시 채택할 수밖에 없었던 상황은 삼성의 내부 전략이 흔들렸음을 보여주었다. 두 기둥이 서로를 지탱하는 구조가 오히려 서로의 균열을 증폭시키는 아이러니였다.

중국이라는 변수도 삼성의 균형을 흔들었다. 반도체에서는 중국의 굴기가 거세게 몰아쳤다. '청두가오전(삼성전자 등의 기술 유출을 바탕으로 중국에 설립된 반도체 제조업체)' 사건으로 드러난 기술 유출 스캔들은 삼성이 더 이상 기술적 안전지대에 있지 않음을 보여주었다. 화웨이는 미국의 제재에도 불구하고 자체 반도체를 개발하며 시장을 다시 파고들었다. 중국 정부는 막대한 보조금을 쏟아부어 반도체 자급률을 높였고, 이는 삼성에게 직접적인 위협이 되었다. 스마트폰과 반도체 모두에서 중국은 삼성의 균형을 흔드는 가장 강력한 변수였다.

이 시기 삼성의 불안은 단순히 점유율의 하락으로만 드러난 것이 아니었다. 투자자들의 시선은 냉정했다. "삼성은 더 이상 확실한 1등이 아니다"라는 보고서가 나왔고, 주가 역시 정체 상태를 면치 못했다. 글로벌 IT 기업들이 차세대 AI와 반도체 전쟁에서 TSMC와 SK하이닉스를 주요 파트너로 꼽는 장면은, 삼성의 이름이 과거만큼 압도적이지 않다는 사실을 입증했다.

그러나 삼성은 여전히 제국이었다. 두 기둥이 흔들려도 완전히 무너지지는 않았다. 미국의 보조금을 확보하며 텍사스에 거대한 공장을 세웠고, 일본 요코하마에 패키징 연구소를 세우며 새로운 전장을 준비했다. 스마트폰에서는 폴더블이라는 새로운 폼팩터를 통해 차별화를 시도했다. 하지만 이 모든 노력은 제국의 균형을 유지하기 위한 임시방편처럼 보였다.

삼성의 두 기둥은 여전히 거대하지만, 그 위에 세워진 제국은 더 이상 무적의 요새가 아니었다. 반도체에서는 TSMC와 하이닉스, 스마트폰에서는 애플과 중국 토종 브랜드들이 사방에서 압박했다.

균열은 뚜렷했고, 균형은 불안했다. 제국은 여전히 살아 있지만, 두 기둥의 흔들림은 앞으로의 서사가 더 치열하고 불안정한 무대 위에서 펼쳐질 것임을 예고하고 있었다.

06

삼성 쇼크, 위기에서 반격으로

실적 쇼크, 그러나 머스크와의 계약이 불씨가 된 제2 전성기의 개화

2023년, 삼성전자는 창사 이래 최악의 실적이라는 낙인을 피할 수 없었다. 메모리 반도체 가격이 곤두박질치며 영업이익은 한때 90% 가까이 줄어들었고, 시장은 '삼성 쇼크'라는 단어를 다시 꺼내 들었다. 글로벌 언론은 "반도체 왕국의 몰락"이라는 헤드라인을 붙였고, 한국 사회는 국가 전체가 흔들리는 듯한 불안감을 체감했다. 그동안 반도체 슈퍼사이클을 타며 막대한 이익을 쓸어 담던 삼성의 엔진이 멈춘 순간, 사람들은 비로소 깨달았다. 제국의 기둥은 영원할 수 없으며, 초격차라는 방패도 시장의 사이클과 지정학의 회오리를 완전히 막아내지는 못한다는 것을. 하지만 이 위기 속에서 반전의 불씨가 타올랐다. 누구도 예상치 못했던 장면은 미국 텍사스에서 일론 머스크와 이재용이 악수하는 모습이었다.

테슬라는 자율주행이라는 차세대 전장을 준비하며 안정적인 파운드리 파트너를 찾고 있었다. 기존의 TSMC와 협력 관계를 이어갈 수도 있었지만, 머스크는 삼성의 손을 잡았다. 계약 규모는 무려

23조 원. 금액만이 아니라 상징이 압도적이었다. 업계는 전율했고, 시장은 술렁였다. 이는 단순한 칩 생산 계약이 아니었다. 테슬라가 그리는 자율주행 비전의 심장부에 삼성이 들어간다는 뜻이었다. 자동차가 단순한 이동 수단이 아니라 데이터와 AI의 집합체로 재탄생하는 시대, 그 핵심 반도체를 맡긴다는 것은 신뢰와 전략적 동맹의 선언이었다. 머스크는 X(구 트위터)에 "최소 금액일 뿐"이라며 계약 규모가 몇 배로 불어날 수 있음을 암시했다. 삼성이 실적 쇼크로 휘청이던 순간, 이 계약은 불씨처럼 제국을 다시 달구었다.

　삼성은 이 계약을 위해 이미 치밀한 포석을 깔아두고 있었다. 텍사스 테일러에 건설 중인 첨단 파운드리 공장은 테슬라 본사에서 차로 한 시간 거리에 불과하다. 지리적 인접성은 물류 효율을 극대화했고, 미국 정부가 주도하는 반도체 공급망 재편에도 완벽히 들어맞았다. 칩스법(CHIPS Act)의 보조금을 확보하며 약 9조 원 규모의 지원을 손에 쥔 삼성은 관세 장벽을 피하고 안정적 수요까지 확보하는 이중 효과를 거뒀다. 더 중요한 것은, 테슬라와의 계약을 통해 테일러 공장의 가동률이 확보되었다는 점이었다. 수율 논란으로 고객을 잃었던 삼성 파운드리가 다시 대형 고객의 피드백을 직접 받아가며 개선할 기회를 얻은 것이다. 머스크가 생산 효율을 극대화하기 위해 라인 운영에 직접 관여하겠다고 밝힌 장면은, 과거 이건희의 일방적 명령과 달리 협력형 리더십으로 무대를 바꾸고 있던 이재용의 스타일과 맞아떨어졌다.

　머스크의 선택은 다른 기업들에게도 신호탄이 되었다. 애플이 소니와의 독점 관계를 깨고 삼성에 차세대 이미지 센서를 맡겼다는 소식이 이어졌다. 아이폰과 갤럭시가 소비자 시장에서 치열하게 맞붙고 있었지만, 부품 공급망에서는 삼성 없이는 불가능하다는 인식이 재확인된 것이다. 맥북과 아이폰에 들어갈 카메라 모듈 일부를 삼성전자가 공급한다는 사실은 글로벌 시장에 또 하나의 메시지를 던졌다. '삼성은 여전히 필수불가결하다.' 이 메시지는 실적 쇼크로 흔들리던 투자자들의 심리를 다시 붙잡았다.

불안과 희망이 교차하는 상황 속에서, 반도체 시장은 예상치 못한 변화를 맞았다. AI 붐이 전 세계를 휩쓸면서 HBM(고대역폭 메모리) 수요가 폭발적으로 늘어났다. 엔비디아가 GPU에 탑재하는 HBM을 대거 확보하면서 SK하이닉스가 먼저 웃었지만, 수요는 공급을 초과했고, 삼성에게도 반사이익이 돌아왔다. 특히 HBM4 경쟁이 본격화되자 시장은 다시 삼성을 주목하기 시작했다. 삼성은 패키징 기술을 강화하며 HBM4 양산 준비에 속도를 냈고, 일부 테스트 라인을 통해 엔비디아와 AMD에 샘플을 제공했다. 비록 하이닉스가 앞서가고 있었지만, 수요가 워낙 폭발적이었기에 삼성은 다시 기회를 잡을 수 있었다. '삼성 메모리의 시대가 끝났다'는 선언이 무색해지는 순간이었다.

위기에서 반격으로 넘어가는 과정은 단순히 운이 아니었다. 이재용은 초격차라는 아버지의 유산을 계승하면서도 글로벌 네트워크를 무기로 새로운 판을 짰다. 미국 정부와의 협상에서 보조금을 확보하고, 일본의 심장부 요코하마에 2,500억 원을 투자해 패키징 연구소를 세우며, 중국 공장의 가동률을 유지하기 위해 가드레일 조항을 완화시키는 외교력을 발휘했다. 이 모든 장면은 '실적 쇼크'라는 단어가 휘두르는 공포 속에서도 삼성이 어떻게 반격의 포석을 마련했는지를 보여주는 사례였다.

삼성의 내부에서도 변화가 감지됐다. 스마트폰 부문은 여전히 애플의 벽을 넘지 못했지만, 갤럭시24와 갤럭시25에 탑재된 AI 기반 실시간 통역 기능은 새로운 가능성을 보여주었다. 서버 연결 없이도 다국어 대화를 실시간으로 처리하는 이 기능은 초연결 사회의 미래를 상징했고, 소비자들에게 '갤럭시는 여전히 혁신적일 수 있다'는 인식을 남겼다. 폴더블 스마트폰은 프리미엄 시장에서 차별화 포인트를 만들어냈고, 비록 판매량이 아이폰에 미치지는 못했지만 기술적 상징성은 강렬했다.

위기는 여전히 존재했다. 메모리 시장의 사이클은 언제 다시 꺾일지 알 수 없었고, 스마트폰 시장에서 브랜드 충성도 격차는 여전했다. 중국은 반도체 굴기를 내세우며 거대한 추격전을 벌이고 있었다. 그러나 삼성은 흔들림 속에서도 반격의 무대를 하나씩 세우고 있었다. 머스크와의 계약, 애플과의 협력, 미국과 일본에서의 거점 확충, HBM4와 AI 반도체의 도전. 이 조합은 실적 쇼크로 얼어붙었던 시장 심리를 녹이고, 제국의 제2 전성기를 예고하는 불씨가 되었다.

삼성 쇼크는 더 이상 몰락의 경고만을 의미하지 않았다. 그것은 위기에서 반격으로 전환되는 드라마의 타이틀이었다. 2023년의 실적 부진은 삼성 제국을 시험대에 올렸지만, 동시에 글로벌 공급망과 정치, 기술 동맹을 새롭게 짜는 계기가 되었다. 이재용의 무대는 아버지의 그림자 위에서 새로운 길을 열고 있었고, 삼성은 다시 한 번 흔들림 속에서도 질주할 준비를 마쳤다. 시장은 아직도 회의적이고, 경쟁자는 여전히 강력하지만, 그럼에도 불구하고 불씨는 살아남았다. 그것이 바로 위기에서 반격으로 넘어가는 순간, '삼성 쇼크'라는 단어가 가진 또 다른 의미였다.

07

적진에 세운 성채 – 요코하마연구소

일본 규제의 상처 위에서 일본 패키징 생태계를 흡수하는 역설적 투자

2019년 여름, 일본 정부가 반도체 핵심 소재 3종의 대(對)한국 수출을 규제한다고 발표했을 때 한국 사회는 심장이 멎는 듯한 충격을 받았다. 포토레지스트와 불화수소, 플루오린 폴리이미드라는 이름조차 낯선 화학물질이 뉴스 자막에 오르내렸고, 국민들은 비로소 깨달았다. 반도체 제국 삼성도 정치적 결단 한 줄에 멈춰 설 수 있다는 사실을. 거리에서는 'NO JAPAN' 피켓이 나부꼈고 소비자들은 일본 맥주와 자동차를 불매했지만, 삼성의 공장에서는 훨씬 더 절박한 전쟁이 벌어지고 있었다. 며칠 치 재고로 버틸 수 있는지 계산하고, 대체 공급처를 찾아 시험하고, 불량률에 신음하며 라인을 유지하는 싸움이었다. 그때 각인된 감정은 단순한 분노가 아니라 서늘한 공포였다. 초격차 신화의 절대 강자 삼성도 멈출 수 있다는 집단적 각성. 이 상처는 오래 남았다.

그로부터 4년 뒤, 삼성은 역설적인 선택을 내린다. 일본 땅 요코하마, 미나토미라이21 지구의 한복판에 2,500억 원을 투입해 첨단 패키징 연구개발센터를 세우겠다고 발표한 것이다. 몇 년 전 규제를 통해 한국을 흔들었던 나라의 심장부에 연구소를 세운 결정은 단순한 투자로 설명되지 않는다. 그것은 전쟁에서 상처 입은 자리 위에 다시 성채를 세우는 행위였고, 적의 강점을 흡수해 초격차를 이어가겠다는 선언이었다. 요코하마연구소는 '적진에 세운 성채'라는 표현 외에는 달리 설명할 길이 없었다.

삼성이 주목한 것은 패키징이었다. 미세공정이 한계에 다다른 지금, 반도체의 성능을 끌어올리는 최종 관문은 패키징 기술에 있었다. 여러 개의 칩을 마치 하나처럼 묶어내고, 데이터 이동 속도를 비약적으로 높이며, 발열을 줄여 안정성을 확보하는 기술. AI 시대의 GPU와 HBM을 연결하는 과정에서 패키징은 단순한 마감 작업이 아니라 실질적인 두뇌의 완성 단계였다. 그런데 이 시장에서 TSMC는 CoWoS 기술을 앞세워 고객들을 묶어두고 있었다. 엔비디아와 AMD가 TSMC를 고집하는 이유는 파운드리만이 아니라 패키징까지 포함된 턴키 서비스 때문이었다. 삼성의 반도체 신화가 위태로워진 곳이 바로 이 지점이었다.

요코하마의 선택은 그래서 더욱 노골적이었다. 일본은 패키징 생태계의 강자들을 두텁게 보유하고 있었다. 나믹스와 레조낙은 본딩 필름과 봉지재의 절대 강자였고, 우에무라는 금도금 소재에서 독보적이었다. 디스코는 반도체 다이싱 장비 시장을 지배했고, MEC는 접착·표면처리 분야에서 글로벌 1위의 기술력을 가졌다. 삼성은 이 생태계를 직접 흡수하기 위해 일본 한복판에 연구소를 세웠다. 도쿄대 출신 연구원들을 대거 채용했고, 일본 기업들과의 협업 라인을 열어두었다. 불과 몇 년 전 규제를 통해 한국을 압박하던 일본의 소부장 기업들이 이제는 삼성의 협력 파트너로 들어오는 역설적인 장면이었다.

요코하마연구소가 들어서는 '리프 미나토미라이' 빌딩은 지상 12층, 지하 4층 규모로, 한때 지역 경제의 상징처럼 지어졌던 건물이었다. 삼성은 이 빌딩을 매입하며 수천억 원을 투입했고, 일본 언론은 "삼성이 일본의 심장에 거점을 세웠다"는 제목으로 기사를 내보냈다. 요코하마시는 환영 성명을 발표하며 세제 혜택을 약속했고, '삼성 효과'로 지역 경제를 살릴 수 있다는 기대감을 드러냈다. 불매운동으로 상처 입었던 한일 관계의 기억은 여전히 남아 있었지만, 경제 논리는 현실을 이끌어갔다.

연구소 내부에서는 패키징의 미래가 실험되고 있었다. 칩과 칩을 3차원으로 적층하는 TSV 기술, GPU와 HBM을 하나로 묶는 하이브리드 본딩, 발열을 억제하는 신소재 코팅이 모두 이곳에서 테스트되었다. 이는 곧 삼성의 HBM4 개발과 직결되었다. SK하이닉스가 엔비디아와 HBM3E 독점 공급으로 시장을 주도하는 동안, 삼성은 패키징에서 승부수를 던지고 있었다. HBM4 세대에서 패키징 기술을 장악한다면, 메모리와 파운드리를 동시에 아우르는 반격의 길을 열 수 있기 때문이다. 요코하마연구소는 이 반격의 전진기지였다.

삼성이 일본을 택한 배경에는 냉정한 계산이 있었다. 소재와 장비에서 여전히 일본은 세계 최고 수준이었다. 한국에서 국산화가 진전되었지만, 품질과 수율에서 일본의 벽을 완전히 넘지는 못했다. 그렇다면 가장 빠른 길은 일본의 생태계 안으로 들어가 직접 흡수하는 것이었다. 규제의 칼날이 던진 교훈은 뼈아팠다. 일본을 배제하는 전략은 언젠가 한계를 드러낼 수밖에 없다는 것. 그래서 삼성은 탈일본이 아니라 초일본, 즉 일본의 기술을 흡수해 다시 세계로 수출하는 역수출형 전략을 택했다.

이재용의 메시지도 달라졌다. 그는 새해 벽두마다 초격차를 강조했지만, 이제 초격차는 단순히 반도체 공정의 숫자가 아니라 글로벌 네트워크와 동맹을 아우르는 개념이었다. 요코하마연구소는 초격차를 기술과 외교, 협력과 투자의 언어로 확장한 상징이었다. 일본이 과거의 적이었다면, 이제는 일본의 심장부에서 경쟁력을 흡수해 초격차를 이어가는 협력자가 되는 것이다. 이 모순된 전략이야말로 글로벌 시대의 생존술이었다.

요코하마연구소가 가동되자 시장의 반응은 즉각적이었다. 업계는 삼성이 패키징에서 더 이상 뒤처지지 않을 것이라는 전망을 내놓았고, 투자자들은 '삼성의 반격'이라는 키워드를 다시 언급하기 시작했다. 일본 내에서도 "삼성이 일본 기술자를 대거 채용하고 있다"는 보도가 이어졌고, 일부에서는 '삼성의 잠식'을 우려하는 목소리도 나왔다. 그러나 요코하마시는 삼성을 지역 경제 활성화의 열쇠로 환영했고, 일본 기업들도 글로벌 고객과 연결될 기회를 포기하지 않았다.

요코하마연구소는 과거의 상처 위에 세워진 성채였다. 일본 규제가 드러낸 삼성의 취약성을 정면으로 마주하며, 그 취약성을 극복하기 위해 역설적으로 투자한 곳이 바로 요코하마였다. 적진 한복판에서 적의 힘을 흡수해 제국의 무기를 만드는 장면은 냉혹하면서도 매혹적이었다. 삼성의 반도체 패권이 흔들리는 순간, 이 연구소는 삼성 제국이 다시 초격차를 꿈꾸는 교두보가 되었다.

삼성의 서사에서 요코하마는 단순한 지리적 선택이 아니다. 그것은 제국이 위기를 기억하는 방식이며, 상처를 극복하는 전략적 상징이다. 제국은 과거의 아픔을 무대 삼아 새로운 전장을 연다. 요코하마연구소는 일본 규제의 상처 위에서 태어난 역설적 투자이자, 초격차라는 서사를 다시 이어가는 제국의 성채다. 이 성채 위에서 삼성은 다시 반도체 왕좌를 향한 싸움을 준비하고 있었다.

테슬라 – 삼성 계약의 배경 :
지리, 효율, 리스크 관리, 그리고 장기 동맹

테슬라와 삼성의 계약은 숫자만으로도 압도적이었다. 23조 원, 그것은 단순한 수주 규모가 아니라 글로벌 공급망의 판도를 흔드는 상징이었다. 세계 언론은 "머스크가 TSMC 대신 삼성과 손을 잡았다"는 사실에 놀랐고, 업계는 즉각 그 배경을 분석하기 시작했다. 테슬라는 자율주행이라는 미래 산업의 심장을 뛰게 할 반도체를 찾고 있었고, 그 심장은 단순히 계산 속도가 빠른 칩을 넘어 차량 전체를 연결하는 두뇌였다. 엔비디아와 퀄컴이 제공하는 솔루션도 있었지만, 머스크는 전용 칩을 원했다. 테슬라의 자율주행 비전은 기존 부품의 조립이 아니라, 전기차라는 움직이는 컴퓨터를 위한 새로운 설계였다. 이 요구를 충족시킬 수 있는 파트너로 선택된 기업이 바로 삼성전자였다.

머스크가 삼성에 손을 내민 첫 번째 이유는 지리였다. 텍사스 오스틴에 본사를 둔 테슬라의 기가팩토리에서 불과 한 시간 거리에 삼성의 테일러 파운드리가 들어서고 있었다. 머스크는 시간과 거리를 비용으로 환산하는 인물이었다. 오스틴에서 설계가 끝난 칩이 곧바로 테일러의 라인으로 들어가고, 다시 기가팩토리의 차량에 탑재되는 과정을 그는 머릿속에서 시뮬레이션했다. 물류와 수율, 공급 안정성을 최우선으로 하는 자동차 산업의 특성상 이 '지리적 근접성'은 무엇보다 중요했다. 애플이 아이폰 칩을 TSMC에 맡기면서도 미국 내 패키징을 고려했던 이유와 같다. 삼성의 테일러 공장은 머스크에게 가장 가까운 파운드리였다.

두 번째 이유는 효율이었다. TSMC는 강력한 기술력을 보유했지만 동시에 일방적인 운영 방식을 고수했다. 고객은 주문하고 TSMC는 생산한다. 머스크가 원하는 것은 그 이상의 개입이었다. 그는 자신이 직접 라인의 효율을 끌어올리고 싶어 했다. 기존의 테슬라 생산 방식이 그랬다. 자동차 공정의 작은 나사 하나까지 간섭하며 효율을 쥐어 짜내는 방식은 파운드리에도 동일하게 적용되었다. 삼성은 이를 받아들였다. 생산라인 운영에 고객의 직접 개입을 허용한 전례 없는 파트너십. 머스크는 X에 "삼성이 효율 극대화를 허용했고, 나는 라인을 걸을 것이다"라는 글을 남겼다. 삼성은 고객의 간섭을 허용하며 새로운 형태의 협력 관계를 만들었고, 머스크는 이를 통해 자신만의 칩 생산 공정을 꿈꿀 수 있었다.

세 번째 이유는 리스크 관리였다. 미국 정부가 반도체 공급망을 자국 중심으로 재편하려는 시점, 머스크는 중국 의존도를 줄이고 싶어 했다. TSMC의 대규모 생산 시설은 여전히 대만에 있었고, 지정학적 리스크는 머스크의 사업에 불안 요인이었다. 대만해협에서 긴장이 고조되면, 애플과 엔비디아뿐 아니라 테슬라 역시 치명타를 입을 수 있었다. 반면 삼성은 미국 정부의 칩스법 지원을 확보하며 미국 땅에 생산라인을 깔고 있었다. 9조 원에 달하는 보조금은 단순한 혜택이 아니라 정치적 보증수표였다. 머스크는 이 보증수표 위에서 안심하고 파트너를 선택했다.

그리고 네 번째 이유는 장기 동맹이었다. 머스크는 삼성의 기술 포트폴리오를 자동차 칩에만 국한하지 않았다. 이미지 센서, 디스플레이, 메모리, 배터리, 심지어는 AI 반도체까지. 삼성은 테슬라가 필요로 하는 거의 모든 부품군을 제공할 수 있는 유일한 글로벌 기업이었다. 애플과의 협력으로 단련된 이미지 센서 기술은 테슬라 차량의 카메라에 들어갈 수 있었고, OLED 패널은 차량 내부 디스플레이의 품질을 끌어올릴 수 있었다. 메모리와 스토리지는 자율주행 데이터를 처리하는 데 필수였다. 머스크는 장기적으로 테슬라가 단순한 자동차 회사를 넘어 '움직이는 데이터센터'를 구축하려 할 때, 삼성과의 포괄적 협력이 유리하다고 판단했다.

업계의 시선은 여기서 한 발 더 나아갔다.

"테슬라 폰"이라는 가설이었다. 머스크는 이미 스타링크를 통해 위성 인터넷 네트워크를 구축하고 있었다. 이를 스마트폰에 연결한다면 애플과 삼성의 독점 시장을 흔들 수 있는 잠재력도 있었다. 루머 단계이긴 했지만, 테슬라 폰의 생산을 맡을 수 있는 기업은 삼성밖에 없다는 전망이 뒤따랐다. 퀄컴이나 TSMC는 칩만 만들 수 있지만, 삼성은 디스플레이와 메모리, 카메라 모듈까지 통합할 수 있었다. 테슬라 폰이 현실화한다면, 삼성은 단순한 파운드리 파트너가 아니라 하드웨어 전반을 아우르는 공동 창조자가 될 수 있었다.

이재용의 행보는 머스크의 선택과 절묘하게 맞아떨어졌다. 그는 미국 출장에서 퀄컴과 메타 수뇌부를 연달아 만나며 글로벌 네트워크를 강화했고, 워싱턴 정치권과의 관계를 통해 보조금을 확보했다. 동시에 중국 내 생산라인을 유지하기 위해 미 정부와 협상해 가드레일 조항을 완화시키는 성과도 얻었다. 이재용이 보여준 유연한 협상력과 글로벌 동맹 전략은 머스크가 필요로 하는 파트너의 조건과 일치했다. 테슬라의 혁신적 비전을 뒷받침할 수 있는 기업, 동시에 정치적 리스크를 관리할 수 있는 기업, 바로 그 지점에서 삼성은 최적의 카드였다.

삼성과 테슬라의 계약은 단순히 하나의 거래가 아니었다. 그것은 미래를 향한 장기 동맹의 서막이었다. 오스틴과 테일러를 잇는 짧은 거리, 고객 개입을 허용하는 새로운 파트너십, 지정학적 리스크를 상쇄하는 미국 내 생산라인, 그리고 부품 전반을 공급할 수 있는 통합 역량. 이 네 가지 축이 머스크를 삼성으로 이끌었다. 시장은 곧 반응했다. 삼성의 실적 쇼크로 움츠러들었던 투자자들이 다시 희망을 얘기했고, 글로벌 언론은 "삼성은 여전히 빠질 수 없는 기업"이라고 썼다.

머스크가 삼성의 손을 잡은 순간, 삼성은 더 이상 패자의 언어를 쓰는 기업이 아니었다. 위기 속에서도 반격의 무대를 열었고, 제국의 언어를 다시 찾았다. 그러자 사람들은 묻기 시작했다. 혹시 테슬라와 삼성의 협력은 자동차를 넘어 스마트폰, 더 나아가 AI 기기와 위성 네트워크까지 확장되는 미래의 밑그림은 아닐까. 그 질문은 아직 답을 얻지 못했지만, 이미 상상만으로도 시장을 뜨겁게 달구고 있었다. '삼성 쇼크'라는 단어는 이제 몰락의 경고가 아니라, 위기에서 반격으로 넘어가는 드라마의 타이틀이 되어 있었다.

패키징 전쟁의 서막

미세공정의 끝에서 칩을 연결하는 기술이 새로운 전장을 열며,
반도체 왕좌를 가르는 마지막 싸움이 시작된다.

턴키 서비스와 고객 종속

파운드리와 패키징을 아우르는 원스톱 서비스가
고객을 묶어내는 사슬이 되어, TSMC의 전략적 우위가 드러난다.

AI 반도체와 2nm의 도전

삼성은 2nm 공정과 AI 연산 전용 칩으로 새로운 왕좌를 노리며,
뉴로모픽적 접근과 엑시노스2600 같은 카드로 반격의 포석을 쌓는다.

글로벌 동맹의 탄생

일본의 장비·소재 강자들과 미국의 보조금 체제를 활용해 생태계를 엮으며,
초격차 대신 '동맹의 힘'으로 균열을 메우려 한다.

HBM4와 슈퍼사이클의 귀환

SK하이닉스와의 불편한 경쟁 속에서도
AI 붐이 촉발한 메모리 르네상스가 슈퍼사이클을 다시 불러오고,
삼성은 반격 시나리오를 가동한다.

SAMSUNG SHOCK

PART 2

반도체 전쟁의 심장부

미세공정의 끝에서 왕좌를 향해

08

패키징 전쟁 – 미세공정 이후의 최종 전장

칩을 연결하는 기술, 반도체 왕좌를 가르는 마지막 싸움

반도체의 역사는 미세공정의 역사였다. 10나노, 7나노, 5나노를 거쳐 이제 2나노라는 극한의 영역에 도달하면서 기술자들은 원자 단위의 장벽에 부딪히고 있었다. 선폭을 줄이면 전류 누설과 발열이 치솟고, 수율은 곤두박질쳤다. 더 얇게 깎을 수 없는 벽 앞에서 반도체 산업은 새로운 길을 찾기 시작했고, 그 해답은 미세공정이 아니라 패키징에 있었다. 칩을 얼마나 촘촘하게, 얼마나 효율적으로 연결하고 묶어내느냐가 이제 성능의 승부처가 되었다. 패키징은 더 이상 칩을 보호하는 껍데기가 아니라, AI와 슈퍼컴퓨팅 시대의 마지막 전장이자 왕좌를 가르는 무대였다.

삼성이 요코하마에 2,500억 원을 들여 연구소를 세운 이유도 여기에 있었다. 메모리에서 압도적 우위를 차지했던 삼성조차도, 패키징 기술에서는 TSMC에 뒤처져 있었다. 엔비디아의 GPU와 SK하이닉스의 HBM3가 결합해 AI 가속기로 재탄생하는 과정의 중심에 있었던 것은 TSMC의 CoWoS(Co-wo S, Chip-on-Wafer-on-Substrate)

패키징이었다. GPU와 메모리를 고속 인터커넥트로 묶어낸 이 기술은 단순한 결합이 아니라 데이터 병목을 해소하고 전력 효율을 극대화하는 혁신이었다. 엔비디아의 젠슨 황이 차세대 GPU 생산을 두고도 굳이 TSMC와 협력하려 했던 이유는 파운드리 수율만이 아니라 이 패키징 기술 덕분이었다.

삼성은 뒤늦게 이 시장에 뛰어들었지만, 방향은 분명했다. 첨단 패키징 기술에서 격차를 줄이지 못하면 메모리 초격차도 무용지물이 될 수 있다는 인식이었다. 엔비디아와 AMD가 원하는 것은 단순한 메모리 공급이 아니라, GPU와 HBM을 하나의 유닛처럼 묶어낼 수 있는 턴키 서비스였다. 이 턴키에서 패키징은 핵심이었다. 삼성은 그래서 일본의 패키징 생태계를 직접 흡수하려는 전략을 택했다. 나믹스의 본딩 필름, 레조낙의 봉지재, MEC의 표면 처리 기술, 디스코의 다이싱 장비, 우에무라의 도금 소재. 모두가 삼성의 부족한 조각을 채워줄 핵심 기술이었다. 요코하마연구소는 이들을 흡수해 새로운 패키징 패권을 준비하는 전초기지였다.

패키징 전쟁의 중요성은 AI 시장이 증명하고 있었다. 오픈AI의 GPT 모델을 비롯한 생성형 AI는 수천억 개의 파라미터를 처리하는 연산 괴물이었다. 이를 구동하기 위해서는 수백 개의 GPU와 HBM이 결합된 AI 서버가 필요했다. 그런데 이 결합이 효율적으로 이뤄지지 않으면 아무리 뛰어난 GPU라도 성능이 반감된다. 즉, AI 성능의 절반은 패키징이 결정한다는 의미였다. 이 시장을 장악한 TSMC는 파운드리 점유율뿐 아니라 패키징까지 통합해 고객을 붙잡는 보이지 않는 사슬을 만들었다. 삼성은 그 사슬을 끊어내기 위해 패키징 전쟁에 전면적으로 뛰어들 수밖에 없었다.

삼성의 내부에서는 패키징 전쟁을 '미세공정 이후의 마지막 카드'라 불렀다. 미세공정 경쟁은 이미 한계 효용에 도달했고, 공정이 줄어들수록 비용은 기하급수적으로 늘어났다. 반면 패키징은 설계와 소재, 장비의 조합으로 새로운 성능 향상을 이끌어낼 수 있었다. 칩렛 구조와 3D 적층 기술은 패키징의 혁신을 상징했다. 작은 칩들을 조합해 하나의 거대한 칩처럼 구동하게 만드는 방식은 CPU, GPU, 메모리, AI 가속기를 한 몸처럼 묶어냈다. 그 결과, 미세공정에서 TSMC에 밀려도 패키징에서 승부를 본다면 반격의 기회를 만들 수 있었다.

그러나 패키징 전쟁은 단순히 기술 싸움이 아니었다. 그것은 동맹의 싸움이었다. 삼성은 일본 생태계와 손을 잡는 동시에 미국 기업들과도 협력해야 했다. 엔비디아, AMD, 인텔 같은 팹리스는 자신들의 칩이 삼성의 라인에서 안정적으로 묶이기를 원했고, 미국 정부는 이 과정에서 공급망 안정성을 확보하려 했다. 삼성은 보조금을 받아 미국 테일러에 파운드리와 함께 패키징 라인을 구축하며 TSMC와 정면 승부를 준비했다. 테슬라 계약이 보여주었듯, 고객은 단순히 칩 하나를 원하는 것이 아니었다. 그들은 패키징까지 포함된 풀세트를 원했고, 그 요구를 만족시키지 못하는 기업은 시장에서 도태될 수밖에 없었다.

이재용이 초격차를 언급할 때, 그것은 이제 미세공정만이 아니라 패키징을 포함한 전방위 초격차를 의미했다. 초격차의 무게는 기술 그 자체가 아니라, 기술을 둘러싼 생태계 전체를 흡수하는 데 있었다. 일본에서의 연구소 설립, 미국에서의 현지화 전략, 엔비디아와의 협력, 테슬라와의 계약. 모두가 패키징 전쟁을 위한 퍼즐이었다.

패키징 전쟁은 현재진행형이었다. 삼성의 패키징 기술은 아직 TSMC에 비해 뒤처져 있다는 평가가 많았다. 하지만 AI 붐으로 패키징 수요가 폭발하면서, 삼성에게도 기회는 주어지고 있었다. 글로벌 시장은 이미 알고 있었다. 미세공정의 끝에서 승부를 가르는 것은 더 이상 나노미터의 숫자가 아니라, 패키징의 완성도라는 사실을.

삼성의 제국 서사에서 패키징 전쟁은 그래서 운명적이었다. 과거 일본의 규제가 드러낸 상처 위에서, 삼성은 일본의 심장부를 연구 거점으로 삼았다. 적진에 세운 성채에서 시작된 반격은 이제 패키징이라는 마지막 전장에서 이어지고 있었다. 왕좌를 향한 싸움은 더 이상 공정 수치가 아니라, 칩을 얼마나 완벽하게 묶어내는가의 문제로 옮겨가고 있었다. 그 전장에서 삼성은 패자의 언어가 아니라, 다시 승자의 언어를 준비하고 있었다.

09

턴키 서비스와 고객 종속의 논리

파운드리와 패키징을 한데 묶어 고객을 붙잡는 보이지 않는 사슬

반도체 산업은 겉으로 보기엔 기술의 전쟁처럼 보이지만, 그 안을 깊숙이 들여다보면 고객을 얼마나 오래, 얼마나 철저히 붙잡아 두느냐의 싸움이다. 미세공정에서 2나노를 먼저 선점하는 것도 중요하고, HBM4를 빨리 양산하는 것도 결정적이지만, 기업들이 진짜 두려워하는 것은 공급망을 바꾸는 데 따르는 막대한 비용과 위험이다.

이 지점을 파고드는 전략이 바로 턴키(Turn Key) 서비스였다. 칩 설계부터 생산, 패키징, 테스트까지 한 번에 해결해주는 원스톱 서비스. 고객은 모든 과정을 한 회사에 맡김으로써 안정성과 효율을 얻는다. 그러나 그 이면에는 더 깊은 논리가 숨어 있다. 턴키 서비스에 발을 들여놓는 순간, 고객은 보이지 않는 사슬에 묶인다. 그리고 그 사슬을 가장 능숙하게 활용해온 기업이 바로 TSMC였다.

TSMC는 단순한 파운드리 기업이 아니었다. 대만 신주의 본사와 팹에서 시작된 그들의 역사는 이제 패키징과 테스트까지 확장된 종합 반도체 서비스 제국을 만들어냈다. CoWoS 패키징과 InFO 기술은 GPU와 HBM을 묶어 AI 서버의 두뇌를 완성하는 핵심이었다. 엔비디아가 H100 GPU를 설계하면서 TSMC를 떠날 수 없었던 이유는 파운드리만이 아니었다. 설계에서 생산, 패키징까지 이어지는 턴키 라인이 이미 엔비디아의 심장에 깊숙이 들어와 있었던 것이다. 고객은 비용 효율을 얻었지만, 동시에 자유를 잃었다. 파운드리를 바꾸려면 패키징과 테스트까지 전체 공급망을 갈아엎어야 했고, 그 리스크는 수십억 달러에 달했다. TSMC는 이 점을 누구보다 잘 알고 있었다.

삼성은 이 구조를 뼈저리게 느끼고 있었다. 메모리에서는 절대 강자였지만, 시스템 반도체에서는 고객을 오래 붙잡아두지 못했다. 퀄컴이 스냅드래곤 칩을 삼성에 맡겼다가 수율 문제로 TSMC로 옮겨간 사건은 시장에 강렬한 메시지를 남겼다. '삼성은 아직 신뢰할 수 없다'는 낙인. 그 이후 삼성은 파운드리에서 점유율을 늘리기 위해 몸부림쳤지만, 고객은 쉽게 돌아오지 않았다. 그 이유는 수율만이 아니라, 턴키 서비스의 부재였다. 고객 입장에서 보면 삼성은 칩 생산은 해줄 수 있어도, 패키징과 테스트에서 TSMC처럼 완결된 서비스를 제공하지 못했다. 결과적으로 고객은 편리함을 위해 TSMC에 머물렀고, 삼성은 추격자의 자리에서 벗어나지 못했다.

그러나 판은 달라지고 있었다.

AI 붐이 모든 산업을 재편하는 순간, 패키징과 턴키 서비스의 중요성은 더 커졌다. 엔비디아, AMD, 구글, 아마존 같은 빅테크는 더 빠른 연산, 더 안정적인 패키징, 더 효율적인 생산을 원했다. 삼성은 요코하마연구소를 통해 일본의 패키징 생태계를 흡수하면서 턴키 역량을 강화하기 시작했다. 나믹스와 레조낙 같은 소재 강자들과 협력하고, 도쿄대 연구 인력을 끌어들여 기술을 키웠다. 동시에 텍사스 테일러 공장에는 파운드리와 패키징 라인을 함께 세우며 '미국판 턴키'를 준비했다. 이는 단순히 보조금을 받기 위한 전략이 아니라, 미국 땅에서 고객을 붙잡아두기 위한 포석이었다.

테슬라와의 계약은 턴키 전략의 교과서적인 사례였다. 머스크는 자율주행 칩의 설계에서 생산, 패키징까지 삼성과 협의했고, 심지어 생산 효율을 높이기 위해 라인 운영에 직접 개입하겠다고 했다. 삼성은 이를 수용하며 새로운 협력 모델을 만들었다. 이 과정에서 테슬라는 칩 생산뿐 아니라 패키징까지 삼성에 의존하게 되었고, 이는 곧 장기적인 종속 구조로 이어졌다. 머스크가 굳이 '최소 금액일 뿐'이라고 강조한 이유는 여기 있었다. 테슬라가 앞으로 필요한 칩의 전부를 삼성에 맡길 수 있다는 신호, 그리고 그 구조가 굳어질수록 삼성의 영향력은 커진다는 계산이었다.

애플과의 협력 역시 이와 비슷한 구조였다.

차세대 아이폰과 맥북에 들어갈 이미지 센서를 삼성에 맡긴 것은 단순히 카메라 부품 교체가 아니었다. 애플은 이미지 센서와 디스플레이, 메모리의 조합을 안정적으로 공급받기 위해 삼성과 긴밀한 라인을 구축했다. 이는 TSMC와의 관계와 병행되는 또 다른 종속 구조였다. 삼성은 애플의 심장 일부를 쥐면서, 경쟁자이자 협력자의 묘한 위치를 차지했다.

턴키 서비스의 무서움은 고객이 떠날 수 없게 만든다는 점이다. 한 번 들어오면 빠져나가는 순간 모든 라인을 다시 짜야 하고, 이는 곧 리스크와 비용을 의미한다. TSMC가 애플과 엔비디아를 수년간 묶어둔 것도 이 논리였다. 삼성은 이제 같은 무기를 들기 시작했다. 요코하마의 연구소, 텍사스의 테일러 공장, 일본과 미국의 동맹. 모두가 고객을 붙잡는 보이지 않는 사슬이었다.

이재용이 초격차를 말할 때, 그것은 기술의 숫자만이 아니라 이런 구조적 사슬을 의미하기도 했다. 삼성의 부활은 단순히 2나노 공정의 성공이 아닌, 고객이 떠날 수 없는 공급망을 만드는 것이었다. 턴키는 그 열쇠였다. 고객에게는 효율과 안정성을 제공하고, 삼성에게는 종속과 지배를 보장하는 이중의 장치. 보이지 않는 사슬이 고객을 묶을 때, 비로소 제국의 반격은 완성된다.

삼성의 턴키 전략은 아직 완결되지 않았다. 패키징과 테스트에서 TSMC와의 격차는 여전히 존재하고, 신뢰를 완전히 되찾기에는 시간이 필요하다. 그러나 방향은 분명했다. 파운드리와 패키징을 하나로 묶어 고객을 붙잡는 논리. 이것이 삼성의 새로운 무기였고, 반도체 전쟁의 최종 전장에 나아가기 위한 필수 조건이었다. 이제 승부는 공정 수치가 아니라, 누가 고객을 더 깊이, 더 오래 묶어두느냐의 싸움으로 옮겨가고 있었다.

10

AI 반도체, 왕좌를 노리는 삼성

뉴로모픽과 2nm, AI 칩의 미래를 향한 도전

AI가 세계 질서를 다시 짜고 있던 순간, 반도체 산업의 무대도 요동쳤다. 그동안의 경쟁이 거의 나노미터 단위의 미세공정이었다면 이제는 누가 더 빠르고 효율적으로 AI를 학습시키고 추론하게 하느냐의 싸움이었다. 엔비디아가 GPU로 AI 제국을 세우고, 구글이 TPU(Tensor Processing Unit: AI 모델의 학습과 추론에 최적화된, 커스텀 설계된 AI 가속기)로 독자 노선을 구축하며, 테슬라가 자율주행 칩을 개발하자, 삼성도 더 이상 메모리와 파운드리의 추격자에 머물 수 없었다. 삼성의 눈은 명확히 왕좌를 향해 있었다. 그것은 AI 반도체, 즉 인간의 뇌를 닮은 뉴로모픽과 초미세 공정에서 탄생할 2나노 칩이었다. 이 두 가지는 삼성의 미래를 걸어야 할 정면승부였다.

뉴로모픽은 단순한 칩의 진화를 넘어선 개념이었다. 인간의 뇌가 전기 신호와 시냅스를 통해 정보를 기억하고 처리하는 방식을 모방한 칩, 즉 학습과 추론을 스스로 수행할 수 있는 반도체였다. 기존의 GPU와 CPU는 엄청난 연산 능력을 갖췄지만 여전히 막대한 전력과 메모리를 필요로 했다. 반면 뉴로모픽 칩은 극도로 낮은 전력으로도 뇌와 비슷한 효율을 낼 수 있었다. 삼성은 이 영역에서 오래전부터 씨앗을 뿌려왔다. 2021년 '1억 개 뉴런, 1천억 개 시냅스'를 구현하겠다는 비전을 발표했을 때, 업계는 허황된 구호로 치부했지만, 연구는 계속되었다. 삼성전자가 보유한 메모리 기술, 특히 초저전력 D램과 낸드 기술은 뉴로모픽 칩의 필수 요소였다. 뇌처럼 정보를 저장하고 불러내는 메모리의 구조가 뉴로모픽의 핵심이었기 때문이다.

2나노 공정의 싸움은 더 직접적인 전쟁터였다. TSMC가 2025년을 목표로 2나노 양산 계획을 내놓자, 삼성은 발 빠르게 2025년 하반기 양산을 선언하며 정면으로 맞섰다. 3나노 GAA(Gate-All-Around) 공정에서 먼저 상용화에 성공한 것은 삼성이었다. 그러나 수율 문제로 고객 확보에 실패하면서 실질적인 승자는 TSMC가 되었다. 이번 2나노 전쟁에서만큼은 그런 오점을 반복할 수 없었다. 삼성은 2나노 공정에 올인했고, 테일러와 화성, 평택의 라인에 막대한 투자를 집중했다. 2나노는 단순히 공정 경쟁이 아니라 AI 반도체의 운명을 좌우하는 열쇠였다. AI 학습과 추론은 트랜지스터의 밀도와 전력 효율에 달려 있었고, 2나노를 안정적으로 구현하는 기업이 곧 AI 시대의 칩 왕좌를 차지하게 되는 구조였다.

이재용이 초격차를 언급한 메시지 속에는 늘 AI 반도체가 있었다. 그는 임직원들에게 "6G, 로봇, 양자기술, 메드텍, 그리고 AI 반도체"를 반복적으로 강조했다. 이는 기술 나열이 아니라 미래 권력의 핵심을 가리킨 것이었다. AI 반도체를 장악하지 못하면, 삼성의 반도체 제국은 메모리 강자에서 더 이상 성장하지 못한 채 멈출 수밖에 없었다. 뉴로모픽과 2나노는 그 교착을 돌파하는 두 개의 칼날이었다.

삼성이 내놓은 엑시노스2600 개발 계획은 그 상징적인 장면이었다. 차세대 모바일 프로세서로, AI 기능을 칩 내부에서 직접 처리하는 NPU(신경망처리장치)를 강화했다. 서버 연결 없이도 기기 내에서 실시간 통역과 영상 생성, 이미지 편집을 수행할 수 있는 능력은 단순한 스마트폰 기능이 아니라 AI 반도체 비전의 축소판이었다. 테슬라와 협력한 자율주행 칩도 같은 맥락이었다. 테슬라는 자율주행에 필요한 데이터를 초저지연으로 처리할 칩을 원했고, 삼성은 그 요구를 맞춰주는 과정에서 2나노와 패키징 기술을 결합한 AI 전용 반도체를 설계했다.

그러나 길은 험난했다. 엔비디아는 여전히 GPU 시장을 장악했고, SK하이닉스는 HBM3E 공급으로 엔비디아의 심장을 쥐고 있었다. 구글이 TPU, 아마존이 자체 칩 그라비톤을 내놓으며 빅테크들은 독립을 시도했다. 삼성은 여전히 외부 고객의 주문에 의존해야 하는 상황이었고, 자사의 AI 반도체는 아직 대규모 상용화로 이어지지 못했다. 뉴로모픽은 꿈처럼 이야기되었지만, 현실의 시장은 GPU와 HBM의 결합이 지배하고 있었다. 이 간극은 삼성에게 도전이자 기회였다. 패권이 굳어지기 전에 새로운 세대를 선점한다면, 추격자가 아니라 창조자가 될 수 있었기 때문이다.

삼성의 연구소에서는 이미 뉴로모픽 칩의 프로토타입이 시험대에 올라 있었다. 인간의 뇌파를 흉내 내는 회로, 전력을 기존 칩의 1/100로 줄이는 설계, 학습과 추론을 동시에 수행하는 구조. 이 기술이 완성된다면 AI 반도체의 정의 자체를 바꿀 수 있었다. 지금은 GPU가 AI의 표준처럼 보이지만, 불과 몇 년 전만 해도 GPU는 게임 그래픽용 칩이었다. 표준은 언제든 바뀔 수 있고, 삼성은 그 순간을 기다리고 있었다.

AI 반도체의 왕좌는 아직 누구의 것도 아니다. 엔비디아가 현시점의 제왕이라면, 미래의 제왕은 2나노와 뉴로모픽을 먼저 완성하는 기업이 될 것이다. 삼성은 지금 그 왕좌를 노리고 있다. 위기의 언어로 불렸던 '삼성 쇼크'는 이제 반격의 언어로 바뀌고 있다. 미세공정의 끝에서 새로운 길을 열고, 인간의 뇌를 닮은 칩을 준비하는 과정. 그것이 삼성의 AI 반도체 도전의 본질이다.

삼성의 제국 서사는 여전히 진행 중이다.

반도체의 패권은 공정 기술과 고객 동맹, 패키징과 AI 혁신의 교차점에서 결정된다. 뉴로모픽은 미래의 불확실성을 끌어안는 도박이고, 2나노는 당장의 왕좌를 차지하기 위한 정면승부였다. 두 개의 길은 모두 위험했지만, 동시에 모두 매혹적이었다. 제국은 흔들렸지만 무너지지 않았고, 이제는 흔들림 속에서 새로운 왕좌를 향해 질주하고 있었다. AI 반도체의 전장은 그 질주가 어디로 향할지 보여주는 가장 극적인 무대였다.

11

글로벌 장비·소재 동맹의 탄생

일본·미국과의 협력, 반도체 생태계에서 살아남기 위한 연합전선

반도체 전쟁의 본질은 더 이상 한 기업의 기술력만으로는 버틸 수 없는 전면전이었다. 미세공정의 한계에 다다른 순간부터 반도체는 혼자 싸우는 무대가 아니라 생태계 전체를 아우르는 연합군의 전쟁으로 바뀌었다. 공정 장비, 소재, 설계 툴, 패키징, 테스트, 고객사까지 거대한 연결망을 지배하는 자가 왕좌를 차지하게 되었다. 삼성은 이 현실을 누구보다 뼈아프게 경험했다.

2019년 일본의 소재 규제는 그 충격을 각인시킨 사건이었다. 불화수소, 포토레지스트, 플루오린 폴리이미드 같은 몇 가지 화학 소재가 끊기자 세계 1위라던 삼성도 공장을 멈출 수밖에 없다는 사실이 드러났다. 그때 각인된 교훈은 명확했다. 어떤 기업도 혼자 살아남을 수 없다는 것, 그리고 동맹 없이는 반도체 패권을 유지할 수 없다는 냉혹한 진실이었다.

삼성은 규제의 상처를 딛고 역설적인 길을 택했다. 일본을 배제하기보다 오히려 일본의 심장부에 들어가 생태계를 흡수하기로 한 것이다. 요코하마에 2,500억 원을 들여 세운 첨단 패키징 연구소는 단순한 연구 거점이 아니었다. 그것은 일본이 자랑하던 반도체 장비·소재 강자들과의 협력 무대였다. 나믹스, 레조낙, MEC, 디스코 같은 일본 기업들이 가진 본딩 필름, 봉지재, 표면 처리, 다이싱 장비는 여전히 세계 최고 수준이었고, 삼성은 이들과 손잡고 세계 시장에 맞서 본격적으로 경쟁하겠다는 야망을 드러냈다.

도쿄대 출신 연구원들을 대거 채용하며 일본 생태계의 인적 자원까지 흡수한 것은 전략적 선택이었다. 불과 몇 년 전 한국을 옥죄던 규제의 근원지가 이제는 삼성이 초격차를 준비하는 교두보가 되었다.

미국에서는 또 다른 동맹의 무대가 열리고 있었다. 미국 정부는 반도체 공급망을 자국 중심으로 재편하겠다는 야심을 드러냈고, 칩스법(CHIPS Act)을 통해 수십조 원 규모의 보조금을 풀었다. 인텔과 TSMC가 그 혜택을 먼저 챙겼지만, 삼성도 텍사스 테일러 공장에 막대한 투자를 약속하며 약 9조 원 규모의 보조금을 확보했다.

그러나 그것은 단순한 돈의 문제가 아니었다. 미국의 반도체 장비와 소재 기업들, ASML의 리소그래피 장비, 어플라이드 머티리얼즈의 식각·증착 장비, 램리서치의 공정 장비, 듀폰과 다우케미칼의 화학 소재까지 모두 미국의 산업망에 얽혀 있었다. 미국에 공장을 세우는 것은 곧 그 생태계와 직접 연결되는 것을 의미했다. 삼성은 미국 장비·소재 생태계와의 직접적인 파트너십을 통해 자신이 글로벌 질서의 핵심에 있다는 메시지를 던졌다.

이 동맹의 진짜 의미는 기술 독립과 기술 공유 사이의 모순을 동시에 껴안는 데 있었다. 삼성은 일본의 소재 강자들과 협력하면서도, 동시에 한국 내에서는 국산화 프로젝트를 멈추지 않았다. 불화수소를 국산으로 대체하고, EUV용 포토레지스트를 개발하면서 '제2의 규제'에 대비했다.

한편 미국에서는 보조금을 받으면서도 중국 공장의 가동을 지켜내기 위해 치열한 협상을 벌였다. 가드레일 조항이 중국 내 투자를 제한하자 삼성은 웨이퍼 투입량을 기준으로 5% 이상 확장하지 않는다는 조건을 받아들이며 일단 시간을 벌었다. 이는 곧 동맹과 자율성 사이의 줄타기였다. 동맹은 피할 수 없는 선택이었지만, 동시에 종속을 경계해야 하는 위험한 거래이기도 했다.

반도체 전쟁의 심장은 언제나 장비와 소재에 있었다. 네덜란드의 ASML이 EUV 리소그래피 장비를 독점하면서 전 세계 반도체 기업들이 이 회사의 눈치를 보는 상황은 이를 극명하게 보여주었다. 한 대당 2천억 원을 넘는 장비가 없으면 5나노 이하 공정은 꿈꿀 수 없었다. 삼성은 ASML과의 긴밀한 협력 관계를 구축하기 위해, 임원단을 네덜란드로 보내고 장기 구매 계약을 맺으며 안정적인 물량을 확보했다. 이런 장면은 동맹이란 것이 단순히 국가 간의 외교가 아니라 기업과 기업, 공급망과 공급망의 다층적 네트워크라는 것을 보여준다.

이재용이 글로벌 무대에서 보여주는 행보는 바로 이 동맹의 전략적 활용이다. 그는 선밸리 콘퍼런스에서 엔비디아와 메타, 퀄컴의

CEO들을 만나고, 백악관에서 보조금을 협상하며, 일본 정부와 요코하마 투자에 합의했다. 이는 단순한 외교 활동이 아니라, 반도체 생태계의 혈관을 하나씩 이어붙이는 작업이었다. 엔비디아가 원하는 것은 안정적 HBM 공급이었고, 애플은 고성능 이미지 센서였다. 테슬라는 자율주행 칩을 맡겼다. 삼성은 이 각각의 요구를 충족시키며 동맹을 맺었고, 그 동맹은 곧 고객을 종속시키는 사슬이 되었다.

글로벌 장비·소재 동맹의 탄생은 반도체 전쟁의 새로운 국면을 의미한다. 과거에는 누가 더 미세한 공정을 먼저 구현하느냐의 싸움이었다면, 이제는 누가 더 강력한 동맹 망을 구축하느냐의 싸움으로 바뀌었다. 삼성은 일본의 강점을 흡수하고, 미국의 산업망에 편입되며, 유럽의 장비 독점을 보완하는 방식으로 자신만의 연합 전선을 짜고 있었다. 이 전선은 기술적 초격차를 보완할 뿐 아니라, 지정학적 리스크 속에서 살아남기 위한 방패였다.

삼성의 이야기는 그래서 역설적이다. 혼자만의 초격차로 제국을 지탱하던 시대가 끝나자, 이제는 동맹의 초격차로 제국을 재건해야 하는 상황에 놓였다. 일본 규제의 상처는 협력이라는 무기를 낳았고, 미국의 압박은 보조금과 산업망이라는 기회를 만들어냈다. 글로벌 장비·소재 동맹, 그것은 삼성의 생존 전략이자 동시에 왕좌를 향한 새로운 사다리였다. 제국은 이제 혼자가 아니라 연합으로 싸우고 있고, 그 연합이 어디까지 확장될지가 곧 반도체 전쟁의 결말을 결정할 것이다.

12

TSMC와의 정면 대결, 파운드리의 운명

2nm 전쟁, 점유율의 간극을 메우려는 정면 승부

파운드리의 무대는 언제나 잔혹했다. 고객이 원하는 것은 가장 빠른 칩, 가장 낮은 전력, 가장 안정적인 수율이었다. 그리고 그 요구를 누가 먼저 충족시키느냐가 곧 패권을 결정했다. 지금 이 전쟁터에서 가장 치열한 격돌은 2나노였다. 3나노까지는 삼성이 TSMC를 앞서는 듯 보였다.

게이트올어라운드(GAA) 공정을 세계 최초로 상용화하면서 한때 "삼성이 TSMC를 넘었다"는 헤드라인이 쏟아졌다. 그러나 수율은 배신했다. 고객은 불안정한 칩을 원하지 않았고, 퀄컴과 엔비디아 같은 대형 고객사들은 발길을 TSMC로 돌렸다. '세계 최초'라는 수식어는 더 이상 의미가 없었다. 고객을 붙잡지 못한 선두는 공허했고, 그 공허를 채운 것은 TSMC의 압도적 신뢰였다.

TSMC의 점유율은 이 구조적 신뢰 위에서 굳어졌다. 글로벌 파운드리 시장에서 TSMC는 60%를 넘겼고, 삼성은 10% 남짓에 머물렀다. 나머지는 글로벌파운드리스와 UMC 같은 2군 플레이어들이 차지했지만, 사실상 이 시장은 양강 체제였다. 문제는 양강이라 불리지만 실제 힘의 균형은 기울어져 있다는 점이었다. 애플은 아이폰과 맥북의 프로세서를 전량 TSMC에 맡겼고, 엔비디아는 GPU를 TSMC의 CoWoS 패키징과 묶어냈다. AMD, 미디어텍, 브로드컴까지 줄줄이 TSMC를 찾았다. 이 거대한 고객군이 만들어낸 네트워크 효과는 더 단단해졌다. 고객은 TSMC를 떠나지 않았고, TSMC는 고객을 더 깊이 묶어냈다.

삼성에게 2나노 전쟁은 이 간극을 메우기 위한 정면 승부였다. 3나노에서 수율이라는 치명적 상처를 경험한 뒤, 삼성은 2나노에서만큼은 완벽한 안정성을 확보하겠다는 집념을 세웠다. 화성과 평택, 그리고 텍사스 테일러에 이르는 글로벌 라인을 총동원했고, 연구개발 인력은 밤을 지새웠다. 테슬라와의 23조 원 계약은 이 맥락에서 의미심장했다. 머스크가 원한 것은 자율주행 칩의 안정성과 효율이었고, 삼성이 이를 만족시키지 못한다면 계약은 휴짓조각으로 전락할 수 있었다. 그래서 테일러 공장은 삼성의 명운이 걸린 도박장이었다. 미국 정부의 보조금을 확보한 것도 중요했지만, 더 본질적인 과제는 "TSMC와 맞먹는 신뢰를 고객에게 줄 수 있는가"였다.

TSMC와 삼성의 차이는 단순한 기술 격차가 아니었다. 그것은 운영 철학의 차이였다. TSMC는 '고객이 원하는 것은 무엇이든 들어준다'는 원칙으로 움직였다. 수십 년 동안 고객 맞춤형 서비스에 집중하며, 고객의 설계를 충실히 구현하는 파운드리의 본질을 지켰다. 반면 삼성은 여전히 '자사 반도체 라인업과의 시너지'를 우선시했다. 메모리와 스마트폰, 디스플레이라는 내부 고객이 있었고, 이들을 우선하면서 외부 고객은 뒷전으로 밀릴 때가 많았다. 고객들은 바로 그 점에서 불신을 느꼈다. 퀄컴이 스냅드래곤 칩을 삼성에서 TSMC로 옮겨간 배경에는 단순한 수율 문제가 아니라 이런 운영 철학의 차이가 깔려 있었다.

2나노 전쟁은 그래서 단순한 공정 승부가 아니라 철학의 전환을 요구했다. 삼성은 테슬라, 애플, 엔비디아, 구글 같은 글로벌 고객들에게 "삼성은 이제 진짜 파운드리다"라는 메시지를 각인시켜야 했다. 고객의 요구에 맞추어 공정을 최적화하고, 패키징까지 아우르는 턴키 서비스를 제공하며, 수율과 일정에서 흔들리지 않는 모습을 보여주는 것. 그것이 신뢰를 되찾는 유일한 길이었다.

시장도 긴장하며 지켜보고 있었다. TSMC는 2025년 2나노 양산을 공식화했고, 애플이 그 첫 고객이 될 것이 거의 확실시됐다. 삼성이 같은 해 하반기에 2나노 양산을 선언했지만, 시장은 여전히 회의적이었다. "3나노의 악몽을 반복하지 말라"는 경고가 이어졌다. 동시에 AI 반도체 수요가 폭발적으로 증가하면서, 고객들은 더 많은 파운드리를 원했다. TSMC만으로는 수요를 충족시키기 어렵다는 점은 삼성이 반격할 틈이었다. 엔비디아와 구글, 아마존 같은 빅테크는 안정적인 공급망을 원했고, TSMC 독점 구조는 그들에게도 부담이었다. 이 틈을 파고들어야만 삼성이 기회를 얻을 수 있었다.

삼성이 내세운 카드는 GAA 공정의 진화와 패키징 강화였다. GAA는 기존 핀펫 구조보다 전력 효율과 성능에서 우위에 있었고, 삼성이 세계 최초로 상용화했다는 상징성도 있었다. 문제는 수율이었다. 이를 개선하기 위해 삼성은 요코하마연구소에서 일본의 소재·장비 강자들과 협력하며, 패키징 효율을 높이기 위해 하이브리드 본딩과 3D 적층 기술을 실험했다. 테일러 공장에는 파운드리와 패키징 라인을 동시에 세워 고객에게 원스톱 서비스를 제공하겠다는 계획도 추진됐다. 이는 TSMC가 CoWoS와 InFO로 만들어낸 고객 종속의 사슬을 끊기 위한 맞대응이었다.

이재용의 글로벌 행보도 2나노 전쟁과 직결돼 있었다. 미국 출장길에서 퀄컴, 메타, 엔비디아 수뇌부와 연이어 만난 것은 단순한 영업이 아니라 신뢰를 쌓는 행위였다. "삼성이 2나노를 안정적으로 제공할 수 있다"는 메시지를 고객들에게 직접 전달하고, 동시에 보조금을 매개로 미국 정치권과의 이해를 맞추는 작업이었다. 워싱턴과 베이징 사이의 줄타기는 곧 파운드리의 줄타기였고, 그 한가운데서 삼성은 제국의 명운을 걸고 있었다.

TSMC와의 정면 대결은 이제 피할 수 없는 운명이 되었다. 2나노 공정에서 수율을 안정시키고, 고객 신뢰를 회복하며, 턴키 서비스를 완성하는 것. 이 세 가지를 동시에 해내지 못하면 삼성은 영원한 2인자로 남게 된다. 그러나 반대로 성공한다면, TSMC와의 간극은 좁혀지고, 반도체 왕좌를 향한 길이 다시 열릴 수 있다.

삼성의 서사는 언제나 위기와 반격의 반복이었다. 이번 2나노 전쟁은 그 연속선 위에 놓여 있다. 제국의 파운드리가 살아남을 수 있을지, 아니면 대만의 독주가 굳어질지. 운명의 카드는 이미 던져

졌고, 세계는 숨을 죽이며 그 결말을 기다리고 있다. 2나노라는 숫
자는 단순한 공정 수치가 아니라, 삼성의 미래와 한국 자본주의의
향방을 가르는 분수령이었다.

13

HBM4 전쟁 – SK하이닉스와의 불편한 진실

슈퍼사이클의 주인공을 둘러싼 메모리 왕좌의 다툼

메모리 반도체의 세계에서 삼성은 오랫동안 왕좌를 차지했다. D램과 낸드플래시 시장에서 삼성이 차지하는 점유율은 다른 경쟁자들이 감히 넘보지 못할 절대적 수치였다. 그러나 AI 시대가 열리면서 메모리의 기준은 바뀌기 시작했다. 더 이상 단순히 용량과 속도의 싸움이 아니라, GPU와 결합해 AI 학습과 추론을 뒷받침하는 초고대역폭 메모리, 즉 HBM(High Bandwidth Memory)이 산업의 심장을 장악했다. 그리고 이 전장에서는 아이러니하게도 삼성보다 SK하이닉스가 먼저 이름을 올렸다.

엔비디아의 A100, H100 GPU에 탑재된 HBM3 대부분은 SK하이닉스의 제품이었다. AI 붐이 폭발하던 2023년과 2024년, 챗GPT와 생성형 AI 서비스가 전 세계를 휩쓸면서 엔비디아 GPU 수요는 천문학적으로 치솟았다. 이때 SK하이닉스가 엔비디아에 독점적으로 공급한 HBM3는 '슈퍼사이클'의 진정한 주인공이었다. 시장은 곧장 반응했다. SK하이닉스의 주가는 치솟았고, 업계는 "하이닉스가 메모리의 왕좌를 흔들고 있다"는 분석을 쏟아냈다. 삼성의 입장에서 보면, 자신들이 만들어낸 메모리 제국의 중심에서 오히려 '동생 기업'이라 불리던 SK하이닉스가 스포트라이트를 차지하는 장면은 굴욕적이었다.

HBM 전장에서 하이닉스가 앞서나간 이유는 단순히 운이 아니었다. 그들은 상대적으로 작은 조직 구조 덕분에 더 과감하게 고객 맞춤형 개발에 뛰어들 수 있었다. 엔비디아가 요구하는 사양을 맞추기 위해 제품 개발 일정을 무리하게 조정했고, 품질 관리에서도 삼성보다 빠르게 대응했다. 삼성이 대규모 사업 포트폴리오를 운영하며 안정성을 추구하는 사이, 하이닉스는 리스크를 감수하면서도 엔비디아라는 황금 고객을 붙잡았다. 그 결과, AI 시대의 초석을 다진 기업이라는 타이틀을 손에 넣었다.

삼성 내부는 불편한 진실과 마주해야 했다. 메모리 초격차를 외치던 자신들이 AI 메모리 시장에서는 추격자의 위치로 밀려났다는 사실. HBM3 인증 과정에서 삼성은 늦게 따라잡았고, 엔비디아는 주요 물량을 하이닉스에 몰아주었다. 하이닉스의 점유율은 50%를 넘겼고, 삼성은 40% 언저리에 머물렀다. 여전히 강력한 위치임에도 불구하고, '2등'이라는 꼬리표는 삼성이라는 이름과 어울리지 않았다. 업계는 그 격차를 "하이닉스의 대담함과 삼성의 보수성"으로 설명했다.

그러나 전쟁은 아직 끝나지 않았다. 무대는 곧 HBM4로 옮겨가고 있었다. 엔비디아와 AMD, 구글, 아마존, 마이크로소프트 같은 빅테크들은 차세대 AI 서버에 HBM4를 요구했고, 이 시장은 아직 누구의 것도 아니었다. 삼성은 HBM4 개발에 총력을 기울였다. 패키징 연구소를 일본 요코하마에 세우며 하이브리드 본딩 기술을 강화했고, 발열과 수율 문제를 해결하기 위해 소재와 구조를 재설계했다. AI 서버 한 대에 수십 개의 GPU와 HBM이 결합되는 구조에서, HBM4는 메모리 제국의 미래였다.

HBM 전쟁의 무대는 기술만이 아니라 동맹이었다. 하이닉스는 엔비디아와의 긴밀한 협력 관계를 무기로 삼았고, 삼성은 엔비디아 외에도 AMD, 인텔, 테슬라, 구글 같은 다양한 고객군을 공략했다. 특히 테슬라와의 23조 원 규모 계약은 HBM 수요를 함께 끌어내는 포석이기도 했다. 자율주행 칩에 필요한 메모리 역시 HBM의 구조를 활용할 수 있었고, 이 과정에서 삼성은 'AI 메모리의 종합 서비스'를 강조했다.

삼성의 강점은 여전히 규모였다. 평택과 화성에 이어 미국 테일러까지, 세계 최대 규모의 반도체 생산 능력을 갖춘 기업은 삼성뿐이었다. HBM4 수요가 폭발하는 순간, 공급량을 안정적으로 맞출 수 있는 기업은 결국 삼성이라는 점에서 투자자들은 여전히 희망을 걸었다. 하이닉스가 기술에서 앞서간다면, 삼성은 물량과 글로벌 생산 네트워크로 대응할 수 있었다.

그러나 불편한 진실은 사라지지 않았다. HBM3 세대에서 하이닉스가 거둔 승리는 우연이 아니라 구조적인 변화였다. 고객 중심의 민첩한 전략, 리스크를 감수하는 대담함, 그리고 AI 붐을 읽어낸 선견지명이 만들어낸 승리였다. 삼성은 이 교훈을 받아들여야 했다. 초격차는 기술의 우위만으로 유지되지 않는다. 고객과의 신뢰, 속도, 과감한 결단이 함께해야 한다.

HBM4 전쟁은 곧 슈퍼사이클의 본격적인 귀환을 알리는 전쟁이었다. 메모리 가격의 급등과 폭발적인 수요는 시장을 다시 뒤흔들 것이고, 누가 이 전장에서 왕좌를 차지하느냐에 따라 반도체 제국의 판도가 달라질 것이다. 삼성과 하이닉스, 두 한국 기업의 싸움은 단순한 경쟁을 넘어 세계 메모리 산업 전체의 향방을 가르는 대결이었다.

삼성은 이제 선택의 기로에 서 있었다. 과거의 초격차 신화에 안주할 것인가, 아니면 불편한 진실을 받아들이고 새로운 전략으로 반격에 나설 것인가. HBM4의 무대는 이를 증명할 시험장이었다. 슈퍼사이클의 주인공이 다시 삼성이 될지, 아니면 하이닉스가 왕좌를 지킬지는 아직 쓰여지지 않은 이야기였다. 그러나 확실한 것은, 메모리 제국의 중심에서 한국의 두 기업이 전 세계의 시선을 끌어당기고 있다는 사실이었다.

'HBM의 아버지' 김정호 교수가 제시한
2038년의 메모리 지도

고대역폭메모리(HBM)는 이제 단순한 메모리 기술이 아니다. 그것은 인공지능(AI)과 고성능 컴퓨팅(HPC), 데이터센터 인프라의 심장을 이루는 '지능형 메모리 생명체'로 진화하고 있다. 그 중심에는 이 기술의 창시자로 불리는 김정호 KAIST 전기및전자공학부 교수, 일명 'HBM의 아버지'가 있다. 그는 AI라는 말이 익숙하지 않은 20년 전부터 AI시대를 예측하고 고대역폭메모리(HBM)개발에 혼신을 바쳐온 과학자다.

그는 지난 2025년 6월 11일 줌으로 열린 온라인 발표회에서 향후 10여 년간 이어질 HBM의 진화 로드맵을 공개했다. 그의 발표는 단순한 예측이 아니라, 향후 인류의 데이터 문명이 어떤 방향으로 흘러갈지를 보여주는 기술 지도에 가까웠다.

HBM의 뿌리와 현재, 그리고 미래로의 전환점

HBM은 3차원으로 쌓은 메모리 칩을 실리콘 관통전극(TSV)으로 연결해 초고속 대역폭을 제공하는 구조로, 2013년 SK하이닉스가 처음 생산했고, 2015년 AMD의 Fiji GPU가 이를 최초로 채택하면서 세상에 등장했다.

JEDEC이 2013년 HBM을 산업 표준으로 승인한 이후, 2016년 HBM2, 2022년 HBM3, 2025년 4월에는 HBM4가 잇따라 표준화됐다. 현재 HBM은 엔비디아, AMD, 인텔, 삼성전자, SK하이닉스 등 글로벌 반도체 기업들이 모두 매달린 '미래의 전장'이다.

김정호 교수는 이 전쟁터의 중심에서 "HBM의 진화는 이제 단순한 속도 경쟁이 아니라, 메모리 중심의 컴퓨팅 혁명으로 이동하고 있다"고 강조했다. 그는 20년 넘게 TSV와 인터포저 기술을 연구해 온 전문가로, HBM의 기본 구조를 처음 설계한 인물이다. 이번 로드맵은 그의 연구팀 '테라랩(Teralab)'이 371페이지에 걸쳐 분석한 결과를 요약한 것으로, 2026년 HBM4부터 2038년 HBM8까지의 기술적 진화가 촘촘히 담겨 있다.

HBM4(2026) – I/O 2048, 두 배의 문이 열리다

HBM4는 메모리의 성능 한계를 두 배로 확장하는 첫 번째 진화다. 입출력 단자(I/O) 수가 기존 1024개에서 2048개로 늘어나며, 스택당 2TB/s의 대역폭을 제공한다. 전송 속도는 8GT/s, 용량은 288~384GB로 확장된다. 김 교수는 "HBM4는 단순한 속도 향상이 아니라, 베이스 다이(Base Die)를 커스텀화해 GPU, CPU, AI 가속기 등 각기 다른 칩셋의 요구사항에 맞게 설계할 수 있다는 점에서 전환점이 된다"고 말했다.

HBM4는 엔비디아의 차세대 Rubin AI GPU와 AMD의 Instinct MI400 시리즈에 탑재될 예정으로, AI 훈련용 GPU뿐 아니라 초고속 데이터센터 ASIC에도 적용된다. 이미 오픈AI가 도입한 AMD MI450 AI 가속기에 삼성전자의 HBM4가 사용될 가능성이 높다는 점에서, 한국의 기술력은 다시 세계 무대의 중심으로 향하고 있다.

HBM5(2029) – 니어 메모리 컴퓨팅과 '이멀전 쿨링'의 시대

HBM5의 키워드는 3D 이종집적과 첨단 패키징, 그리고 냉각 혁신이다. I/O 수가 4,096개로 두 배 확대되고, 대역폭은 최대 4TB/s, 스택당 용량은 80GB에 이른다. 무엇보다도 CPU·GPU와의 거리를 극단적으로 좁히는 니어 메모리 컴퓨팅(Near Memory Computing) 구조가 도입된다. 이는 데이터를 중앙처리장치로 보내는 과정에서 생기는 병목을 줄이고, 메모리 자체가 연산의 일부를 담당하는 구조다.

HBM5는 발열 제어에서도 큰 전환점을 맞는다. 김 교수는 HBM 전체 패키지를 냉각수에 직접 담그는 '이멀전 쿨링(Immersion Cooling)'을 제시하며 "발열이 HBM 발전의 최대 걸림돌이지만, 패키지 구조 자체를 냉각 장치로 바꾸면 새로운 가능성이 열린다"고 말했다. 이는 AI 서버의 전력 소모가 2kW를 넘어서는 시대에 필수적인 기술로 꼽힌다.

HBM6(2032) – 멀티 타워와 엑티브 인터포저의 등장

2032년으로 예측된 HBM6는 이름 그대로 거대한 메모리 타워다. 김 교수는 "HBM 옆에 또 다른 HBM을 세우는 '멀티 타워 구조'로 용량을 확장할 것"이라 전망했다. 전송 속도는 16GT/s, 대역폭은 8TB/s로 증가하고, 스택당 용량은 120GB에 달한다.

또한 데이터 이동만 하는 메모리가 아니라, 컴퓨팅 기능을 일부 내장한 '엑티브 인터포저(Active Interposer)'가 본격적으로 도입된다. 이는 GPU와 CPU, 메모리를 단일 패키지 안에서 하나의 유기체처럼 작동하게 만들어, '메모리 중심 컴퓨팅(Memory–Centric Computing)'을 현실로 끌어올린다. 이 기술은 현재 삼성전자와 AMD가 공동으로 연구 중이며, HBM6 시대의 상용화를 목표로 하고 있다.

HBM7(2035) – 냉각이 구조로 들어오는 순간

HBM7의 가장 큰 혁신은 '냉각의 내장화'다. HBM7은 냉각수를 칩 내부 3차원 구조에 직접 주입하는 임베디드 쿨링(Embedded Cooling) 기술을 도입한다. 발열 제어가 메모리 구조의 일부가 되면서, 데이터 처리 속도는 24GT/s, 대역폭은 32TB/s에 이른다. I/O 레인은 8,192개로 확대되며, LPDDR과 같은 다양한 메모리 조합이 가능해진다.

김 교수는 이를 "HBM이 더 이상 수동적인 데이터 저장 장치가 아니라, 스스로 열을 관리하고, 스스로 최적화하는 지능형 메모리로의 진화"라고 정의했다. 이 단계에서부터 HBM은 AI와 HPC가 요구하는 초고속 실시간 학습 시스템의 핵심으로 자리 잡는다.

HBM8 (2038) – 풀 3D HBM 아키텍처의 완성

HBM의 진화가 도달할 마지막 지점, HBM8(2038)은 '풀 3D 아키텍처'라는 개념으로 요약된다. GPU 상단과 하단 양면에 HBM을 배치해, 데이터 이동 거리를 거의 '0'으로 줄이는 혁명적 구조다. I/O 폭은 16,384비트로 확장되며, 스택당 용량은 최대 6TB, 대역폭은 64TB/s에 달한다.

이 단계에서는 기존 메모리의 역할이 완전히 바뀐다. HBM8은 내장형 NAND 플래시를 탑재해, 메모리 안에서 스토리지 역할까지 수행한다. 즉, 데이터 저장·처리·전달의 경계가 사라지고, 메모리가 곧 컴퓨터의 두뇌로 진화하는 것이다. 다만 김 교수는 "관건은 열"이라며, 이를 제어하기 위한 첨단 패키징과 초소형 냉각 솔루션의 병행 개발을 강조했다.

HBM의 컴퓨팅 중심화 – 미래 산업의 구조를 바꾸다

김정호 교수는 "HBM의 미래는 메모리가 CPU를 보조하는 시대에서, CPU가 HBM을 중심으로 움직이는 시대로 바뀌는 것"이라고 단언했다. 그는 이어 "한국이 현재 HBM의 90%를 차지하고 있지만, 기술 주도권은 계속해서 도전받을 것"이라며, "산업과 학계가 함께 로드맵을 선도해야 세계 수요를 주도할 수 있다"고 당부했다.

HBM4에서 HBM8까지의 여정은 단순한 속도의 진화가 아니라, 패키징·냉각·AI 통합·메모리 아키텍처 혁신이 총체적으로 결합된 진화사다. 2025년을 기점으로 AI 가속기의 시대가 본격화되면서,

HBM은 GPU의 부속품에서 AI 문명의 핵심 인프라로 자리매김하고 있다. HBM5가 주류로 부상할 2025~2027년은, CXL(Compute Express Link) 인터페이스와 결합해 데이터센터 아키텍처 자체가 바뀌는 '메모리 혁명기'로 기록될 것이다. 2030년대 중반, HBM6·7·8로 이어지는 시점에는 인류의 컴퓨팅 패러다임이 'CPU 중심에서 메모리 중심'으로 완전히 이동할 것이다.

HBM의 진화는 한국 기술이 세계 AI 문명에 새긴 궤적이자, 앞으로 10년 간의 산업 질서를 가늠하는 나침반이다. 삼성전자가 향후 〈삼성쇼크〉를 이어 나아갈 수 있는 HBM5·6·7·8로 이어지는 HBM 진화의 방향타를 어떻게 잡느냐에 달려 있다 할 것이다.

김정호 교수가 제시한 이 로드맵은 미래를 예언하는 청사진이자, 삼성·하이닉스·AMD·엔비디아가 앞으로 걸어야 할 거대한 길의 지도이기도 하다. 이제 HBM의 시대는, 더 이상 '고대역폭 메모리'가 아닌 '고지능 메모리'의 시대로 들어서고 있다.

14

반도체 슈퍼사이클의 귀환

AI 붐이 불러온 메모리 르네상스, 그리고 삼성의 반격 시나리오

메모리 산업은 늘 주기적인 사이클의 파고를 타고 흘러왔다. 호황과 불황이 교차하는 파도 위에서 수많은 기업이 떠올랐다가 사라졌다. 그러나 삼성이 만든 제국은 다르게 움직였다. 불황의 골짜기에서도 투자와 기술 개발을 멈추지 않았고, 슈퍼사이클의 파도가 다시 밀려올 때마다 가장 먼저 그 기세를 타고 솟구쳤다. 2000년대 후반 D램 슈퍼사이클, 2017년 서버 수요로 촉발된 슈퍼사이클이 그랬다. 그리고 지금, AI라는 전혀 새로운 태풍이 메모리 산업을 휩쓸며 다시 한 번 르네상스를 열고 있다. 이번 슈퍼사이클은 과거와 달랐다. 서버나 PC가 아닌, 인공지능의 학습과 추론이라는 완전히 다른 수요가 이 파도를 만들어내고 있었기 때문이다.

엔비디아의 GPU가 새로운 금광의 곡괭이가 되자, 그 곁을 받쳐주는 HBM과 DDR5는 금맥의 수레가 되었다. AI 모델이 학습하는 데이터는 기하급수적으로 늘어나고 있었고, 이를 뒷받침하는 메모리 없이는 GPU도 힘을 쓸 수 없었다. 시장은 곧장 반응했다. HBM

가격은 급등했고, DDR5 서버 메모리 수요도 폭발했다. 글로벌 투자자들은 'AI 슈퍼사이클'이라는 단어를 다시 입에 올리기 시작했다. 과거처럼 일시적인 파도가 아니라, 최소 3년 이상 지속될 장기호황이 될 것이라는 분석이 줄을 이었다.

삼성은 이 파도를 반드시 잡아야 했다. 3나노 파운드리에서의 수율 논란, HBM3 시장에서의 하이닉스 선점, 스마트폰 시장에서의 아이폰 열풍 등은 삼성의 자존심을 흔들었다. 그러나 메모리 슈퍼사이클은 삼성이 가장 잘할 수 있는 전장, 그리고 제국의 원점이었다. 평택 캠퍼스는 그 상징적 공간이었다. 세계 최대 규모의 반도체 공장 단지에서 삼성은 DDR5와 HBM4 양산을 준비하며 다시 한번 메모리 왕좌의 복귀를 노렸다.

투자자들이 주목한 것은 삼성의 물량 공급 능력이었다. 하이닉스가 엔비디아에 HBM3를 독점 공급하며 스포트라이트를 받았지만, HBM4와 DDR5를 포함한 전체 수요를 감당하기에는 한계가 있었다. AI 서버 한 대에는 수십 개의 GPU와 수십 개의 HBM이 필요했다. 글로벌 클라우드 기업 수천 곳이 동시에 투자를 늘리자, 시장은 순식간에 공급 부족으로 돌아섰다. 바로 이 지점이 삼성의 반격 포인트였다. 누구도 따라올 수 없는 생산 능력, 글로벌 라인을 동시에 돌려낼 수 있는 규모, 그리고 안정적 납품을 보장하는 자본력이 삼성이 가진 무기였다.

AI 붐은 또 다른 메모리 기술을 소환했다. 단순히 용량만 늘리는 것이 아니라, AI 연산에 최적화된 맞춤형 메모리 솔루션이 필요해졌다. 삼성은 GDDR7, CXL 메모리, HBM-PIM 같은 차세대 메모리 기술을 내세웠다. HBM-PIM은 메모리 안에 연산 기능을 집어넣어 데이터 이동을 최소화하는 구조였는데, 이는 대규모 AI 학습에서 엄청난 효율성을 발휘할 수 있었다. 이는 단순한 제품 개발이 아니라 '메모리 패러다임'을 다시 쓰려는 시도였다. 슈퍼사이클을 단순히 파도의 수혜로 누리는 것이 아니라, 새로운 파도를 스스로 만들어내려는 전략이었다.

시장의 기대는 높았다. 엔비디아뿐 아니라 AMD, 인텔, 구글, 아마존 같은 빅테크들이 삼성의 라인을 찾았고, 애플은 이미지 센서와 결합된 메모리 솔루션에 관심을 보였다. 글로벌 고객군이 다양화되자 삼성의 교섭력은 다시 높아졌다. 하이닉스가 특정 고객에 의존하는 사이, 삼성은 '메모리의 종합 서비스'를 제공하는 전략으로 방향을 틀었다. 이는 불황에 강한 구조였다. 특정 고객이 줄어도 다른 고객이 늘어나는 다변화 전략은 슈퍼사이클의 불확실성을 완충하는 장치가 되었다.

슈퍼사이클은 정치와도 맞물려 있었다. 미국 정부는 반도체 공급망을 자국 중심으로 재편하며, 삼성에 막대한 보조금을 제공했다. 테일러 공장은 메모리와 파운드리를 동시에 품은 거대한 거점으로 성장했고, 이는 곧 글로벌 고객사들을 미국 땅에서 직접 대응할 수 있는 힘을 의미했다. 동시에 중국은 자체 메모리 기업 YMTC와 CXMT를 앞세워 추격에 나섰지만, 기술 격차와 제재의 벽은 높았다. 미국과 동맹한 삼성은 글로벌 정치 질서 속에서 새로운 안전망을 확보했다.

　슈퍼사이클의 귀환은 단순히 호황의 도래가 아니었다. 그것은 과거의 영광을 회복하려는 삼성의 반격 시나리오이자, 동시에 메모리 산업의 새로운 표준을 세우려는 야망이었다. 이재용은 초격차를 외치며 "위기를 기회로 바꾸겠다"고 말했지만, 이번 슈퍼사이클에서는 말이 아닌 결과가 필요했다. 메모리 기술, 생산 능력, 글로벌 동맹, 고객 맞춤형 전략, 이 모든 요소를 총동원해야만 삼성이 왕좌를 지킬 수 있었다.

　세계는 주목하고 있었다. AI 붐이 만들어낸 메모리 르네상스는 단순히 한 기업의 이익 문제가 아니라, 글로벌 디지털 질서를 결정할 문제였다. 삼성은 흔들렸지만 무너지지 않았고, 다시 한 번 슈퍼사이클의 파도 위에 올라탔다. 이 파도가 어디까지 이어질지는 알 수 없지만, 분명한 것은 삼성의 반격이 이미 시작되었다는 사실이었다. 슈퍼사이클의 귀환은 과거를 반복하는 것이 아니라, 새로운 제국의 서막을 알리는 전조였다.

보조금과 현지화 전략,
미국 중심 반도체 질서 속의 삼성

삼성이 미국 땅에 세운 테일러 공장은 단순한 반도체 생산기지가 아니었다. 그것은 글로벌 질서 속에서 삼성의 좌표를 다시 새기는 정치적 선언이자, 미국 중심으로 재편되는 반도체 질서의 심장부로 들어가는 입장권이었다. 미국이 반도체를 국가안보 문제로 규정하고, 칩스법을 통해 수십조 원대의 보조금을 푼 것은 단순히 산업 지원책이 아니었다. 그것은 글로벌 공급망을 미국 중심으로 재편하려는 전략적 포석이었다. 이 거대한 흐름 속에서 삼성이 차지하는 자리는 애매한 2인자가 아니라, 미국이 의도적으로 끌어들여야 하는 핵심 동맹이었다.

보조금은 그 상징적인 신호였다. 미국 정부가 삼성에 지급하기로 한 보조금은 약 9조 원. 인텔과 TSMC에 비해 액수는 적었지만, 투자 대비 비율로 보면 오히려 더 효율적인 혜택이었다. 여기에 자본지출의 25%까지 세액공제를 받을 수 있는 길도 열렸다. 삼성 입장에서는 위험한 도박이 아니라, 오히려 비용 부담을 최소화한 고효율 투자였다. 테일러 공장에 파운드리와 첨단 패키징, 연구개발까지 포함된 것은 단순한 생산설비 확보 차원이 아니었다. 미국이 원하는 '온쇼어링(onshoring, 해외의 생산설비나 비즈니스 활동을 국내로 이전하는 전략)'을 충족시키는 동시에 자사의 글로벌 입지를 강화하는 수였다.

그러나 보조금의 대가로 따라붙은 조건은 만만치 않았다. 이른바 가드레일 조항이었다. 보조금을 받는 기업은 중국에서의 반도체 생산 확장을 제한해야 했고, 이 조항은 곧 삼성의 중국 시안과 쑤저우 공장에 그림자를 드리웠다. 중국에 있는 라인을 확대하지 못한다는 것은 장기적으로는 시장 점유율을 잃을 수 있다는 리스크였다. 하지만 삼성은 치열한 협상 끝에 완화된 조건을 끌어냈다. 웨이퍼 투입량 기준으로 10년간 5% 이상만 늘리지 않으면 된다는 조항으로 합의되면서, 당장의 사업에 치명적인 타격을 피할 수 있었다. 이 장면은 곧 미국과의 줄다리기 속에서 삼성이 단순한 수혜자가 아니라, 협상력을 갖춘 플레이어라는 사실을 보여주었다.

정치적 환경 또한 불안했다. 인텔과 TSMC는 바이든 정부가 주목하는 애리조나, 오하이오 같은 스윙 스테이트(swing state, 미국 대선에서 특정 정당을 지지하지 않는 경합주)에 공장을 세웠다. 반면 삼성은 공화당 우세 지역인 텍사스에 투자를 결정했다. 이는 대선을 앞둔 워싱턴 정가의 정치적 계산에서 불리하게 작용할 수도 있는 선택이었다. 그러나 삼성이 테일러에 공장을 세운 이유는 명확했다. 텍사스는 전력 인프라와 반도체 공급망 측면에서 가장 유리한 곳이었고, 무엇보다 세제 혜택과 토지, 노동 환경에서 투자 효율이 높았다. 정치적 리스크와 산업적 효율 사이의 균형을 택한 것이다.

삼성이 미국에서 얻으려는 것은 단순히 세금 혜택이나 보조금 이상의 것이었다. 그것은 미국 산업망과 직접 연결된다는 지위였다. 엔비디아, AMD, 퀄컴, 애플 같은 미국 빅테크 기업들은 반도체 공급망 안정성을 최우선으로 여겼고, 삼성은 테일러 공장을 통해 이들의 본거지 안에서 '안정적 파트너'라는 위치를 확보했다. 애플이 이미지 센서 공급을 삼성에 맡기고, 테슬라가 자율주행 칩을 삼성에 의뢰한 것은 단순한 거래가 아니라, 미국 시장 한가운데서 삼성이 다시 필수 불가결한 존재가 되었음을 상징했다.

더 중요한 것은 미국이 삼성에게 기대하는 전략적 역할이었다. 인텔은 자국 기업이지만 파운드리 경쟁력이 부족했고, TSMC는 대만이라는 지정학적 리스크를 안고 있었다. 중국의 군사적 압박이 커지는 상황에서 미국은 대만 리스크를 분산할 필요가 있었고, 바로 그 공백을 메울 후보가 삼성밖에 없었다. 삼성이 미국에서 확보한 위상은 'TSMC의 대체자'라는 불안정한 포지션이 아니라, 미국 중심 반도체 질서를 안정화하는 또 다른 기둥이었다.

이재용은 이를 누구보다 잘 알고 있었다. 그의 미국 출장길은 단순한 영업 활동이 아니라 정치적 무대였다. 퀄컴과 메타의 CEO, 엔비디아의 젠슨 황과 연이어 만난 것은 고객 확보이자 동맹 강화였고, 워싱턴 정가 인사들과의 접촉은 보조금을 넘어 미국 정치권에 '삼성은 미국의 친구'라는 메시지를 심는 과정이었다. 선밸리와 실리콘밸리, 백악관과 의회를 오가며 보여준 행보는 삼성의 미래가 단순한 기업 경쟁이 아니라 글로벌 질서의 일부라는 사실을 드러냈다.

삼성이 미국에서 얻으려는 진짜 위상은 그래서 경제적 혜택이나 생산 거점 확보가 아니라, 미국이 주도하는 반도체 질서의 중심 플레이어라는 상징적 지위였다. 보조금은 출발점일 뿐이고, 테일러 공장은 진짜 무대였다. 중요한 것은 그 무대 위에서 삼성이라는 이름이 어떤 서사를 만들어내느냐였다. 세계가 지켜보는 가운데, 삼성은 미국이라는 제국의 심장에서 다시 제국의 언어를 배우고 있었다.

삼성이 얻고자 하는 위상은 하나의 결론으로 모인다. 그것은 '필수불가결한 기업'으로서 미국의 전략적 체제에 편입되는 것이다. 그 지위를 확보하는 순간, 삼성은 단순히 한국의 기업이 아니라 미국 중심 글로벌 반도체 질서의 공동 설계자가 된다. 삼성이 얻고자 하는 것은 단순한 협력이 아니라, 제국의 미래를 함께 쓰는 권력의 일부였다. 미국이 원하는 것도, 삼성이 노리는 것도 바로 그 자리였다.

SAMSUNG SHOCK

이재용이 내세운 '초격차'는 단순한 기술 경쟁이 아니라
생존을 건 철학적 선언으로,
위기의 삼성을 되살리는 전략적 기조가 되었다.

6G와 AI, 양자통신 같은 미래 기술 선점은
퀀텀 점프를 노리는 거대한 도박이자,
글로벌 표준을 선점하기 위한 치열한 전장이다.

갤럭시는 이제 단순한 스마트폰이 아니라
초연결 사회의 허브이자 플랫폼으로 진화하며,
MZ세대를 다시 끌어들이는 매개체가 되고 있다.

갤럭시24의 온디바이스 AI와 실시간 통역 기능,
갤럭시25의 카메라 혁신, 갤럭시26의 엑시노스2600은
초연결 사회 속에서 삼성의 반등을 증명하는 사례다.

삼성의 녹스(Knox) 보안과 Home AI 플랫폼은
초연결 사회에서 신뢰를 구축하는 최종 무기이며,
초격차와 초연결은 기술을 넘어
삼성의 새로운 철학으로 자리 잡았다.

SAMSUNG SHOCK

PART 3

초격차, 초연결 시스템과 철학

미래를 향한 기술과 철학의 베팅

15

초격차, 이재용의 구호에서 전략으로

단순한 수사가 아닌, 기술과 인재를 건 생존 전략

삼성이 위기의 파도 속에서도 흔들리지 않고 다시 도약할 수 있었던 힘은 '초격차'라는 한 단어에 응축돼 있었다. 이건희의 시대에 초격차는 거의 주문처럼 반복된 선언이었다. "마누라와 자식 빼고 다 바꾸라"는 구호가 있었던 것처럼, 초격차는 기술의 칼끝을 항상 남들보다 앞세우겠다는 선언이었다. 하지만 이재용에게 초격차는 과거처럼 단순한 슬로건이 아니었다. 그는 초격차를 더 이상 '말'로만 두지 않았다. 그가 보기에 초격차란 생존의 조건이자, 제국을 다시 왕좌에 올려놓을 유일한 전략이었다.

그 상징적인 장면이 2024년 새해 메시지였다. 이재용은 임직원들에게 "기술 초격차는 미래 생존의 기반"이라며, 더 이상 한두 세대 앞선 혁신으로는 부족하다고 말했다. 이제는 시장이 따라올 수 없는 속도와 범위의 격차를 만들어야 한다는 것이었다. 메시지는 단호했고, 그것은 단순히 직원들을 독려하기 위한 연설이 아니었다. 그가 직접 워싱턴과 도쿄, 뮌헨과 실리콘밸리를 오가며 체결한 동맹, 테슬라와의 계약, 애플과의 협력, 그리고 요코하마연구소 설립까지 이미 전략으로 움직이고 있었다.

초격차는 연구소에서만 쓰이는 단어가 아니었다. 평택의 메가 라인에서는 HBM4를 위한 공정이 준비되고 있었고, 화성에서는 2나노 공정의 테스트 라인이 돌아가고 있었다. 테일러에서는 파운드리와 패키징을 동시에 구현할 수 있는 새로운 형태의 공장이 세워지고 있었다. 초격차는 곧 공간이 되었고, 투자 규모가 되었으며, 미래 고객과의 약속이 되었다. 이재용은 투자에 있어 망설임이 없었다. 글로벌 불황이 닥치고, 반도체 가격이 폭락해도 그는 수십조 원 규모의 투자를 밀어붙였다. 업계에서는 무모하다 했지만, 그 무모함이야말로 초격차의 본질이었다. 경쟁자들이 주저할 때 과감히 칼을 뽑아드는 결단, 그 결단이 쌓여 격차를 만든다.

초격차는 인재에서도 구현됐다. 삼성은 글로벌 채용 시장에서 공격적으로 움직였다. 도쿄대, MIT, 스탠퍼드, 뮌헨공대 출신 연구원들이 삼성의 연구소로 들어왔다. 요코하마연구소는 일본 내 인재를 흡수하는 교두보였고, 미국 R&D 센터는 실리콘밸리의 젊은 두뇌들을 빨아들이는 자석이었다. 이재용은 인재를 위해서라면 국적도 출신도 가리지 않았다. 삼성 안에서만 길러낸 인재로는 글로벌 전쟁을 치를 수 없다는 것을 알고 있었기 때문이다. 초격차는 기술만이 아니라 인재의 격차로도 완성되는 개념이었다.

하지만 초격차는 늘 비용을 요구했다. HBM 라인을 늘리기 위해서만 수조 원이 필요했고, 2나노 양산에 들어가는 장비와 연구비는 천문학적이었다. ASML의 EUV 장비 한 대가 2천억 원이 넘는 상황에서, 수십 대를 한꺼번에 주문하는 것은 오직 삼성 같은 제국만이 할 수 있는 일이었다. 이재용은 비용 처리를 주저하지 않았다. 지금의 적자는 내일의 초격차를 위한 투자라고 보았다. 실제로 2023년과 2024년 삼성 반도체 부문은 수조 원대의 적자를 기록했지만, 이재용은 이를 오히려 기회라 했다. 불황일 때 투자를 늘려야 호황이 왔을 때 격차가 벌어진다는 것이 그의 논리였다.

초격차의 진짜 의미는 '따라잡을 수 없는 거리'를 만드는 데 있었다. 이재용은 이를 단순한 기술의 차이가 아니라 생태계 전체의 차이로 확장했다. 일본 요코하마연구소와 미국 테일러 공장, 네덜란드 ASML과의 장비 협력, 엔비디아와의 공동 개발 프로젝트까지 모두 하나의 거대한 퍼즐처럼 맞춰졌다. 어느 한 곳에서만 앞서가는 것이 아니라, 생태계 전체를 묶어버려 경쟁자가 따라오기 힘든 구조를 만드는 것. 이재용은 초격차를 시스템적 개념으로 재정의하고 있었다.

이 구호가 임직원들에게도 달리 다가왔다. 과거 초격차가 단순히 "우리는 남들보다 한발 앞서야 한다"는 슬로건이었다면, 이제는 "남들이 결코 따라올 수 없는 구조를 만들자"는 명령으로 바뀌었다. 직원들은 더 이상 초격차를 먼 미래의 이상으로 보지 않았다. 그것은 매일의 업무, 매달의 프로젝트, 매년의 투자 계획 속에서 현실화되는 구체적 전략이었다. 초격차가 말이 아니라 전략으로 내려앉은 순간, 삼성 내부는 다시 긴장과 결의로 가득 찼다.

초격차라는 단어를 통해 이재용은 부친 이건희와의 차별화도 보여주고 있었다. 이건희의 초격차가 혁신을 위한 구호였다면, 이재용의 초격차는 글로벌 네트워크와 동맹을 기반으로 한 현실적 전술이었다. 초격차는 이제 기술 하나의 문제를 넘어, 세계 질서와 기업 생존을 가르는 기준이 되었다. 그 앞에서 이재용은 더 이상 후계자가 아니라 스스로 길을 개척하는 제국의 주인이었다.

삼성의 초격차 전략은 이제 시험대에 올랐다.

2나노의 수율, HBM4의 공급 능력, 테슬라와의 계약, 애플과의 협력, 미국의 보조금 활용까지 모든 것이 성패를 좌우하는 변수가 되었다. 이재용이 외친 초격차가 공허한 구호로 끝날지, 아니면 제국의 재부흥을 이끄는 생존 전략으로 자리 잡을지는 시간이 말해 줄 것이다. 그러나 한 가지는 분명했다. 초격차는 더 이상 말이 아니었다. 그것은 이미 삼성이 매일의 전장에서 사용하고 있는 무기였고, 제국의 심장을 다시 뛰게 만드는 새로운 동력이었다.

16

6G 패권, 퀀텀 점프의 기술 도박

차세대 네트워크를 선점하기 위한 글로벌 표준 전쟁

5G가 세상에 등장했을 때, 사람들은 스마트폰 속도가 몇 배 빨라진다는 말에 열광했다. 그러나 시간이 흐르자 많은 이들이 깨달았다. 5G는 스마트폰을 위한 기술이 아니라 산업 전체를 재편하기 위한 도구였다는 사실을. 그리고 이제 삼성은 6G라는 이름의 새로운 패권 전쟁에 뛰어들고 있었다. 이번에는 단순히 빠른 속도를 자랑하는 수준이 아니라, 자율주행·로봇·우주 인터넷·메타버스를 통합하는 인프라를 선점하는 싸움이었다. 그 전쟁의 본질은 글로벌 표준을 누가 먼저 장악하느냐에 있었다.

삼성은 6G의 등장을 '퀀텀 점프'라 불렀다. 5G에서 6G로 넘어가는 변화는 단순히 10배의 속도 향상이 아니라, 통신 자체의 개념을 새로 정의하는 전환이었다. 테라헤르츠(THz) 대역을 활용하는 6G는 기존 네트워크와 차원이 달랐다. 수 밀리초도 안 되는 초저지연과 초당 수 테라비트의 전송 속도는 인간의 눈과 귀를 넘어선 감각을 디지털로 옮겨놓는 것과 같았다. 이 기술은 스마트폰을 넘어, 스스로 움직이고 스스로 학습하는 사물들을 하나의 신경망처럼 엮어내는 기반이 되었다.

삼성이 6G 연구를 공식적으로 선언한 것은 2020년이었다. 당시만 해도 사람들은 시기상조라 했지만, 삼성은 이미 연구소와 글로벌 컨퍼런스를 통해 6G 백서를 공개했다. 목표는 2028년 상용화, 2030년 본격 확산이었다. 그 속도는 업계 누구보다 앞섰다. 화웨이가 6G를 주도하겠다고 선언했지만 미국의 제재로 발목이 잡혔고, 에릭슨과 노키아는 5G 인프라 사업에 집중하느라 6G에 전력을 쏟기 어려웠다. 이 틈에서 삼성은 퀀텀 점프의 주도권을 쥐려 했다.

6G 전쟁의 본질은 표준이었다. 4G 시대에 퀄컴과 미국이 LTE 표준을 장악하면서 글로벌 통신 장비와 칩셋 시장에서 막대한 이익을 챙겼듯이, 6G에서도 누가 표준을 장악하느냐가 곧 승자의 언어를 결정했다. 삼성은 이를 알기에 국제 표준화 기구(3GPP, ITU)에 연구원들을 파견하며 6G 의제를 선점하려 했다. 테라헤르츠 대역을 누가 먼저 정의하느냐, 인공지능을 기반으로 한 네트워크 자원 관리 방식을 누가 채택하게 만드느냐가 곧 수십 년간의 패권을 좌우했다.

삼성의 전략은 기술과 생태계를 동시에 움직이는 것이었다. 평택과 화성에서는 6G 모뎀 칩과 기지국 장비의 프로토타입이 개발되고 있었고, 미국 실리콘밸리 연구소에서는 메타버스와 연계된 6G 응용 서비스가 테스트되고 있었다. 5G 시대에 네트워크가 스마트폰 속도 향상으로만 소비되었다면, 6G는 메타버스와 XR, 홀로그램

통신, 디지털 트윈을 실현하는 무대였다. 삼성은 갤럭시 스마트폰, 기지국 장비, 반도체를 모두 보유한 몇 안 되는 기업이었기에 이 전쟁에서 독특한 위치를 차지했다.

문제는 리스크였다. 6G는 아직 검증되지 않은 기술이 많았고, 테라헤르츠 대역은 직진성이 강해 도시 환경에서 신호 손실이 클 수 있다는 약점이 있었다. 수십억 달러의 연구개발 비용이 허공으로 날아갈 가능성도 존재했다. 그러나 삼성은 도박을 택했다. 이재용은 임직원들에게 "6G는 기회가 아니라 의무"라고 말하며, 지금 투자하지 않으면 2030년 글로벌 디지털 질서에서 삼성은 자리를 잃을 것이라 경고했다. 초격차의 철학은 6G에서도 동일하게 적용되었다. 남들이 망설일 때 먼저 투자해야 한다는 것이다.

테슬라와의 협력도 6G 전략과 연결됐다. 자율주행은 초저지연 통신 없이는 완성될 수 없었다. 5G로는 충분하지 않았고, 차량이 스스로 학습하며 다른 차량·인프라와 실시간으로 소통하려면 6G 가 필요했다. 삼성은 테슬라와의 반도체 협력에 이어 6G 자율주행 네트워크까지 엮어내려 했다. 이는 단순한 고객 확보가 아니라, 6G 생태계를 삼성 중심으로 구축하기 위한 포석이었다.

글로벌 정세도 6G 전쟁을 가열시켰다. 미국은 화웨이를 배제하며 자국 중심의 통신 생태계를 만들려 했고, 중국은 독자적인 6G 표준을 준비하며 국가 프로젝트로 밀어붙였다. 유럽의 에릭슨과 노키아도 잃어버린 주도권을 되찾기 위해 달려들었다. 이 혼란 속에서 삼성은 미국과 일본, 유럽을 잇는 '반화웨이 전선'의 기술적

축으로 자리 잡았다. 일본과의 협력을 통해 소재와 장비를 확보하고, 미국과는 보조금을 매개로 6G 연구소를 함께 운영하며, 유럽과는 공동 연구 프로젝트를 추진했다. 초격차는 기술의 문제가 아니라, 동맹의 구조로 확장되고 있었다.

6G 패권 전쟁은 아직 시작에 불과했다. 표준이 확정되는 2028년까지는 수많은 기술적 난관과 정치적 줄다리기가 남아 있었다. 하지만 삼성은 더 이상 후발주자가 아니었다. 5G 시대에는 화웨이와 에릭슨, 노키아에 밀려 이름값을 잃었던 삼성 네트워크 사업부가, 6G 시대를 맞아 다시 중심에 서려 하고 있었다. 이재용이 "퀀텀 점프"라 부른 것은 단순히 속도의 문제가 아니었다. 그것은 삼성이 잃어버린 자신감을 되찾고, 미래 질서에서 제국의 이름을 다시 새기겠다는 선언이었다.

6G는 도박이었다. 그러나 삼성에게는 필수적인 도박이었다. 실패한다면 수십조 원의 투자와 제국의 위상이 흔들릴 수 있었지만, 성공한다면 반도체와 스마트폰, 네트워크와 인프라를 아우르는 거대한 디지털 생태계의 중심에 설 수 있었다. 그것은 생존과 패권의 갈림길이었다. 세계는 다시 한 번 묻고 있었다. 6G라는 이름의 새로운 제국의 언어를 누가 만들 것인가. 삼성은 바로 그 무대 위에서 승부수를 던지고 있었다.

17

갤럭시와 초연결 사회의 운명

스마트폰이 아닌 플랫폼, 연결이 곧 생존인 시대

스마트폰은 더 이상 주머니 속의 작은 기계로 설명되지 않는다. 그것은 인간의 손끝에서 전 세계의 네트워크를 여는 열쇠이고, 동시에 집과 도시, 자동차와 일상을 하나로 묶어내는 신경망의 일부다. 갤럭시라는 이름은 단순한 기기가 아니라 삼성의 제국이 초연결 사회에 던지는 응답이자, 생존을 위한 플랫폼이었다. 갤럭시가 서 있는 무대는 아이폰의 그림자 속이 아니라 초연결 사회의 심장에서 운명을 시험받는 자리였다.

삼성은 오랫동안 아이폰의 강력한 아성을 넘어서기 위해 싸워 왔다. 그러나 MZ세대에게 아이폰은 단순한 스마트폰이 아니라 '문화적 상징'이었다. SNS 속 사진과 영상, 인스타그램과 틱톡을 통해 증폭되는 아이폰의 이미지 메이킹은 갤럭시가 쉽게 따라잡을 수 없는 벽이었다. 충성 고객들은 아이폰을 신앙처럼 소비했고, 가격이 올라가도 떠나지 않았다. 갤럭시가 아무리 스펙을 강조하고 가격 경쟁을 벌여도, '부모 세대의 스마트폰'이라는 꼬리표는 쉽사리 지워지지 않았다.

그러나 무대는 바뀌고 있었다. CES 2024에서 공개된 갤럭시24 시리즈는 단순히 새로운 모델 출시가 아니었다. 삼성은 이 무대를 '비전의 시험대'로 삼았다. 가장 큰 화제를 모은 기능은 서버 없이 기기 내부에서 바로 구현되는 실시간 통역이었다. 와이파이나 데이터망 없이도 다국어 대화가 매끄럽게 이어지는 장면은 관객들을 압도했다. 초연결 사회의 본질은 언제 어디서든 사람과 사람, 기기와 기기가 지체 없이 연결되는 것이었다. 갤럭시24는 그 철학을 기술로 구현하며 초연결 플랫폼으로서의 가능성을 입증했다.

하지만 진정한 반전은 갤럭시25 시리즈에서 일어났다. 이 모델부터 갤럭시가 드디어 아이폰과 대등하거나 그 이상이라는 평가를 받기 시작했다. AI 기반의 카메라 기능은 장면 인식과 색감, 보정에서 아이폰을 앞질렀다는 호평을 받았다. 단순히 사진을 찍는 것이 아니라, 사용자가 바라보는 장면을 실시간으로 분석해 가장 매혹적인 결과물을 제시하는 방식은 MZ세대의 마음을 사로잡았다. SNS에 즉시 업로드 가능한 퀄리티, 영상 편집까지 지원하는 AI 기반 툴은 갤럭시를 '구식'이 아닌 '앞서가는 기기'로 만들었다. 실제로 유튜브와 틱톡 크리에이터들 사이에서 갤럭시25의 카메라가 아이폰보다 더 자연스럽고 강력하다는 리뷰가 쏟아졌고, 이는 곧 브랜드 이미지를 반전시키는 계기가 되었다.

갤럭시25의 인기는 MZ세대에게서 시작되었다. 그들은 더 이상 아이폰만을 문화적 아이콘으로 소비하지 않았다. 오히려 새로운 것을 먼저 체험하고, 차별화된 기능을 즐기려는 젊은 세대의 욕망은 갤럭시25의 혁신적 기능과 맞닿아 있었다. AI를 기반으로 한 개인화 경험, 사진과 영상에서 즉각적으로 드러나는 차별성은 갤럭시의 새로운 무기가 되었다. 삼성이 수년간 실패했던 '젊은 세대 공략'은 이 시점에서 비로소 가시적인 결과를 내기 시작했다.

삼성은 여기서 멈추지 않았다. 초연결 사회에서 갤럭시는 스마트폰 이상의 플랫폼이 되어야 했다. 냉장고와 세탁기, TV와 자동차까지, 갤럭시는 스마트싱스를 통해 집과 도시를 하나로 연결하는 허브 역할을 맡았다. 갤럭시 스마트폰은 이제 단순한 개인 기기가 아니라, 초연결 사회의 원격 리모컨이었다. 집에 들어서자마자 자동으로 조명과 온도가 맞춰지고, 자동차가 목적지를 학습하며, 헬스케어 기기가 실시간으로 건강 데이터를 분석하는 구조. 그 모든 흐름의 중심에는 갤럭시가 있었다.

엑시노스2600은 갤럭시의 미래를 위한 카드였다. 이 칩은 갤럭시 26 시리즈에 탑재될 예정으로, 삼성 내부에서도 '승부수'라 불렸다. 발열과 효율 논란으로 조롱을 받던 과거 엑시노스의 서사를 정반대로 뒤집을 칩셋이었다.

AI 연산 능력을 극대화한 이 칩은 스마트폰을 서버 없이도 스스로 학습하고 추론할 수 있는 지능형 기기로 만들었다. 스마트폰이라는 기기의 정의를 재편하는 순간이었고, 이는 곧 초연결 사회에서 갤럭시가 플랫폼으로 자리 잡는 근거가 될 예정이었다. 삼성은 갤럭시26을 통해 "AI 시대의 표준은 갤럭시다"라는 메시지를 던지려 했다.

보안 역시 삼성의 무기였다. 초연결 사회에서 모든 사물이 연결되는 만큼, 해킹과 데이터 유출은 치명적인 위협이었다. 삼성은 갤럭시 녹스(Knox)를 통해 보안 체계를 강화하며, 초연결 사회에서 '신뢰의 브랜드'라는 새로운 언어를 만들었다. 사람들은 단순히 카메라 성능과 스펙만으로 스마트폰을 선택하지 않았다. 개인정보, 금융 정보, 일상 데이터가 모두 연결되는 시대에 신뢰는 생존을 결정하는 가치였다. 갤럭시는 이 지점을 정확히 겨냥했다.

갤럭시의 운명은 곧 삼성의 운명이었다. 반도체가 제국의 뼈대라면, 갤럭시는 피와 신경망이었다. 초연결 사회의 허브가 되지 못한다면, 삼성은 다시 아이폰의 그늘에서 흔들릴 수밖에 없었다. 그러나 갤럭시25에서 드러난 반전의 기세와 갤럭시26을 통해 실현될 AI 플랫폼의 비전은, 삼성이 초연결 사회에서 새로운 주인공이 될 수 있음을 예고했다.

세계는 지켜보고 있었다. 초연결 사회의 무대에서 갤럭시가 승리하는 순간, 삼성은 더 이상 아이폰의 대체재가 아니라 독자적 플랫폼이 된다. 기술과 AI, 보안과 생태계를 아우르는 전략은 삼성의 새로운 무기였고, 초연결 사회의 운명은 갤럭시의 손에 달려 있었다. 연결이 곧 생존인 시대, 갤럭시가 살아남는 순간 삼성은 다시 제국의 언어를 되찾게 될 것이다.

18

AI폰, 갤럭시24의 반등과 한계

서버 없는 AI, 새로운 기준이 될 수 있을까?

갤럭시24는 삼성에게 있어 새로운 전환점이었다. 오랫동안 아이폰의 성벽에 막혀 있던 갤럭시는 기술적 성취에도 불구하고 젊은 세대에게 외면당하는 브랜드로 낙인찍혀 있었다. 10대와 20대 초반의 손에는 아이폰이 들려 있었고, SNS 속 사진과 영상은 대부분 아이폰 카메라로 촬영된 결과물이었다. '갤럭시는 부모 세대의 휴대폰'이라는 말은 어느덧 굳어진 인식이 되었다. 그 굴욕적인 현실을 뒤집기 위해 삼성은 새로운 무기를 꺼내 들었다. 갤럭시24는 서버 없는 AI, 즉 온디바이스 AI 기능을 탑재하며 세상을 향해 던진 반격의 첫 신호탄이었다.

CES 2024 무대에서 갤럭시24가 공개된 순간, 삼성은 전략적 승부수를 던졌다. 가장 큰 화제는 와이파이나 데이터망 없이도 기기 자체에서 구현되는 실시간 통역 기능이었다. 미국 라스베이거스 컨벤션 센터의 무대에서 시연자가 한국어로 말을 하자, 곧바로 영어 자막이 화면 위에 나타났고, 이어지는 음성 출력은 마치 사람이 실시간으로 번역하는 듯 자연스러웠다. 청중은 술렁였고, 언론은 "AI 폰의 시작"이라며 열광했다. 사진 속 글자를 카메라로 비추면 즉시 다른 언어로 바꿔 보여주는 기능 역시 주목받았다. 클라우드 서버를 거치지 않고도 이 모든 연산을 기기 내부에서 처리한다는 점이 사람들을 놀라게 했다. 보안과 속도의 문제를 동시에 해결할 수 있다는 점에서, 갤럭시24는 분명 '새로운 기준'을 제시하는 듯 보였다.

삼성은 이 기술을 단순한 기능이 아니라 스마트폰의 미래를 여는 철학으로 포장했다. 초연결 사회에서 보안은 생존의 문제이고, 지연 없는 연결은 새로운 표준이었다. 서버 기반 AI가 개인정보 유출과 속도 지연이라는 구조적 약점을 갖고 있는 상황에서, 갤럭시24의 온디바이스 AI는 시대가 요구하는 해답처럼 보였다.

그러나 시장의 반응은 기대만큼 폭발적이지 않았다. 갤럭시24가 만들어낸 반등은 분명 존재했지만, 그것은 제한적이었다. 리뷰어들은 갤럭시24의 기능을 호평하면서도, 여전히 아이폰이 문화적 주도권을 쥐고 있다는 사실을 지적했다. 기술적 혁신은 주목받았으나, 젊은 세대가 자신의 라이프 스타일을 투영할 아이콘으로 갤럭시를 선택하기에는 부족했다. 인스타그램과 틱톡 속에서 아이폰의 카메라가 만들어내는 문화적 상징성은 여전히 강고했다. 갤럭시24의 AI 기능이 놀랍다는 데에는 모두가 동의했지만, 그것이 곧 '갤럭시를 사야 한다'는 명령으로 이어지지는 않았다.

또 다른 한계는 칩셋 성능이었다. 갤럭시24에 탑재된 엑시노스 2400은 이전 세대보다 개선된 NPU를 갖추고 있었지만, 대규모 연산을 요구하는 생성형 AI 수준까지는 도달하지 못했다. 텍스트 번역과 요약, 간단한 이미지 편집에서는 훌륭했지만, 복잡한 맥락 이해나 실시간 영상 생성에서는 여전히 서버 기반 AI의 도움을 필요로 했다. 마케팅에서 강조된 '서버 없는 AI'라는 구호가 모든 상황에 적용되는 것은 아니었고, 이 점은 소비자에게 약간의 실망감을 남겼다.

그럼에도 불구하고 갤럭시24는 중요한 전환점이었다. 아이폰의 그늘 속에서 갤럭시가 처음으로 AI라는 새로운 무기를 들고 시장에 질문을 던진 순간이었기 때문이다. "스마트폰은 더 이상 단순한 통신 기계가 아니라, 스스로 학습하고 추론하는 플랫폼이 될 수 있는가?" 갤럭시24가 완벽한 답을 내놓지는 못했지만, 적어도 질문을 던진 최초의 기기라는 점에서 역사의 기록을 남겼다.

갤럭시24가 열어젖힌 초연결 사회의 문은 곧 갤럭시25에서 본격적인 반전을 만들어냈다. 25시리즈는 아이폰과의 비교에서 처음으로 우위를 점했다는 평가를 받으며 젊은 세대의 관심을 끌기 시작했다. 핵심은 카메라였다. AI가 실시간으로 장면을 분석하고, 색감을 조율하며, 인물의 표정을 자연스럽게 보정하는 기능은 SNS 세대에게 최적화된 경험이었다. 사진과 영상이 단순한 기록이 아니라 자기 표현의 수단이 된 시대에, 갤럭시25의 카메라는 아이폰을 능가한다는 호평을 얻었다. 유튜브와 틱톡 크리에이터들은 갤럭시25의 결과물이 더 생생하고 다채롭다고 말했고, 이는 곧 입소문으로 번져나갔다.

삼성이 수년간 시도했지만 번번이 실패했던 MZ세대 공략은 갤럭시25에서 처음으로 가시적 성과를 거두었다. AI 기반 카메라 경험은 젊은 세대가 자신을 표현하는 방식과 직결되었고, 갤럭시는 더 이상 '부모 세대의 기기'가 아니었다. 오히려 새로운 것을 먼저 경험하고자 하는 젊은 세대의 욕망과 맞닿아 있었다. 갤럭시25는 아이폰이 독점하던 문화적 상징성에 균열을 냈고, 그 균열은 삼성의 자신감을 회복시키는 계기가 되었다.

여기에 AI 비서 기능이 강화되면서, 갤럭시25는 사용자의 일상을 더 적극적으로 개입하는 도구가 되었다. 일정 조율, 메시지 요약, 이메일 초안 작성, 건강 모니터링, 가전 최적화까지 모든 것이 스마트폰 안에서 통합되었다. 초연결 사회의 허브로서 갤럭시가 수행해야 할 역할을 현실로 구현하기 시작한 것이다.

그러나 삼성의 진짜 승부수는 갤럭시26에 있다. 갤럭시26에는 엑시노스2600이 탑재될 예정이었다. 이 칩셋은 삼성이 "신의 한 수"라 부르며 내부적으로 밀어붙인 프로젝트였다. 과거 발열 논란으로 조롱을 받던 엑시노스 브랜드를 부활시키는 동시에, 온디바이스 AI의 한계를 돌파하는 것이 목표다. 엑시노스2600은 기기 내부에서 대규모 생성형 AI 연산까지 소화할 수 있도록 설계되었다.

텍스트와 이미지뿐 아니라 영상 생성, 복합적 상황 판단까지 가능해지는 순간, 스마트폰은 더 이상 보조 기기가 아니라 독립적인 AI 엔진으로 거듭나게 된다. 삼성은 이 칩을 통해 "AI 시대의 표준은 갤럭시"라는 메시지를 던지려 했다.

엑시노스2600이 탑재될 갤럭시26은 초연결 사회의 완결판을 지향한다. 자동차와 로봇, 가전과 도시 인프라까지 하나의 스마트폰이 제어하고 연결하는 구조. 사용자는 더 이상 앱을 열어 조작할 필요도 없다. 기기는 스스로 학습해 사용자의 패턴을 이해하고, 필요를 예측해 먼저 제안한다. 초연결 사회에서 갤럭시가 플랫폼으로 자리매김하는 순간이었다.

갤럭시24가 서막을 열었고, 갤럭시25가 젊은 세대의 마음을 돌려세우며 문화적 반전을 이루었다. 이제 갤럭시26은 그 모든 성과를 종합해 AI폰 시대의 진정한 패권을 노리고 있다. 초연결 사회의 운명은 갤럭시라는 플랫폼 위에서 다시 쓰이고 있었고, 사람들은 묻고 있었다.

"갤럭시가 아이폰의 성벽을 넘어 새로운 제국의 언어를 만들어낼 수 있는가?"

삼성의 답은 명확했다. 갤럭시24에서 불완전한 반등을, 갤럭시25에서 문화적 균열을, 그리고 갤럭시26에서 완성된 반격을 보여주겠다는 것이었다. 초연결 사회의 문은 이미 열렸고, 그 중심에 서려는 갤럭시의 여정은 이제 막 클라이맥스를 향해 달려가고 있었다.

19

실시간 통역, 글로벌 표준을 향한 도전

언어의 장벽을 무너뜨리는 기능, 표준을 둘러싼 경쟁

언어는 인간 사회가 가진 가장 오래된 경계였다. 국경을 넘는 순간, 문화와 사고의 차이보다 먼저 사람을 막아선 것은 언어였다. 비즈니스 협상에서, 국제회의에서, 심지어 여행지의 식당에서조차 언어는 여전히 보이지 않는 장벽이었다. 21세기에 이르러 자동 번역과 통역 기기가 등장했지만, 그것은 어디까지나 보조적 수단에 불과했다. 서버 기반으로 작동하는 번역 앱은 네트워크 연결이 필요했고, 그 연결은 종종 불안정했다. 데이터가 클라우드로 전송되는 과정에서 보안 문제가 발생하기도 했다. 무엇보다도 그 번역은 매끄럽지 않았고, 대화의 리듬을 깨뜨렸다. 이런 현실 속에서 삼성이 내놓은 '서버 없는 실시간 통역'은 기술을 넘어 문명의 구조를 흔드는 도전이었다.

갤럭시24가 CES 2024 무대에서 처음 이 기능을 선보였을 때, 관객들은 단순히 신기술을 본 것이 아니었다. 시연자가 한국어로 말하자 화면에 영어 자막이 실시간으로 떠올랐고, 이어 자연스러운

영어 음성이 출력됐다. 이 과정에서 인터넷 연결은 필요하지 않았다. 오직 스마트폰 내부 칩셋이 연산을 수행한 결과였다. 순간의 지연조차 없이 언어가 언어로 바뀌는 장면은, 인류가 오랫동안 꿈꿔온 '바벨탑의 역설'을 풀어내는 순간 같았다. 언어가 더 이상 국경이 되지 않는 세상, 그리고 그 열쇠가 손바닥 위의 기기에 들어 있다는 사실은 전율 그 자체였다.

삼성이 강조한 것은 보안이었다. 기존 번역 서비스는 데이터를 서버로 보내야 했고, 그 과정에서 개인정보 유출 위험이 늘 따라다녔다. 그러나 기기 내부에서 모든 연산이 이루어지는 온디바이스 AI는 외부 전송 자체가 필요 없었다. 기업 회의에서 민감한 계약 내용을 나누거나, 의료 현장에서 환자의 정보를 다룰 때조차 보안 걱정 없이 사용할 수 있다는 점은 파급력이 컸다. 통신 환경이 열악한 지역에서도 통역이 가능하다는 점은 글로벌 남반구 국가들에게도 매력적이었다. 삼성은 이 기능을 기술적 혁신이 아니라 '글로벌 표준을 향한 도전'으로 포장했다.

그러나 길은 험난했다. 구글과 애플은 이미 번역 및 통역 기능을 제공하고 있었고, 특히 구글은 서버 기반 AI를 활용해 다양한 언어 데이터를 학습시켜 번역 품질을 높였다. 삼성이 내세운 온디바이스 방식은 속도와 보안에서 장점이 있었지만, 언어 데이터의 방대함과 문맥 이해력에서는 여전히 서버 기반에 미치지 못했다. 특히 희귀 언어와 방언에서는 번역 품질이 떨어졌다. 언론과 사용자 리뷰는 갤럭시24의 실시간 통역을 칭찬하면서도, 영어·중국어·스페

인어 같은 주요 언어에 치중되어 있다는 점을 한계로 지적했다.

삼성은 이 약점을 극복하기 위해 글로벌 동맹 전략을 택했다. 일본의 통신사와 손잡고 일본어 데이터 학습을 강화했고, 유럽의 언어 연구 기관과 협력해 다국어 모델을 확대했다. 한국 내에서는 네이버 파파고의 데이터와 협력했고, 미국에서는 현지 AI 스타트업과 손잡아 번역 품질을 끌어올렸다. 이는 단순히 기술 제휴가 아니라, '글로벌 표준'을 쥐기 위한 생태계 구축이었다. 6G와 AI 칩 전쟁이 그렇듯, 언어 표준 전쟁 역시 동맹 없이는 불가능했다.

삼성이 노리는 것은 스마트폰 시장을 넘어선 영향력이었다. 언어는 모든 산업의 기반이다. 자율주행 자동차가 글로벌 도로를 달릴 때 표지판과 음성 안내를 해석해야 하고, 메타버스 안의 아바타들이 세계 각국의 사람과 대화할 때도 언어 장벽은 존재한다. 스마트시티에서 기계와 기계가 서로 소통하는 데에도 언어 표준이 필요하다. 삼성은 갤럭시의 실시간 통역 기능을 이 모든 영역의 중심으로 확장하려 했다. 즉, 스마트폰 기능 하나로 시작했지만, 그 끝은 글로벌 커뮤니케이션 인프라 전체를 지배하려는 야망이었다.

시장의 반응은 복합적이었다. 소비자들은 놀라워했지만, '이 기능이 갤럭시 구매를 결정적으로 이끄는가'라는 질문에는 회의적인 시선도 많았다. 아이폰 사용자들은 여전히 자신들의 생태계에 만족했고, 구글 번역을 쓰는 안드로이드 사용자들도 무료 서비스에 익숙해 있었다. 삼성은 이 한계를 넘어설 차별화를 만들 필요가 있었다. 그래서 내놓은 전략이 '실시간 통역의 비즈니스화'였다. 글로벌 컨퍼런스, 다국적 기업의 협상 현장, 의료 현장, 교육 현장 같은 전문적인 무대에 갤럭시를 투입하는 것이다. 삼성은 갤럭시를 회의실의 기본 장비로, 병원의 필수 도구로, 학교 교실의 학습 도우미로 만들려 했다.

갤럭시25가 출시되면서 실시간 통역 기능은 한층 업그레이드됐다. AI 카메라와 결합해 영상 속 대화까지 자동으로 통역하는 기능, 회의 음성을 실시간으로 자막화해 여러 언어로 동시에 제공하는 기능이 추가됐다. 이 기능은 젊은 세대가 SNS 라이브 방송에서 해외 시청자와 소통하는 데에도 유용하게 쓰였다. 갤럭시25는 아이폰과의 비교에서 처음으로 'AI 카메라와 통역 기능에서 앞섰다'는 평가를 받으며 문화적 반전을 이루기 시작했다.

그리고 사람들의 기대는 갤럭시26으로 향했다. 엑시노스2600이 탑재될 이 모델은 대규모 생성형 AI 연산을 기기 내에서 소화할 수 있도록 설계되었다. 이는 통역 기능에도 혁신을 가져올 수 있었다. 단순히 언어를 바꾸는 것을 넘어, 화자의 뉘앙스와 감정을 실시간으로 분석해 적절한 어휘로 변환하는 수준에 도달한다면, 그것은 통역을 넘어 '문화의 번역'이 될 것이다. 삼성은 이 비전을 통해 언어 장벽 자체를 무너뜨리는 글로벌 표준을 노리고 있었다.

갤럭시24의 실시간 통역은 완벽하지 않았다. 그러나 그것은 분명히 서막이었다. 갤럭시25에서 업그레이드된 기능은 시장의 반응을 끌어내며 문화적 균열을 만들었다. 갤럭시26은 그 균열을 틈새가 아닌 대세로 확장하려는 시도다. 언어가 무너지는 순간, 세계는 새로운 연결 질서를 필요로 한다. 그 질서의 중심에 갤럭시가 있다면, 삼성은 더 이상 아이폰의 추격자가 아니라 인류 커뮤니케이션의 표준을 세운 기업으로 기록될 것이다.

삼성이 도전하는 것은 통역 기능 하나가 아니었다. 그것은 인류의 오래된 장벽을 기술로 허무는 도전이었다. 언어가 사라진 세계에서 갤럭시가 새로운 질서의 심장이 될 수 있을까? 세계는 지금 그 실험을 지켜보고 있다.

20

CES 2025 – 'Home AI'의 서막

집을 넘어 사회까지, AI 플랫폼의 새로운 무대

라스베이거스 컨벤션센터의 불빛은 언제나 화려했지만, 2025년 CES 현장에서 삼성이 던진 메시지는 조명 이상의 강렬함을 품고 있었다. 수많은 기업들이 자율주행, 로봇, 헬스케어, 메타버스를 앞다투어 선보였지만, 삼성의 키워드는 그 모든 것을 꿰뚫었다. 'Home AI', 즉 집을 넘어 사회 전체를 아우르는 새로운 인공지능 플랫폼. 그것은 단지 새로운 가전을 소개하는 자리가 아니라, 사람과 기계, 개인과 사회가 AI라는 언어로 연결되는 서막을 알리는 장면이었다.

삼성의 부스에 들어서면, 관람객들은 마치 작은 마을을 연상케 하는 공간을 마주했다. 거실, 주방, 침실, 그리고 주차장까지 하나의 시뮬레이션 된 생활 공간 안에서 AI가 모든 것을 유기적으로 조율하는 공간이었다. TV는 단순히 콘텐츠를 보여주는 스크린이 아니라 사용자의 목소리와 표정을 인식해 하루를 정리해주고, 냉장고는 남은 재료를 확인해 저녁 메뉴를 제안하며, 로봇 청소기는 단순한 가사 보조가 아니라 반려동물의 건강 상태까지 체크해 데이터를 전송했다. 관람객들은 "이건 집이 아니라 살아 있는 네트워크"라는 말을 남겼다.

삼성이 강조한 Home AI의 본질은 개별 기기의 기능이 아니었다. 그것은 연결과 학습이었다. 집 안의 모든 기기가 단절된 장치가 아니라 하나의 생태계로 작동하여 사용자의 습관을 기억하고, 가족 구성원의 생활 패턴을 학습하며, 더 나아가 이웃과 지역 사회까지 연결되는 구조. 스마트싱스라는 허브를 중심으로 가전과 모바일, 웨어러블, 심지어 자동차까지 얽히는 장면은 초연결 사회의 축소판이었다.

CES 2025 현장에서 공개된 데모 시연은 많은 이들을 압도했다. 관람객이 한국어로 "오늘 저녁엔 칼로리 낮은 요리를 하고 싶어"라고 말하자, 냉장고는 내부의 재료를 스캔해 추천 메뉴를 제시했고, AI 오븐은 자동으로 조리 시간을 맞췄다. 이어 갤럭시 스마트폰은 "이 메뉴는 가족 중 누가 선호했는지"를 알려주었고, 거실의 대형 스크린은 필요한 장을 온라인으로 주문할 수 있는 인터페이스를 띄웠다. 몇 초 만에 생활의 의사결정이 기계의 학습과 협업으로 이루어졌다. 이 장면은 Home AI가 단순한 스마트홈을 넘어 생활 자체를 재편하는 인프라임을 보여주었다.

이재용이 Home AI를 '플랫폼'으로 규정한 것은 의미심장했다. 과거의 가전은 철저히 하드웨어 중심이었다. 스펙 경쟁, 디자인 경쟁, 가격 경쟁으로 시장을 차지했다. 그러나 이제는 기기가 아니라 경험, 연결, 그리고 데이터가 상품이 되었다. 삼성은 Home AI를 통해 자신들의 가전과 모바일, 반도체가 하나의 통합 플랫폼으로 기능하도록 설계했다. 이 플랫폼은 단지 집 안에 머무르지 않았다. 보안, 에너지 관리, 헬스케어, 교육, 공공 서비스까지 확장될 수 있는 사회적 시스템이었다.

삼성은 CES 2025 무대에서 Home AI의 사회적 확장 가능성도 보여주었다. 예를 들어, 아파트 단지 전체를 하나의 AI 네트워크로 묶는 시나리오였다. 개별 가구의 에너지 사용량을 AI가 분석해 전력 피크를 줄이고, 필요한 전기는 태양광과 배터리 저장 장치를 통해 공유하는 구조를 선보였다. 쓰레기 배출 패턴을 분석해 효율적으로 수거 일정을 조율하고, 단지 내 주차장에서는 자동차가 스스로 충전 스테이션을 찾아가도록 안내받는 장면도 연출됐다. 집을 넘어 사회 전체가 하나의 Home AI 생태계로 통합되는 청사진이었다.

경쟁자들의 반응은 즉각적이었다. 구글은 네스트 생태계를 강화하며 "우리의 플랫폼은 더 개방적"이라고 주장했고, 애플은 'Apple Home'이라는 이름의 새로운 스마트홈 서비스를 예고하며 갤럭시 생태계에 도전장을 던졌다. 그러나 CES 2025에서만큼은 삼성이 주인공이었다. 기술적 완성도와 규모 면에서 삼성은 누구보다 구체적인 비전을 보여주었고, 언론은 "스마트홈 시대를 넘어 Home AI 시대가 왔다"는 제목을 달았다.

하지만 도전은 여전히 많았다. 표준 전쟁은 시작 단계였고, 각 기업은 자신들의 프로토콜을 고집했다. 삼성의 Home AI가 진정한 글로벌 표준이 되기 위해서는 개방성과 호환성을 확보해야 했다. 또한 개인정보 보호 문제도 풀어야 했다. 모든 생활 데이터가 하나의 플랫폼에 모이는 만큼, 보안 위협은 치명적일 수 있었다. 삼성은 녹스(Knox) 보안 체계를 Home AI에 접목시키며 "우리는 가장 안전한 플랫폼"이라고 주장했지만, 회의적인 시선도 존재했다.

그럼에도 불구하고 CES 2025는 분명한 전환점을 기록했다. 갤럭시24와 갤럭시25가 스마트폰의 반격을 이끌었다면, Home AI는 집과 사회를 아우르는 제국 확장의 신호탄이었다. 반도체, 스마트폰, 가전을 모두 가진 삼성이기에 가능한 종합 전략이었다. 이재용은 무대 뒤에서 기자들에게 이렇게 말했다. "삼성의 미래는 더 이상 기기를 만드는 회사가 아니라, 사회를 연결하는 플랫폼 기업이 되는 것입니다."

그 말은 허언이 아니었다. Home AI는 이미 삼성의 모든 사업 부문을 묶어내는 접착제 역할을 하고 있었고, CES 2025는 그 서막에 불과했다. 집을 넘어 사회까지, AI 플랫폼의 새로운 무대가 열린 순간이었다. 세계는 이제 묻고 있었다. "Home AI라는 이름으로, 삼성은 새로운 제국의 언어를 만들어낼 수 있을까?" CES 2025의 무대는 그 질문에 대한 첫 번째 답변이었다.

21

녹스와 보안, 초연결 시대의 방패막이

보안이 곧 신뢰, 초연결 사회의 최종 보루

초연결 사회에서 가장 큰 약점은 언제나 보안이다. 모든 것이 인터넷으로 연결되고, 사람의 손길 없이도 기계와 데이터가 실시간으로 오가는 시대에 가장 치명적인 위험은 바로 그 연결망 자체가 무너지는 순간이다. 자동차는 도로 위에서 멈춰 설 수 있고, 집 안의 모든 기기는 낯선 해커의 손에 넘어갈 수 있으며, 금융 거래와 의료 기록은 단 몇 초 만에 탈취당할 수 있다. 이때 필요한 것은 눈에 보이지 않는 철통 방패다. 삼성은 오래전부터 이 위험을 읽고 있었고, 그 답을 '녹스(Knox)'라는 이름으로 내놓았다.

녹스는 처음에는 갤럭시 스마트폰의 보안 플랫폼으로 시작했다. 스마트폰이 지갑을 대체하고, 은행 업무와 업무용 이메일을 품으며, 결국 개인의 삶 전체를 담아내는 순간, 보안은 선택이 아니라 생존의 조건이 되었다. 안드로이드 기반 스마트폰이 해킹에 취약하다는 지적이 이어지던 시절, 삼성은 독자적인 보안 아키텍처를 마련해 운영체제의 가장 깊은 층부터 보호막을 씌웠다. 하드웨어 칩셋 단계에서 보안을 설계하고, 부팅 과정마다 위협을 감지하며, 데이터를 격리된 공간에 보관하는 구조는 삼성 기기만의 차별점이 되었다.

CES 2025에서 선보인 Home AI 역시 녹스를 중심에 두고 있었다. 집 안의 냉장고가 음식을 파악하고, 세탁기가 세제를 자동 주문하며, TV가 건강 데이터를 분석하는 시대에 개인정보와 생활 패턴은 더 이상 작은 단편이 아니었다. 모든 생활의 흐름이 데이터로 전환되고, 그것이 클라우드와 로컬 디바이스를 오가며 학습되는 구조에서 보안은 단순한 기능이 아니라 신뢰를 구축하는 핵심 언어였다. 삼성은 "보안이 곧 신뢰"라는 메시지를 강조하며, 녹스를 Home AI의 기초 설계에 심었다. 관람객이 Home AI 체험관에서 냉장고와 대화하고, 자동차 충전 스테이션을 예약하는 동안에도 모든 데이터는 녹스의 보호막 안에서 움직였다.

기업 시장에서 녹스의 영향력은 더 크게 드러났다. 글로벌 금융기관과 의료기관, 정부 기관은 늘 보안 위협의 최전선에 있었다. 수많은 모바일 기기를 관리해야 하는 상황에서 하나라도 뚫리면 시스템 전체가 붕괴될 수 있었다. 삼성은 녹스를 기반으로 한 모바일 디바이스 관리(MDM) 솔루션을 제공하며, 수십만 대의 스마트폰과 태블릿을 안전하게 통제할 수 있는 환경을 만들었다. 미국 국방부와 유럽의 다수 정부 기관이 갤럭시 기기를 채택한 배경에는 녹스의 보안력이 있었다. 안드로이드폰이 보안에 약하다는 오명을 씻어낸 것도 바로 이 플랫폼 덕분이었다.

흥미로운 점은 녹스가 단지 기업용 보안이 아니라, 개인의 생활에도 서서히 스며들었다는 것이다. 온라인 뱅킹, 디지털 키, 의료 데이터, 심지어 자동차 키까지 갤럭시 안에 저장되는 시대에, 사람들은 무의식적으로 "갤럭시는 안전하다"라는 믿음을 품기 시작했다. 아이폰이 문화적 상징이라면, 갤럭시는 신뢰라는 상징을 쌓아갔다. 그리고 초연결 사회에서 신뢰는 곧 충성으로 이어졌다.

경쟁사들도 이 점을 알고 있었다. 애플은 폐쇄형 생태계를 무기로 보안을 강조했고, 구글은 클라우드 기반 AI 보안으로 대항했다. 그러나 삼성은 차별화된 길을 걸었다. 하드웨어와 소프트웨어를 아우르는 통합 보안, 즉 반도체에서 운영체제, 애플리케이션, 네트워크까지 모든 층위를 관통하는 보안 아키텍처를 만든 것이다. 이는 반도체 기업, 가전 기업, 모바일 기업을 동시에 품은 삼성만이 가능한 방식이었다. 반도체 단계에서 암호화 모듈을 심고, 기기 단계에서 격리된 보안 공간을 제공하며, 소프트웨어 단계에서 위협을 실시간 탐지하는 3중 보호막은 경쟁사들이 쉽게 따라올 수 없는 벽이었다.

녹스는 점차 '플랫폼'이 되었다. 갤럭시 스마트폰에서 출발한 보안이 자동차, 로봇, 가전, 의료기기까지 확장되면서, 삼성은 모든 연결된 사물에 동일한 보안 표준을 심으려 했다. 이는 곧 표준 전쟁의 또 다른 장이었다. 만약 녹스가 글로벌 보안 표준으로 자리 잡는다면, 초연결 사회의 보안 인프라는 삼성의 손에 들어가게 된다. 보안이 단지 위협을 막는 것이 아니라, 글로벌 질서를 좌우하는 권력이 되는 순간이었다.

그러나 부담도 컸다. 보안에서 한 번의 실패는 모든 신뢰를 무너뜨린다. 작은 해킹 사건 하나가 "삼성은 안전하지 않다"라는 메시지로 변환될 수 있었다. 그래서 삼성은 녹스에 대한 투자와 인력을 아끼지 않았다. 수천 명의 보안 전문가가 실시간으로 위협 데이터를 분석했고, 전 세계에 흩어진 연구소들이 보안 취약점을 점검했다. 삼성 내부에서는 녹스를 두고 "우리의 마지막 방패"라는 표현을 썼다. 초연결 시대에 삼성이 흔들리지 않고 플랫폼으로 설 수 있는 이유는 이 보안 체계가 무너지지 않는다는 전제 위에서만 가능했다.

녹스는 점점 더 사람들의 삶 깊숙이 들어왔다. 갤럭시가 초연결 사회의 허브로 자리 잡을 때, 사용자가 안심하고 그 허브에 자신을 맡길 수 있는 이유는 녹스 덕분이었다. 자동차가 도로 위를 달리고, 냉장고가 음식을 주문하며, 의료기기가 건강 데이터를 전송하는 모든 순간, 사람들은 보이지 않는 보안의 장막을 의식하지 못한다. 그러나 그 장막이 무너지는 순간, 초연결 사회는 무용지물이 된다. 그래서 보안은 곧 신뢰였고, 신뢰는 곧 생존이었다. 삼성은 CES 2025 무대에서 이렇게 선언했다.

"우리는 기기를 만드는 회사가 아니라, 신뢰를 제공하는 회사다."

녹스는 그 선언의 핵심이었다. 초연결 사회의 방패막이로서, 보안은 더 이상 기술의 부속품이 아니라 플랫폼의 본질이었다. 세계가 연결될수록 보안은 마지막 보루가 되었고, 그 최전선에 녹스가서 있었다.

기술을 넘어 철학으로 확장되는
이재용의 메시지

삼성이 내세운 '초격차'라는 말은 처음 등장했을 때 단지 기술적 우위에 대한 구호처럼 들렸다. 더 빠른 공정, 더 작은 반도체, 더 강력한 성능을 의미하는 듯 보였고, 언론은 이 표현을 이재용 부회장이 직원들에게 전한 독려의 말로만 해석했다. 그러나 시간이 지나며 '초격차'는 단순한 기술 경쟁의 수사가 아니었다. 그것은 삼성이 자신을 정의하는 새로운 철학이 되었고, 이 철학은 곧 '초연결'이라는 두 번째 키워드와 결합하며 플랫폼 기업으로의 전환을 설명하는 개념이 되었다.

이재용이 초격차를 강조한 배경에는 냉혹한 현실이 있었다. 반도체 미세공정에서 삼성이 TSMC에 뒤처지며, 파운드리 시장 점유율에서 격차가 벌어졌다는 분석이 쏟아졌다. 스마트폰 시장에서는 애플이 MZ세대의 충성도를 독점했고, 메모리 분야마저도 SK하이닉스가 HBM 경쟁에서 앞서가고 있었다. 위기론이 번지던 그 시점, 이재용은 단순한 추격이 아니라 '도저히 따라올 수 없는 격차'를 만들지 않으면 생존할 수 없다는 판단을 내렸다. 초격차는 기술을 향한 선언이자, 위기를 돌파하려는 철학적 전환이었다.

CES 2024와 CES 2025 무대에서 삼성은 이 철학을 구체적으로 보여주었다. 갤럭시24의 온디바이스 AI는 기술적 차별화를 통해 초격차를 실현하려는 첫걸음이었다. 서버 없는 실시간 통역, 데이터 보안, 로컬 학습이라는 영역은 경쟁자들이 쉽게 따라오지 못하는 부분이었다. 이어 갤럭시25는 AI 카메라 기능을 통해 아이폰을 능가한다는 평가를 받으며, 초격차가 단순히 숫자 경쟁이 아니라 경험의 차이로 이어질 수 있다는 가능성을 보여주었다. 기술적 격차를 문화적 격차로 확장시키는 과정, 이것이 이재용이 바라본 초격차의 진정한 의미였다.

한편 '초연결'은 초격차의 또 다른 축이었다. 삼성은 반도체, 스마트폰, 가전이라는 개별 기기를 만드는 회사에서, 이 모든 것을 연결하는 플랫폼 기업으로 변모하고자 했다. CES 2025에서 선보인 Home AI는 그 철학의 집약체였다. 냉장고, 세탁기, TV, 자동차, 스마트폰이 모두 하나의 네트워크로 묶이고, 사용자의 생활 패턴을 학습해 스스로 판단하며, 더 나아가 이웃과 사회의 자원까지 최적화하는 구조. 초연결은 기술이 아니라 철학이었고, 인간 사회와 기계 문명이 융합되는 미래에 대한 비전이었다.

이 철학의 무게는 단순히 삼성 내부에만 국한되지 않았다. 글로벌 시장에서 초격차와 초연결은 곧 신뢰와 패권을 의미했다. 예컨대, 미국 텍사스 테일러 공장의 대규모 투자는 단지 생산기지를 늘리는 것이 아니라, 미국 중심의 반도체 질서에서 삼성의 존재감을 확보하려는 시도였다. 일본 요코하마에 세운 패키징 연구소 역시 과거의 수출 규제로 생긴 상처 위에 새로운 협력 생태계를 세운 사례였다. 이재용이 내세운 초격차는 기술 경쟁을 넘어 지정학적 리스크를 관리하는 철학으로 확장되고 있었다.

초연결의 철학 역시 글로벌 차원에서 구체화됐다. 갤럭시 스마트폰은 단지 개인의 기기가 아니라, 스마트싱스와 결합해 가전과 도시 인프라를 아우르는 허브가 되었다. 녹스 보안 플랫폼은 이 초연결 사회의 최종 보루로 기능하며, 신뢰라는 무형의 가치를 물리적 기술로 바꿔냈다.

삼성이 강조하는 것은 바로 이 지점이었다. 초격차는 경쟁자를 제치기 위한 무기이고, 초연결은 고객을 묶어두는 생태계이며, 두 가지가 결합할 때 삼성은 더 이상 전자제품 기업이 아니라 사회를 지탱하는 플랫폼 제국으로 자리 잡는다는 것이다.

이재용의 메시지가 흥미로운 것은 그것이 과거의 삼성 철학과 미묘하게 다르다는 점이었다. 이건희의 시대는 품질 혁신과 신경영의 시대였다. "마누라와 자식 빼고 다 바꾸라"는 선언은 조직 내부를 흔들고, 시스템을 바꾸며, 글로벌 기업으로 도약하기 위한 구호였다. 그러나 이재용의 초격차·초연결은 조직 혁신의 언어가 아니라, 글로벌 생태계와 기술 철학을 아우르는 선언이었다. 내부의 변화를 넘어 외부의 질서를 재편하겠다는 야망이었다.

물론 비판도 존재한다. 초격차라는 말은 기술적 과시로 들릴 수 있고, 초연결은 개인정보 침해와 통제 사회로 이어질 위험이 있다. 하지만 삼성은 이를 신뢰라는 단어로 감싸 안았다. 보안 없는 연결은 불안이지만, 녹스 같은 보안 체계로 보호되는 연결은 신뢰로 전환될 수 있다는 논리였다. 초연결의 시대를 위협으로 보지 않고 기회로 전환하는 것, 그것이 삼성의 새로운 철학이었다.

삼성이 던진 초격차·초연결 메시지는 단순한 구호가 아니었다. 그것은 글로벌 시장에서 자신들의 존재 이유를 증명하는 방식이었고, 기술을 넘어 철학으로 확장된 전략이었다. 이재용은 초격차라는 언어로 기술적 패권을 노리고, 초연결이라는 언어로 사회적 표준을 선점하려 했다. 그리고 이 두 언어가 결합할 때, 삼성은 더 이상 흔들리는 거인이 아니라 다시 제국의 언어를 말하는 존재가 된다.

초격차와 초연결은 삼성의 현재이자 미래였다. 그것은 경쟁자를 압도하는 기술적 장벽이자, 사회를 하나로 묶는 플랫폼의 철학이었다. 세계는 지금 묻고 있다. "삼성은 기술을 넘어 새로운 철학으로 인류의 길을 열 수 있는가?" 이재용의 메시지는 그 질문에 대한 답을 준비하는 과정이었다.

MZ세대는 기능보다 문화적 상징성을 소비하며,
아이폰은 단순한 스마트폰을 넘어 '세대의 아이콘'으로 자리 잡았다.

삼성은 갤럭시의 고급화 전략과 스펙 경쟁으로 대응했으나,
브랜드 충성도와 감성의 차이를 좁히지 못한 채 흔들렸다.

SNS와 밈, 해시태그로 움직이는 세대의 소비 패턴 속에서
마케팅 전쟁은 더 이상 가격이나 성능의 문제가 아니라
문화의 소속감을 만드는 문제였다.

갤럭시만의 차별화와 알파세대를 겨냥한 전략은
'삼빠 세대'를 만들 수 있는지 여부를 가르는 시험대가 되었다.

삼성의 미래는 젊은 세대와의 거리감을 얼마나 좁히고,
기술을 감성으로 번역해낼 수 있는가에 달려 있다.

SAMSUNG SHOCK

PART 4

MZ세대,
아이폰의 성벽

소비자 세대와 브랜드 충성도의 전쟁

22

MZ세대가 선택한 아이콘, 아이폰

세대가치를 대변하는 소비재, 브랜드의 힘

서울의 카페에서 테이블 위에 놓인 스마트폰은 그 사람의 세대와 취향을 드러내는 무언의 언어였다. 대학생이나 20대 직장인 사이에서 아이폰은 더 이상 기능만의 선택지가 아니었다. 그것은 자신의 정체성을 표현하는 액세서리이자, 세대 가치를 공유하는 배지와도 같았다. 아이폰을 사용하는 사람들은 자신이 속한 문화적 집단을 선언하는 셈이었고, 갤럭시를 쓰는 사람들은 종종 그 문화적 서클의 바깥에 서 있다는 시선을 받았다. 브랜드 충성도는 기능의 우열을 넘어 세대의 심리적 경계선을 만들어내고 있었다.

MZ세대에게 아이폰은 단순한 전자기기가 아니라 사회적 언어였다. '아이메시지 파란 말풍선'은 미국에서 이미 친구 관계의 상징처럼 기능했고, 카카오톡을 쓰는 한국에서도 아이폰의 카메라 퀄리티와 영상 편집 툴은 콘텐츠 생산의 표준처럼 자리 잡았다.

인스타그램과 틱톡에서 올라오는 고화질의 사진과 영상들은 아이폰 카메라의 색감을 중심으로 편집되었고, 이는 다시 MZ세대에게 "아이폰으로 찍어야 제대로 나온다"는 믿음을 강화시켰다. 기술적 우월성이 절대적이라기보다는, 문화적 흐름과 감각이 브랜드 충성도를 견고하게 만들었다.

아이폰이 가진 힘은 '첫 경험'을 지배하는 데 있었다. 대학 입학이나 사회 초년생 시기에 부모에게 선물 받거나, 아르바이트 급여를 모아 처음 사는 스마트폰이 아이폰일 경우, 그 사용자는 이후에도 아이폰 생태계에 머무를 가능성이 높았다. iCloud를 통해 사진과 데이터를 쉽게 백업하고, 맥북과 아이패드, 에어팟으로 이어지는 애플의 연동성은 탈출을 어렵게 했다. 삼성 갤럭시가 하드웨어 성능으로 맞불을 놓아도, 이미 MZ세대가 아이폰에서 경험한 라이프스타일은 쉽게 버려지지 않았다.

또한 애플은 디자인과 마케팅에서 감각적으로 MZ세대의 정서를 건드렸다. 미니멀한 UI, 군더더기 없는 색감, 브랜드 스토리를 강조하는 광고는 "소유 그 자체가 멋"이라는 이미지를 심어주었다. 반대로 삼성의 광고는 종종 스펙을 나열하거나 가격 경쟁을 강조하며, '기능적 우위'를 내세웠다. 하지만 MZ세대는 기능보다 정체성을 중시했다. 아이폰은 스펙을 크게 강조하지 않아도 이미 문화적 상징으로 기능했고, 그것이 갤럭시가 넘어야 할 보이지 않는 성벽이었다.

소비자 심리의 또 다른 요소는 'FOMO', 즉 놓치기 싫어하는 마음이었다. 친구와 연인이 모두 아이폰을 쓰는 상황에서 갤럭시를 쓰면 대화 속에서 혼자 배제되는 듯한 감각이 생겼다. 사진을 공유할 때 화질이 달라지고, 아이메시지를 쓰지 못하며, 에어드롭을 통한 파일 전송에서 소외되는 경험은 사소해 보이지만 일상의 불편으로 각인되었다. 이런 경험이 반복되면서 갤럭시는 기능적으로 부족하지 않아도 사회적 경험에서 밀려나는 브랜드로 인식되었다.

여기에 애플은 철저하게 가격 정책마저 자신들의 문화적 우위로 전환했다. 아이폰은 고가였지만, MZ세대는 오히려 "비싸니까 가치가 있다"고 받아들였다. 중고 시장에서도 아이폰은 높은 가격을 유지했고, 리셀 문화 속에서 아이폰은 마치 명품처럼 거래되었다. 반면 갤럭시는 출시 직후 빠른 가격 인하로 '가성비' 이미지를 강화했는데, 이는 젊은 세대에게 고급스러움보다 '대체재'의 이미지를 더 심어주었다. 가격 정책마저도 브랜드 충성도의 격차를 키우는 도구로 작용했다.

그러나 변화의 조짐도 있었다. 갤럭시25가 AI 기반 카메라와 영상 편집 기능에서 아이폰을 능가한다는 평가를 받으면서, 일부 MZ세대 크리에이터들은 갤럭시를 콘텐츠 생산의 도구로 선택하기 시작했다. 더 자연스러운 색감, SNS 플랫폼에 최적화된 영상 품질, 그리고 AI 보정의 매끄러움은 "갤럭시가 아이폰을 앞섰다"는 신호를 보냈다. 하지만 여전히 브랜드 충성도의 벽은 견고했다. 아이폰을 손에 쥐는 것은 단순히 사진을 잘 찍기 위해서가 아니라, 집단의 정체성을 공유하기 위한 선택이었기 때문이다.

아이폰은 MZ세대에게 '아이콘'이었다. 그것은 기술적 완성도, 생태계의 편리함, 마케팅의 감각이 어우러져 만들어낸 하나의 문화적 상징이었다. 삼성은 하드웨어와 AI 기술에서 반격을 준비했지만, MZ세대가 선택한 아이콘이라는 지위를 흔들기 위해서는 더 큰 서사가 필요했다. 아이폰을 이기는 것은 기능으로만 가능한 일이 아니었다. 브랜드 충성도와 세대 정체성의 전쟁이 시작되고 있었고, 삼성은 이제 그 전쟁의 본질을 직시해야 했다.

MZ세대가 아이폰을 손에 쥐는 순간, 그것은 기기 선택 이상의 의미를 띠었다. 그것은 하나의 세대가치를 대변하는 소비재였고, 브랜드라는 이름으로 세상을 해석하는 방식이었다. 아이폰의 힘은 여기서 비롯되었다. 그리고 그 힘은 여전히 갤럭시 앞에 거대한 성벽으로 서 있었다.

23

고급화 전략, 갤럭시의 빛과 그림자

프리미엄 도전과 그 한계, 소비자의 냉혹한 선택

삼성은 오랫동안 세계 시장에서 최고의 하드웨어 제조사로 불렸지만, 아이폰이 만들어낸 '프리미엄의 상징성'을 완전히 넘어서는 데에서는 번번이 가로막혔다.

갤럭시는 늘 더 큰 화면, 더 선명한 디스플레이, 더 강력한 배터리와 카메라 기능으로 경쟁했지만, MZ세대의 손에 쥐어진 스마트폰은 대부분 아이폰이었다. 이 간극을 메우기 위해 삼성은 고급화 전략을 내세웠다. 갤럭시를 가성비의 대체재가 아니라, 아이폰과 어깨를 나란히 하는 프리미엄 브랜드로 끌어올리려는 시도였다. 그러나 빛과 그림자는 언제나 함께 찾아왔다.

삼성의 고급화 전략은 폴더블폰에서 뚜렷하게 드러났다. 갤럭시 Z 플립과 폴드는 처음 등장했을 때 기술적 혁신으로 주목받았다. 접히는 디스플레이는 아이폰이 시도하지 않은 영역이었고, 삼성은 이를 '새로운 폼팩터'라는 이름으로 포장했다. 해외 언론은 "애플보다 먼저 미래를 보여줬다"는 찬사를 보냈다.

실제로 폴더블 시장에서 삼성은 압도적인 점유율을 기록하며 독점적 위치를 차지했다. 그러나 소비자의 반응은 이중적이었다. 기술에 열광한 얼리어답터들은 갤럭시 폴더블을 손에 넣었지만, 대중은 여전히 비싼 가격과 내구성 우려에 주저했다. MZ세대는 "멋지다"라고 말하면서도 정작 본인들의 첫 스마트폰이나 교체 기종으로는 여전히 아이폰을 선택했다. 혁신은 빛났지만, 대중성은 따르지 않았다.

또 하나의 전략은 울트라 모델이었다. 갤럭시 S 울트라는 삼성이 가진 모든 기술을 집약한 기기로, 카메라 줌 배율, 디스플레이 해상도, S펜 기능까지 아이폰이 제공하지 못하는 영역을 과감히 파고들었다. 전문가들은 갤럭시 울트라를 "하드웨어의 끝판왕"이라고 불렀다. 그러나 소비자의 선택은 냉혹했다. 같은 가격대에서 아이폰 프로 모델은 '브랜드 프리미엄'을 등에 업고 안정적인 판매량을 기록했지만, 갤럭시 울트라는 '스펙 괴물'이라는 찬사에도 불구하고 시장 점유율에서 아이폰을 따라잡지 못했다. 소비자는 기능의 절대적 우위보다, 브랜드가 주는 문화적 상징을 더 중시했다.

삼성은 광고에서도 고급화를 시도했다. 유명 셀럽을 기용하고, 감각적인 영상을 제작해 아이폰의 세련된 이미지에 맞섰다. 그러나 아이폰 광고가 '갖고 싶은 욕망'을 자극하는 반면, 갤럭시 광고는 여전히 기능 설명에 치중하는 경우가 많았다. 소비자의 무의식 속에서 갤럭시는 여전히 기술은 뛰어나지만 '멋의 언어'를 완전히 장악하지 못한 브랜드로 남아 있었다. 기술적 고급화는 성공했으나, 문화적 고급화에는 균열이 생겼다.

소비자는 냉정했다. 가격이 오르는 순간, 아이폰과 갤럭시는 같은 무대 위에 놓였다. 하지만 아이폰은 프리미엄 이미지를 강화하는 반면, 갤럭시는 가격 인하로 다시 점유율을 지켜야 했다. 같은 고급 모델임에도 불구하고, 소비자 인식 속에서 갤럭시는 '조금 더 저렴해야 선택할 수 있는 브랜드'라는 낙인이 남았다. 이는 프리미엄 전략의 근본적인 딜레마였다. 고급화를 외치면서도 가격을 낮춰야 판매가 이루어진다면, 그 고급화는 진정성을 잃는다.

그럼에도 삼성은 물러서지 않았다. 갤럭시25에서 AI 기반 카메라가 아이폰을 능가한다는 평가를 받으며 새로운 균열을 만들었고, 엑시노스2600을 탑재할 갤럭시26에서는 온디바이스 AI 연산으로 한층 강력한 차별화를 시도할 계획이었다. 하드웨어의 고급화를 넘어서, AI 플랫폼이라는 새로운 무기로 프리미엄의 기준을 재정의하려는 것이다.

고급화 전략의 빛은 분명 존재했다. 폴더블이라는 독창적 시장을 창출했고, 울트라 모델을 통해 기술 우위를 보여주었으며, AI와 결합해 기능적 차별화를 만들어냈다. 그러나 그림자도 짙었다. 소비자의 인식 속에서 프리미엄은 기술의 총합이 아니라 문화적 언어였고, 아이폰은 이미 그 언어를 장악한 상태였다.

삼성의 과제는 분명했다. 고급화를 기술이 아니라 경험으로, 스펙이 아니라 정체성으로 끌어올려야 한다는 것이다. 소비자의 냉혹한 선택은 삼성을 시험대에 올려놓았다. 갤럭시는 고급화의 길에서 빛과 그림자를 동시에 짊어지고 있었다. 이제 남은 질문은 이 것이었다. 갤럭시가 진정한 프리미엄 브랜드로 자리 잡을 수 있는 가, 아니면 여전히 '아이폰의 대체재'라는 한계에 머물 것인가. MZ 세대의 손끝은 그 답을 쥐고 있었다.

24

SNS 세대의 마케팅 전쟁

해시태그와 밈으로 움직이는 세상, 브랜드의 시험대

스마트폰 전쟁의 최전선은 이제 매장에서가 아니라 SNS 피드 위에서 벌어진다. 10대와 20대 초반의 손가락이 인스타그램, 틱톡, 유튜브 쇼츠 위에서 멈추는 순간, 브랜드의 운명이 갈린다. 전통적인 광고가 거대한 예산과 유명 배우를 앞세워 스크린을 장악하던 시대는 끝났다. 이제 한 장의 밈, 한 줄의 해시태그, 몇 초짜리 영상이 브랜드의 위상을 좌우한다. MZ세대와 알파세대는 TV 광고보다 친구의 피드에서 본 제품을 더 신뢰하며, 스펙 시트보다 짧고 중독적인 밈을 통해 브랜드를 소비한다. 이런 세상에서 삼성과 애플은 서로 다른 전략으로 SNS 전쟁에 뛰어들었다.

아이폰은 굳이 말을 하지 않아도 SNS 속에서 자발적 아이콘으로 기능했다. 틱톡의 'Shot on iPhone' 해시태그는 수억 건이 넘는 게시물과 함께 번성했고, 애플이 직접 광고하지 않아도 사용자들이 자발적으로 콘텐츠를 올리며 마케팅의 전선을 대신 구축했다. 인스타그램의 필터와 아이폰 카메라의 색감은 결합해 "아이폰으로 찍어야 제대로 나온다"는 신화를 재생산했고, 이는 다시 아이폰 구매 욕망을 강화했다. 브랜드 충성도는 기술적 완성도를 넘어선 문화적 언어로 굳어졌다.

삼성은 이 생태계를 깨뜨리기 위해 새로운 방식으로 SNS 마케팅을 시도했다. 갤럭시24 출시 당시, 삼성은 글로벌 인플루언서를 동원해 '서버 없는 AI 통역 챌린지'를 기획했다. 외국어로 대화하는 영상을 촬영하고, 갤럭시24의 실시간 번역 기능을 활용해 자연스러운 소통을 이어가는 장면을 틱톡에 올리게 한 것이다. 이 캠페인은 수백만 건의 해시태그 조회수를 기록하며 바이럴에 성공했지만, 진정한 과제는 일회성 화제성을 넘어 브랜드 서사를 구축하는 일이었다. 아이폰이 문화적 아이콘으로 매일 재생산되는 반면, 삼성의 캠페인은 특정 시점의 이벤트로 끝나는 경우가 많았다.

갤럭시25에서 삼성은 전략을 바꿨다. AI 카메라 기능이 아이폰을 능가한다는 평가가 나오자, 이를 적극적으로 SNS 마케팅에 활용했다. 틱톡과 인스타그램 크리에이터들에게 갤럭시25로 찍은 영상과 사진을 제공하고, AI가 자동으로 보정한 결과물을 해시태그 #GalaxyAI와 함께 퍼뜨렸다.

크리에이터들이 실제로 아이폰 대신 갤럭시를 촬영 도구로 선택하는 순간, 그 자체가 광고가 되었다. 몇몇 유명 틱톡 스타가 "갤럭시가 영상에서 더 생생하다"고 말하자, 댓글 창은 뜨겁게 달아올랐고, 그 파장은 광고 예산으로는 살 수 없는 신뢰를 만들었다. 삼성은 여기서 처음으로 아이폰의 '문화적 독점'을 흔드는 조짐을 보았다.

그러나 SNS 세대는 쉽게 흥분하고, 쉽게 잊는다. 삼성의 과제는 지속성이었다. 아이폰은 출시와 상관없이 늘 SNS 속에서 재생산되는 반면, 갤럭시는 특정 시리즈가 나올 때만 반짝 존재감을 드러내는 경우가 많았다. 이를 극복하기 위해 삼성은 갤럭시26을 앞두고 장기적 SNS 캠페인을 준비했다. 엑시노스2600을 탑재한 기기의 온디바이스 생성형 AI 기능을 활용해, 사용자가 영상을 촬영하면 즉석에서 밈 스타일의 콘텐츠를 만들어주는 기능을 선보였다. 밈을 스스로 생산하는 스마트폰, 이는 곧 SNS 세대를 직접 겨냥한 무기였다. 콘텐츠 소비자가 아니라 콘텐츠 생산자로 전환시키는 전략이었다.

애플은 여전히 여유로웠다. 그들은 공식 계정에 몇 개의 감각적인 영상을 올리고, 나머지는 사용자들의 자발적 콘텐츠가 채워주기를 기다렸다. 'Shot on iPhone'이라는 세 단어는 해시태그를 넘어 사회적 인증의 기능을 가졌다. 반면 삼성은 여전히 마케팅 팀의 땀과 전략적 투자 없이는 SNS 전장에서 존재감을 확보하기 어려웠다. 그러나 이 차이가 역설적으로 삼성에게 기회를 주었다. 스펙을 강조하지 않고도 문화를 만들어낸 아이폰과 달리, 삼성은 스펙을 문화로 변환하는 과정을 적극적으로 설계해야 했고, 그것이 새로운 실험을 낳았다.

SNS 마케팅 전쟁은 해시태그의 수나 조회수의 경쟁이 아니었다. 그것은 세대의 일상 언어 속에 브랜드가 얼마나 깊숙이 침투했는가의 문제였다. MZ세대와 알파세대는 뉴스보다 밈으로 세상을 해석했고, 브랜드는 그 밈 속에서 평가받았다. 갤럭시가 이 전장에서 살아남기 위해서는, 더 이상 광고 예산을 쏟아붓는 방식이 아니라, 밈을 창조하고 문화적 아이콘으로 자리 잡는 서사를 만들어야 했다.

삼성의 SNS 마케팅은 빛과 그림자를 동시에 보여주었다. 단발성 이벤트와 챌린지로 화제를 모으는 데 성공했지만, 아이폰처럼 자발적 문화 생산으로 이어지지는 못했다. 그러나 갤럭시25의 AI 카메라와 곧 다가올 갤럭시26의 생성형 AI 기능은 이 한계를 극복할 가능성을 품고 있었다. SNS 세대는 늘 새로운 자극을 원했고, 갤럭시가 그 자극을 제공하는 순간, 브랜드의 인식은 달라질 수 있었다.

SNS 세대의 전쟁터에서 브랜드는 더 이상 제품으로만 평가받지 않았다. 해시태그와 밈이 새로운 통화였고, 소비자는 그 언어로 브랜드의 가치를 결정했다. 삼성은 이제 그 시험대 위에 서 있었다. 갤럭시가 밈의 언어로 살아남을 수 있다면, 아이폰의 성벽을 허무는 균열은 거기서 시작될 것이다.

25

충성도 전쟁 – 아이폰 vs 갤럭시

가격보다 관계, 애플은 높이고 삼성은 깎는 아이러니

스마트폰 시장의 대결 구도는 기술과 스펙의 경쟁을 넘어선 지 오래였다. MZ세대와 알파세대가 주도하는 소비 전장에서 중요한 것은 숫자로 표시되는 해상도나 배터리 용량이 아니었다. 그것은 브랜드가 주는 관계의 깊이, 곧 사용자가 얼마나 자신을 특정한 생태계에 귀속시키고 있는가의 문제였다. 아이폰은 이 전쟁에서 가격을 올리면서도 충성도를 잃지 않는 기이한 성공을 거뒀고, 갤럭시는 가격을 내리면서도 충성도를 확보하지 못하는 아이러니에 빠졌다.

애플은 언제나 '가치'를 가격으로 증명했다. 신제품이 출시될 때마다 아이폰은 전 세대보다 비싸졌고, 충성 고객들은 불평을 하면서도 줄을 서서 지갑을 열었다. 애플이 그들에게 제공한 것은 단순한 기기가 아니었다. 아이메시지의 파란 말풍선은 친구 관계를 구분하는 보이지 않는 경계였고, 에어드롭은 학교와 직장에서 파일을 주고받는 문화적 습관이 되었다.

아이클라우드는 사진과 데이터를 끊김 없이 이어주며 맥북과 아이패드로 확장되었고, 애플워치와 에어팟은 생활의 리듬 속으로 자연스럽게 스며들었다. 아이폰을 소유하는 것은 기기를 사는 것이 아니라, 문화적 국적을 부여받는 것이었다. 충성도는 기술이 아니라 관계에서 비롯되었다.

삼성은 반대의 길을 걸었다. 하드웨어 성능에서 아이폰을 능가한다는 평가를 받을 때조차, 갤럭시는 브랜드 충성도에서 열세였다. 가격 인하는 그 격차를 줄이려는 방편이었지만, 오히려 프리미엄 이미지에 상처를 남겼다. 플래그십 모델이 출시된 지 몇 달 지나지 않아 할인을 시작하면 소비자는 이렇게 생각했다.

"정가로 사면 손해를 본다."

아이폰의 가격은 시간이 지나도 버티며 중고 시장에서 가치를 유지했지만, 갤럭시는 시간이 지날수록 급격히 떨어졌다. 가격 정책이 충성도를 만들지 못하고, 오히려 '언제든 깎이는 브랜드'라는 이미지를 심어준 셈이었다. 충성도 전쟁의 핵심은 경험이었다. 아이폰은 제품이 아니라 경험을 팔았다. 사용자는 아이폰을 통해 '나도 이 집단의 일원'이라는 정체성을 확인했고, SNS 속 이미지와 연결되며 자기 표현을 완성했다.

반면 갤럭시는 오랫동안 스펙과 기능으로만 자신을 증명하려 했다. 100배 줌, 더 큰 배터리, 더 빠른 충전. 그러나 소비자는 그것을 브랜드 정체성으로 소비하지 않았다. 기능은 시간이 지나면 다른 회사도 따라올 수 있고, 수치의 우위는 금세 무의미해진다. 하지만 관계는 쉽게 무너지지 않는다. 애플이 가격을 올리면서도 충성도를 잃지 않는 이유는 바로 이 관계가 공고했기 때문이다.

삼성 내부에서도 이 문제는 뼈아프게 인식되었다. 갤럭시25가 AI 카메라 성능에서 아이폰을 능가했다는 평가를 받았을 때조차, 판매량은 즉각적으로 폭발하지 않았다. MZ세대는 갤럭시의 기술을 인정하면서도 아이폰을 버리지 않았다. 애플과의 관계는 마치 연애와 같았다. 다소 불만이 있어도 쉽게 헤어지지 않는다. 반면 갤럭시는 기능적으로 아무리 매력적인 조건을 제시해도 '가볍게 만나는 대상'으로만 여겨졌다. 충성도는 약속된 결혼 같은 것이었고, 삼성은 아직 그 약속을 얻지 못했다.

그러나 변화의 가능성은 있었다. 갤럭시24의 온디바이스 AI 기능은 보안과 속도에서 새로운 기준을 세웠고, 갤럭시25는 MZ세대 크리에이터들 사이에서 처음으로 긍정적인 입소문을 만들었다.

특히 영상과 사진을 다루는 SNS 세대는 갤럭시의 AI 카메라를 "아이폰보다 낫다"라고 평가하기 시작했고, 그 순간 갤럭시는 단순한 기능적 우위를 넘어 문화적 균열을 일으켰다. 충성도 전쟁의 균형추가 미세하게 흔들리는 지점이었다.

삼성은 갤럭시26을 통해 이 균열을 확장하려 한다. 엑시노스2600이 탑재될 이 모델은 생성형 AI 연산까지 기기 내부에서 처리할 수 있도록 설계되었다. 이것은 단순히 기능의 강화가 아니라 관계를 새로 쓰려는 시도였다. 사용자가 갤럭시26을 통해 자신의 일상 데이터를 기기에 맡기고, AI가 학습해 삶을 조율하는 순간, 그것은 기기와 사용자 사이의 관계를 심화시키는 경험이 된다.

애플이 문화적 정체성으로 관계를 쌓았다면, 삼성은 기술 기반의 개인화와 신뢰를 통해 새로운 관계를 만들려는 것이다. 충성도 전쟁에서 가격은 변수일 뿐 본질이 아니었다. 아이폰은 가격을 올리며 충성도를 강화했고, 갤럭시는 가격을 내리며 충성도를 갉아먹었다. 진정한 승부는 관계의 질에 달려 있었다. 브랜드와 소비자가 어떤 언어로 연결되어 있는가, 그것이 승자를 결정했다. MZ세대의 손끝이 선택하는 것은 더 강력한 줌 기능이나 더 넓은 배터리 용량이 아니라, 자신이 속하고 싶은 세계였다.

아이폰은 이미 세계였다. 갤럭시는 지금 그 세계의 성벽을 두드리고 있다. 충성도 전쟁의 결과는 가격표가 아니라 관계의 지형에서 결정될 것이다. 삼성이 기술을 관계로 바꾸어낼 수 있다면, 갤럭시는 아이폰의 독점적 세계에 균열을 내는 최초의 도전자가 될 것이다.

26

'갤럭시만의 차별화'가 필요한 이유

따라잡기 전략을 넘어서 독창성을 확보해야 하는 순간

삼성이 신제품을 내놓을 때마다 내부 회의실에서 반복된 질문은 하나였다.

"우리가 진짜로 보여주고 싶은 갤럭시만의 언어는 무엇인가."

이 질문은 단순히 기능 추가나 외형 디자인을 두고 한 논의가 아니었다. 기업의 정체성과 사용자 경험, 그리고 삼성이라는 이름이 가진 서사 전체를 어떻게 '차별화'된 스토리로 풀어낼 것인가의 문제였다. 차별화는 곧 생존이었다.

폴더블폰은 그 답을 찾으려는 삼성의 집요한 실험 가운데 하나였다. 2019년 첫 갤럭시 폴드를 선보였을 때, 회사 내부의 공기는 팽팽한 긴장으로 가득했다. 개발자들은 접히는 디스플레이를 구현하기 위해 수만 번의 폴딩 테스트를 반복했고, 엔지니어들은 초박형 유리를 현실화하기 위해 밤샘 연구를 이어갔다.

사람들은 이 기술을 두고 "누가 쓰겠느냐"고 비아냥댔지만, 삼성은 굴하지 않았다. 새로운 경험을 만드는 일이야말로 차별화의 출발점이라는 확신이 있었기 때문이다. 폴더블이 세상에 나오자, 사용자들은 처음으로 스마트폰을 접고 펴는 물리적 동작 자체에서 즐거움을 느꼈고, 삼성은 '갤럭시라서 가능한 것'이라는 문장을 한 줄 새겼다.

갤럭시 노트의 S펜 역시 차별화의 상징이었다. 펜으로 글을 쓰고 그림을 그리는 경험을 스마트폰 안으로 옮겨온 시도는, 기술적 혁신을 넘어 사용자의 일상 습관을 바꾸는 결과로 이어졌다. 비즈니스 현장에서 프레젠테이션을 펜으로 제어하거나, 예술가가 노트 화면에 직접 스케치를 남기는 장면은 '갤럭시만의 장면'을 만들어 냈다. 이후 노트 라인업이 S 시리즈와 합쳐지면서 하나의 브랜드로 정리되었지만, S펜은 여전히 갤럭시의 차별화된 아이덴티티를 유지하며 진화하고 있다.

최근의 차별화 실험은 AI와 깊이 결합되어 있다. 갤럭시24가 보여준 온디바이스 실시간 통역 기능은, 단순히 기술적 편의를 넘어 새로운 생활 언어를 만들어냈다. 해외 출장 중 네트워크 연결이 불안정한 지역에서도, 기기 스스로 언어를 번역해 대화를 이어가는 경험은 사용자에게 강렬한 인상을 남겼다. 보안과 속도라는 실질적 가치와 더불어, '갤럭시라서 가능한 순간'이 사용자 기억 속에 각인된 것이다.

갤럭시25에서는 AI 카메라가 또 다른 차별화의 무대가 되었다. 장면을 분석하고 인물을 강조하며, 색감을 실시간으로 조율하는 기술은 단순히 사진 품질을 높이는 수준을 넘어, 사용자로 하여금

'갤럭시로 찍어야 더 자연스럽고 생생하다'는 확신을 갖게 했다.

이는 카메라를 단순한 기록 도구에서 자기 표현의 수단으로 재정의하는 과정이었고, 젊은 세대가 콘텐츠를 만들고 공유하는 방식에 깊이 개입하는 삼성의 차별화된 전략이었다.

갤럭시26에 탑재될 엑시노스2600은 차별화의 서사를 다음 단계로 끌어올리려는 핵심 카드였다. 개발팀은 이 칩을 온디바이스 생성형 AI까지 감당할 수 있도록 설계하며, 스마트폰을 더 이상 수동적 기기가 아니라 '스스로 학습하고 예측하는 지능형 파트너'로 만들고자 했다.

사용자가 영상을 촬영하면 기기가 즉시 밈 스타일의 클립을 만들어내거나, 하루 일정을 학습해 최적의 루틴을 제안하는 경험은 갤럭시만이 제공할 수 있는 새로운 생활 방식이었다. 엑시노스2600은 기능의 우위를 넘어 생활의 패턴을 바꾸려는 도전이었다.

삼성이 내부적으로 강조하는 것은 '기술의 차별화'가 아니라 '경험의 차별화'였다. 소비자가 스펙 표를 읽는 시간보다 일상 속에서 갤럭시만의 경험을 체감하는 순간이 브랜드를 차별화한다는 믿음이었다. 그래서 삼성은 기능 하나를 개발할 때도 "이것이 사용자에게 어떤 새로운 이야기를 만들어줄 것인가?"를 질문했다. 폴더블의 접는 동작, S펜의 필기감, 온디바이스 AI의 즉각적 반응, 카메라의 감각적 결과물. 이 모두는 기술이 아니라 경험의 언어로 차별화를 구현한 사례였다.

갤럭시만의 차별화는 이제 생존을 넘어 철학이 되었다. 추격이 아닌 독창성, 모방이 아닌 새로운 문법. 삼성의 미래는 이 철학을 얼마나 일관되게 밀어붙이고, 사용자들의 일상 속에 새로운 경험의 서사로 자리 잡게 하느냐에 달려 있다. 소비자는 기능을 나열하는 스펙보다, '갤럭시라서 가능한 것'을 기억한다.

스마트폰 전쟁은 여전히 치열하지만, 차별화의 답은 숫자나 가격이 아니라 경험의 독창성에 있다. 갤럭시만의 차별화, 그것은 삼성의 사람들과 기술이 함께 짜내는 서사이며, 브랜드의 운명을 결정할 생존의 언어다.

27

알파세대, 미래 소비자를 향한 베팅

지금이 아닌 미래의 시장, '삼빠' 세대를 향한 필승 전략

애플에는 흔히 '애플빠'라 불리는 충성 집단이 있다. 아이폰, 맥북, 에어팟, 아이패드가 이어주는 생태계 속에서 그들은 단순한 소비자가 아니라 '신앙인'처럼 행동한다. 신제품 발표가 있으면 밤새 줄을 서고, 가격이 아무리 올라가도 지갑을 열며, 기능의 부족조차 "애플다운 미니멀리즘"이라 포장한다. 이 절대적 충성도가 아이폰의 가장 강력한 무기라면, 삼성에게 필요한 것은 알파세대를 겨냥한 '삼빠 세대'를 만드는 일이다. 지금은 미약해 보이지만, 한 세대를 완전히 삼성의 서사 속에 길러낸다면 10년 뒤 시장의 균형은 송두리째 바뀔 수 있다.

알파세대는 태어나면서부터 화면 속에서 성장했다. 아기 시절부터 유튜브 키즈에 노출되었고, 초등학교 저학년 시절부터 태블릿으로 공부를 했다. 이들에게 스마트폰은 '처음 만나는 기술'이 아니라, 숨 쉬듯 자연스러운 환경이다. 그렇기에 삼성의 전략은 단순히 기기를 파는 것이 아니라, 알파세대의 성장 과정 전반에 삼성이라는 경험을 심어놓는 것이어야 한다. 아이들이 처음 숙제를 할 때 쓰는 태블릿이 갤럭시라면, 첫 그림을 그릴 때 잡는 펜이 S펜이라면, 첫 온라인 게임을 즐길 때 손에 쥔 기기가 갤럭시라면, 그들의 무의식 속 브랜드 DNA는 이미 삼성으로 각인된다.

삼성은 이 지점을 활용해 교육용 기기와 콘텐츠 시장을 적극 공략하고 있다. 학교 교실 속에 갤럭시 태블릿이 들어가고, 교사가 학생들의 학습 진행 상황을 실시간으로 관리할 수 있는 AI 학습 플랫폼이 제공된다면, 알파세대에게 갤럭시는 공부와 성장의 파트너가 된다. 애플이 미국과 유럽 학교를 아이패드로 점령했다면, 삼성은 아시아와 신흥 시장에서 '교육용 갤럭시'로 자리 잡으며 반격의 기회를 노리고 있다. 아이들에게 있어 첫 디지털 교과서가 갤럭시라면, 브랜드 충성도는 이미 씨앗처럼 심어진다.

놀이와 게임은 또 다른 전선이다. 알파세대는 TV보다 게임과 메타버스 속에서 더 많은 시간을 보낸다. 삼성은 로블록스, 마인크래프트 같은 플랫폼에 '갤럭시 플레이 그라운드'를 만들고, 아이들이 가상공간에서 자신만의 갤럭시 스마트폰을 커스터마이즈할 수 있도록 했다. 단순한 체험이 아니라 노는 가운데 브랜드를 경험하는 방식이다.

"갤럭시는 내가 원하는 대로 변신할 수 있는 기기"라는 기억은 알파세대가 성인이 되어 브랜드를 선택할 때 결정적 영향을 준다. 애플이 '소유의 멋'을 강조했다면, 삼성은 '놀이와 창조의 자유'를 무기로 알파세대의 마음을 잡아야 한다.

삼성페이와 구독 서비스도 중요한 연결 고리다. 알파세대는 지갑을 들고 다니지 않고, 구독 기반 콘텐츠에 익숙하다. 삼성이 이들에게 맞춤형 결제 경험을 제공한다면, 갤럭시는 단순한 기기가 아니라 생활 경제의 중심이 된다. 게임 아이템 구매, 음악 스트리밍, 학습 콘텐츠 구독까지 갤럭시 하나로 묶어내면, 알파세대에게 '갤럭시를 쓰는 이유'는 자연스러워진다. 그들의 생활 패턴에 삼성은 이미 깊이 스며들어 있게 된다.

여기에 결정적인 무기가 있다. 바로 AI와 개인화다. 알파세대는 데이터와 함께 자란 세대다. 삼성은 갤럭시26부터 탑재될 엑시노스2600을 통해, 기기가 스스로 학습하고 생성형 AI 기능을 구현할 수 있게 준비하고 있다.

아이들이 스마트폰에 말을 걸면, 갤럭시는 단순한 명령 수행자가 아니라 '나만의 AI 친구'가 된다. 학습을 돕고, 게임을 제안하며, 기분을 파악해 음악을 추천하는 존재. 아이들이 어릴 때부터 갤럭시를 '친구 같은 디바이스'로 경험한다면, 브랜드 충성도는 기능을 넘어 감정적 관계로 진화한다. 애플빠가 문화적 신앙이라면, 삼빠는 개인적 관계에서 비롯된 충성도가 될 수 있다.

이재용은 내부 회의에서 이런 메시지를 남겼다고 전해진다.

"아이들이 갤럭시를 가지고 자라는 경험이 바로 삼성의 미래다. 지금의 매출보다 중요한 것은 다음 세대의 기억 속에 삼성을 심는 일이다."

교육, 놀이, 생활, 감정의 모든 접점에 갤럭시가 스며들면, 알파세대는 성인이 되어도 자연스럽게 삼성의 생태계 속에 머물게 된다. 알파세대를 '삼빠' 세대로 만들기 위한 필승 전략은 간단히 요약되지 않는다. 그것은 장기적인 투자와 끈질긴 문화적 설계의 결과여야 한다. 그러나 방향은 분명하다. 첫 경험을 삼성으로 시작하게 하고, 놀이와 학습 속에서 브랜드를 자연스럽게 각인시키며, AI를 통해 개인적 관계를 구축하는 것. 그렇게 한 세대를 통째로 삼성의 언어로 자라나게 한다면, 언젠가 아이폰의 성벽을 넘어서는 순간은 찾아온다.

알파세대의 손에 쥔 첫 스마트폰이 갤럭시라면, 그들이 만들어낼 세상은 애플빠의 시대를 지나 삼빠의 시대로 옮겨갈지도 모른다. 삼성은 지금 그 미래를 향해 가장 과감한 베팅을 던지고 있다.

삼성과 젊은 세대의 거리감

기술과 가격이 아닌 문화와 감성의 격차, 거리감을 없애는 삼성만의 감성 전략

삼성이 젊은 세대를 마주할 때 느끼는 간극은 기능이나 가격의 문제가 아니었다. 갤럭시는 더 높은 해상도의 카메라를 달았고, 더 빠른 프로세서를 얹었으며, 배터리 성능에서도 꾸준히 개선을 이어왔다. 그러나 MZ세대의 마음을 묻는 질문에 돌아오는 대답은 늘 차가웠다. "그런데 왜 굳이 갤럭시여야 해?"라는 말은, 기술의 우열이 아니라 문화적 상징성에서 비롯된 질문이었다. 애플이 '쿨'하다는 이유만으로 선택되는 순간, 삼성의 수치는 무력해졌다. 갤럭시는 뛰어난 기술에도 불구하고 '감성적 설득'에서 실패했고, 그 결과 젊은 세대의 기억 속에 갤럭시라는 이름은 조금 더 무겁고 낡은 브랜드로 각인되었다.

갤럭시24의 등장은 이런 거리감을 좁히려는 첫 번째 몸부림이었다. 온디바이스 AI 통역 기능은 분명히 실질적 가치가 있었다. 해외 여행을 다니는 대학생이나 국제 협업을 시작한 사회 초년생에게, 데이터 연결 없이 실시간으로 대화를 이어갈 수 있는 기능은 혁신적이었다. 그러나 이 기능을 경험한 사람들은 "와, 편리하다"라고 감탄하면서도, 곧바로 다른 브랜드로 돌아섰다. 감탄은 했지만, 사랑은 아니었다. 기술은 사람의 눈을 사로잡을 수 있어도, 마음을 붙잡지는 못했던 것이다.

삼성이 직면한 문제는 바로 이 지점이었다. 가격 경쟁은 이미 한계에 다다랐고, 스펙 경쟁은 소비자에게 지루한 숫자놀음으로 비쳤다. 젊은 세대가 브랜드를 선택할 때 더 중요한 것은 '내가 이 제품을 쓰는 모습이 어떤 문화적 의미를 갖는가'였다. 아이폰을 쥔 손은 단순히 기기를 쥔 손이 아니라, 하나의 라이프스타일을 선언하는 손이었다. 갤럭시가 아무리 기술을 쏟아붓는다 해도, 문화적 상징이 되지 못하면 젊은 세대는 결코 움직이지 않았다.

삼성은 이 벽을 허물기 위해 문화와 감성의 언어로 접근하기 시작했다. 먼저 음악과 영상 콘텐츠에서 젊은 세대의 일상 속으로 들어가는 전략을 펼쳤다. 방탄소년단과의 협업은 그 대표적인 장면이었다.

BTS 멤버들이 갤럭시를 들고 찍은 광고 영상은 단순한 제품 홍보를 넘어, 팬덤 문화와 결합해 '갤럭시를 쓰는 것이 곧 아미의 상징'이 되는 효과를 만들어냈다. 이는 처음으로 갤럭시가 젊은 세대에게 문화적 아이콘으로 소비된 사례였다. 그러나 삼성은 이 전략을 일회성 이벤트로 소비하지 않고, 꾸준히 케이팝 아티스트, 글로벌 인플루언서와의 협업으로 이어가려 했다.

SNS는 또 다른 전장이다. 인스타그램과 틱톡을 중심으로 소비자들은 해시태그와 밈으로 움직이고 있었다. 삼성은 이 흐름을 따라가기 위해 '갤럭시 크리에이터 라운지'를 운영하며, 젊은 크리에이터들이 갤럭시로 영상을 찍고 편집한 콘텐츠를 직접 공유할 수 있게 했다. 여기서 중요한 것은 기술적 우월을 강조하는 것이 아니라, "갤럭시로 찍은 나의 일상"이 곧 트렌디한 문화의 일부처럼 보이도록 만드는 것이었다. 갤럭시로 찍은 영상이 틱톡에서 밈으로 퍼지고, 인스타그램에서 해시태그 챌린지로 이어질 때, 젊은 세대는 갤럭시를 더 이상 '부모 세대의 브랜드'로만 보지 않았다.

그러나 감성 전략은 광고나 마케팅으로만 이뤄질 수 없었다. 제품 자체가 젊은 세대의 감각을 반영해야 했다. 갤럭시25에서 시도한 AI 카메라 보정은 바로 그 노력의 산물이었다. 사진과 영상이 일상의 언어가 된 시대에, 더 자연스럽고 더 생생하게 자신을 표현할 수 있는 기능은 기술을 넘어 감성적 무기로 작용했다. 틱톡 크리에이터들이 "갤럭시로 찍으면 색감이 다르다"라고 말하는 순간, 그것은 기능 설명이 아니라 감성의 서사가 되었다.

갤럭시26을 준비하는 삼성은 이 흐름을 한 단계 더 확장하고자 한다. 엑시노스2600을 탑재한 이 기기는 온디바이스에서 생성형 AI를 구현할 수 있는 첫 스마트폰이 될 전망이다. 이는 사용자가 갤럭시와 함께 성장하는 경험을 가능하게 한다.

갤럭시가 스스로 학습해 나의 언어 습관을 기억하고, 내가 선호하는 음악을 추천하며, 일상 속 순간을 밈 영상으로 자동 편집해주는 장면을 상상해보라. 그것은 단순한 기능이 아니라 '갤럭시와 나만의 관계'를 형성하는 경험이 된다. 젊은 세대는 더 이상 브랜드와 기계를 분리해서 보지 않는다. 그들에게 기기는 자신을 드러내는 감성의 일부이며, 갤럭시가 그 감성을 이해한다면 거리감은 순식간에 무너진다.

삼성 내부에서는 이 전략을 '문화의 언어로 말하기'라고 부른다. 기술은 이제 당연한 전제이고, 소비자를 움직이는 것은 감성의 코드였다. 젊은 세대와의 거리감을 좁히려면 갤럭시가 제공하는 경험이 단순히 편리하거나 강력한 기능을 넘어, "나의 라이프스타일과 맞닿아 있다"라는 확신을 심어줘야 한다. 그래서 삼성은 음악, 게임, 영상, 패션과 같은 문화적 키워드를 갤럭시와 직접 연결시키려 하고 있다.

가격을 깎아주는 전략으로는 충성도를 얻을 수 없다. 스펙을 늘어놓는 방식으로는 사랑을 얻지 못한다. 젊은 세대에게 다가가는 길은 오직 문화와 감성뿐이다. 갤럭시를 사용하는 것이 곧 자기 표현이 되고 새로운 문화의 일부로 여겨질 때, 비로소 '삼성과 젊은 세대의 거리감'은 사라진다. 삼성은 지금 그 간극을 메우기 위해 기술 이상의 언어, 감성의 전략을 꺼내 들었다.

삼성이 이 싸움에서 성공한다면, 갤럭시는 더 이상 "아이폰의 대안"으로 불리지 않을 것이다. 그것은 젊은 세대가 스스로 선택한 문화적 기호이자 감성적 동맹이 될 것이며, 브랜드의 서사는 기술 경쟁을 넘어 감성의 서사로 이어질 것이다. 젊은 세대의 거리감을 없애는 삼성만의 감성전략, 그것이 갤럭시의 운명을 바꾸는 마지막 열쇠다.

메드텍

갤럭시 워치와 AI 초음파 진단기기 등
개인 건강에서 병원 시스템까지 연결하며
생명과 직결된 새로운 산업을 파고든다.

로봇

레인보우로보틱스 인수를 통해
휴머노이드와 자동화 로봇을 현실로 끌어내며,
산업 현장과 가정 모두를 겨냥한다.

전장(자동차)

하만 인수, 삼성SDI 배터리,
파운드리 반도체, 디스플레이까지 총동원해
전기차·자율주행의 심장부를 장악하려 한다.

친환경 공조

독일 공조기업 인수와 AI·IoT 융합으로
에너지 효율을 무기 삼아 ESG 시대의 새로운 권력을 노린다.

IoT와 Home AI

스마트싱스와 연결된 가전, 자동차,
도시 인프라까지 아우르며 생활 자체를 장악하는
'플랫폼 제국'의 청사진을 제시한다.

SAMSUNG SHOCK

PART 5

신사업, 미지의 영토

제국의 확장과 미래 산업의 탐험

28

메드텍, 의료 혁신의 최전선

AI와 헬스케어의 융합, 미래 성장동력의 실험장

삼성의 시선이 다시 의료 영역으로 향한 것은 결코 우연이 아니었다. 반도체와 스마트폰에서 치열한 전투를 이어가던 이 거대한 제국이 갑자기 의료기기와 헬스케어에 관심을 보인 배경에는, 두 가지 인식이 동시에 작동하고 있었다. 하나는 인류가 고령화라는 거대한 파도에 맞닥뜨리고 있다는 것, 다른 하나는 AI와 디지털 전환이 건강관리의 패러다임을 바꿔놓고 있다는 것이다. 기술 기업의 눈으로 보면, 의료는 아직 혁신이 덜 이루어진 산업이었다. 삼성은 바로 그 빈틈을 포착했다.

삼성전자가 가장 먼저 손을 뻗은 영역은 웨어러블이었다. 갤럭시 워치 시리즈는 단순히 시간을 알려주는 시계가 아니라, 혈압과 심박수, 심전도를 측정하는 개인 건강관리 도구로 진화했다. 병원에 가지 않고도 손목 위의 기기가 건강 이상 신호를 알려주는 순간, 사람들은 의료의 무게가 일상 속으로 가볍게 녹아드는 경험을 했다. 심방세동 환자가 워치의 알림을 통해 조기 진단을 받고, 실제로 생명을 구한 사례가 해외 언론에 보도되었을 때, 삼성은 자신들이 의료 혁신의 최전선에 서 있다는 사실을 실감했다. 애플 워치와의 비교가 이어졌지만, 중요한 것은 삼성만의 데이터 전략이었다. 갤럭시 워치는 안드로이드 기반의 다양한 기기와 연동되며, 헬스 데이터가 폐쇄되지 않고 확장 가능한 생태계 안에서 흘렀다. 이는 의료 데이터 플랫폼으로 확장할 수 있는 가능성을 의미했다.

헬스케어는 웨어러블에만 머물지 않았다. 삼성은 병원 시스템과의 연결을 시도했다. 한국과 미국 일부 병원에서는 이미 환자가 워치를 통해 측정한 건강 데이터를 주치의가 실시간으로 확인할 수 있는 서비스가 시작되었다. 이는 단순히 개인의 편의가 아니라, 의료 현장의 효율을 높이는 도구가 되었다. 의사들은 환자를 직접 만나기 전에도 그들의 건강 데이터를 살펴보고, 더 빠르고 정확한 진단을 내릴 수 있었다. 의료진 부족과 과잉 진료가 문제로 떠오르는 시대에, 데이터 기반의 원격 진료는 삼성에게 새로운 성장 무대가 되었다.

AI의 도입은 이 혁신을 가속화했다. 삼성은 반도체 기술을 기반으로 AI 헬스칩을 개발하고, 이를 의료기기에 탑재하려는 시도를 이어갔다. 방대한 의료 영상을 빠르게 분석해 암세포의 징후를 찾아내거나, 환자의 음성을 인식해 신경계 질환을 조기 진단하는 기술은 이미 실험실 단계를 넘어 상용화의 길로 나아가고 있었다. 특히 삼성은 영상의학과 협업을 통해 CT나 MRI 데이터를 학습한 AI 모델을 의료용 모니터에 탑재하는 실험을 진행했다. 의사들이 진단 이미지를 볼 때, 동시에 AI가 의심되는 병변을 표시해주는 방식이다. 이는 의료인의 판단을 대체하는 것이 아니라, 그들의 시야를 보조하는 파트너였다. 의료계는 처음에는 회의적이었으나, AI가 놓치지 않는 작은 징후들이 환자의 생명을 살려낸 사례가 하나둘 늘어나면서 반응은 달라졌다.

삼성의 메드텍 전략은 가정과 병원을 연결하는 '헬스 인프라'를 구축하는 방향으로 나아갔다. 갤럭시 스마트싱스 플랫폼이 가전을 연결하듯, '헬스싱스'라는 이름의 서비스는 개인의 건강 데이터를 연결하는 축이 되었다. 체중계, 혈당 측정기, 스마트 침대와 공기청정기까지 집 안의 다양한 기기에서 수집되는 데이터가 하나의 플랫폼에서 분석되고, AI가 생활습관과 연동해 건강관리 솔루션을 제안한다. 예를 들어, 수면 패턴과 공기 질 데이터를 결합해 "오늘은 알레르기 위험이 높으니 외출 전 항히스타민제를 복용하라"는 알림을 보내는 식이다. 삼성은 의료를 병원에 가야만 접할 수 있는 특별한 서비스에서, 일상의 필수 경험으로 바꾸려 하고 있었다.

의료기기 기업으로서의 행보도 가속화됐다. 삼성메디슨은 초음파 기기 분야에서 세계적 입지를 다지고 있었고, 최근에는 AI 기반 산전 진단 기기를 선보였다. 태아의 상태를 자동으로 분석해 위험 요인을 조기에 알려주는 기능은, 특히 의료 인프라가 부족한 국가에서 큰 반향을 불러일으켰다. 삼성은 첨단 기술을 통해 의사 한 명이 여러 환자를 동시에 진단할 수 있는 도구를 제공하며, 신흥 시장을 적극 공략했다. 의료 서비스의 불평등을 줄이는 동시에, 글로벌 시장에서의 입지를 강화하는 전략이었다.

메드텍은 단기 수익을 보장하지 않는다. 반도체처럼 대규모 이익을 즉각 만들어내는 산업이 아니기 때문이다. 그럼에도 삼성이 이 영역에 베팅하는 이유는, 장기적으로 인류의 생활 패턴이 바뀌는 방향과 맞닿아 있기 때문이다. 평균 수명이 늘어날수록 의료와 건강관리에 쓰이는 지출은 폭발적으로 증가한다. 그리고 이 지출은 과거처럼 병원에 국한되지 않고 가정과 일상 속으로 흩어진다. 삼성은 이 거대한 변화를 읽고 있었다. 스마트폰 이후의 다음 기회를 찾는다면, 그것은 메드텍이라는 결론에 다다른 것이다.

내부적으로는 또 하나의 철학이 강조됐다. 메드텍은 단순히 새로운 돈줄이 아니라, 기업이 사회와 맺는 관계를 다시 정의하는 무대였다. 반도체와 스마트폰이 국익과 맞물려 '국민기업'으로서의 삼성의 위상을 세웠다면, 메드텍은 사람들의 생명과 직결된 책임을 요구한다. 기업의 사회적 책임과 미래 성장동력이 교차하는 지점에서, 삼성은 새로운 제국의 확장을 준비하고 있었다.

갤럭시 워치의 작은 알림이 환자의 생명을 구하는 순간, 초음파 기기의 AI 분석이 신생아의 위기를 예방하는 순간, 헬스 데이터가 원격으로 의사에게 전달되어 치료 속도를 높이는 순간. 이 장면들은 단순한 기술적 진보가 아니라, 삼성이 의료 혁신의 전선에서 어떤 미래를 그리고 있는지를 보여주는 예시였다. 삼성의 메드텍 서사는 이제 막 시작되었고, 그 앞에는 고령화와 AI라는 두 개의 거대한 물결이 동시에 밀려오고 있었다.

삼성은 이 물결 위에 제국의 다음 깃발을 꽂으려 하고 있다. 메드 텍, 그곳이 바로 새로운 전장이고, 동시에 인류의 미래가 걸린 실험장이다.

29

로봇, 공상과학을 현실로 만들다

휴머노이드와 자동화, SF가 산업이 되는 순간

삼성이 로봇에 본격적으로 뛰어든 시점은 많은 사람들에게 놀라움과 동시에 당연함으로 다가왔다. 반도체와 스마트폰을 넘어 미래의 먹거리를 찾던 삼성의 시선이 로봇에 멈춘 것은 단지 신사업을 탐색한 결과가 아니었다.

그것은 초격차라는 단어가 더 이상 반도체에만 머물 수 없다는 자각이었고, 인공지능·센서·배터리·네트워크라는 자산이 모일 수 있는 최적의 결절점이 로봇이라는 사실을 직감했기 때문이다.

과거의 로봇이 공상과학 소설의 주인공에 불과했다면, 지금의 로봇은 산업 현장과 가정으로 서서히 스며들고 있다. 삼성은 바로 그 흐름의 중심을 점하려는 의지를 드러냈다.

삼성전자가 국내 로봇기업 레인보우로보틱스의 지분을 확보한 것은 이 방향성을 가장 상징적으로 보여주는 사건이었다. 레인보우로보틱스는 한국 과학기술연구원 출신 연구진이 세운 회사로, 국산 휴머노이드 로봇의 상징과도 같은 존재였다.

휴머노이드 'Hubo'로 세계 로봇 경진대회에서 주목받은 이 회사는 정밀 제어 기술과 관절 구동 시스템에서 독보적인 경쟁력을 쌓아왔다. 삼성은 이 기업을 단순한 투자 대상으로 보지 않았다. 그것은 로봇을 국가 전략 산업으로 격상시키는 동시에, 삼성의 기술 포트폴리오를 미래로 확장시키는 징검다리였다.

삼성전자는 레인보우로보틱스 인수를 통해 로봇 산업의 본격적인 플레이어로 자리 잡겠다는 의지를 선언했다. 이재용 회장이 직접 "로봇은 삼성의 미래 성장 축이 될 것"이라고 말한 뒤, 그룹 내 로봇 관련 TF는 본격적으로 활동을 시작했다.

그들은 로봇을 단순히 '움직이는 기계'로 정의하지 않았다. 반도체가 두뇌라면, 로봇은 인류의 새로운 팔과 다리였다. 사람의 노동을 대신하는 도구가 아니라, 인간과 함께 생활하며 산업과 가정의 패러다임을 바꾸는 존재였다.

삼성이 먼저 주목한 영역은 산업 자동화였다. 글로벌 제조업이 스마트 팩토리로 전환하는 시점에서, 로봇은 생산성을 극대화하는 핵심 도구였다. 삼성전자는 반도체 공정과 디스플레이 생산라인에서 이미 로봇을 광범위하게 활용해왔다. 미세한 공정을 사람의 손보다 더 정밀하게 수행할 수 있는 로봇 팔, 24시간 멈추지 않고 웨이퍼를 옮기고 장비를 관리하는 자동화 시스템은 '삼성 반도체의 무형의 노동자'였다. 그러나 이제 삼성이 겨냥하는 것은 단순히 공정 자동화가 아니라, 로봇을 새로운 산업군의 주역으로 세우는 일이었다.

휴머노이드 로봇은 그 상징적 출발점이었다. 레인보우로보틱스가 개발한 2족 보행 로봇은 단순히 걸을 수 있는 기계를 넘어, 인간과 같은 환경에서 움직이고 작업할 수 있는 가능성을 보여주었다. 삼성은 이 기술을 발전시켜 물류센터, 제조업 현장, 심지어 가정 서비스 영역까지 확장하려 했다. 집 안에서 무거운 짐을 나르고, 노약자의 돌봄을 돕고, 심지어 반려동물의 산책을 대신할 수 있는 로봇은 더 이상 상상 속 존재가 아니었다. 삼성의 전략은 바로 이 영역을 빠르게 실현해 상업화하는 것이었다.

AI와 로봇의 결합은 삼성에게 결정적 무기였다. 갤럭시 스마트폰에서 축적된 온디바이스 AI, 반도체 파운드리에서 쌓은 연산 능력, 배터리 기술에서 확보한 효율성은 로봇을 움직이는 필수 요소였다. 로봇의 두뇌는 AI 반도체였고, 근육은 고효율 배터리였으며, 감각은 삼성전자가 축적한 센서 기술이었다.

모든 기술 자산이 모였을 때, 로봇은 비로소 공상과학을 넘어 산업의 현실로 다가왔다. 삼성은 이를 "로봇 초격차"라 부르며, 반도체에서 구축했던 모델을 로봇에도 동일하게 이식하려 했다.

삼성이 준비하는 로봇의 무대는 산업현장 뿐만 아니라 가정이었다. CES 전시장에서 삼성은 가정용 돌봄 로봇과 서비스 로봇 콘셉트를 선보였다. 부엌에서 음료를 가져다주고, 집 안을 모니터링하며, 원격으로 가족과 소통할 수 있는 로봇은 많은 이들에게 미래 생활의 단편을 보여주었다.

아직 상용화 단계에서는 걸음마였지만, 이 장면은 '삼성 로봇 서사'의 방향성을 뚜렷하게 드러냈다. 삼성이 추구하는 것은 단순한 기계의 공급이 아니라, 생활 속에서 인간과 함께하는 로봇의 경험을 구현하는 것이었다.

물론 도전은 만만치 않았다. 로봇의 가격 문제는 여전히 해결해야 할 과제였고, 안전성과 내구성은 소비자의 신뢰를 얻기 위해 필수적인 조건이었다. 그러나 삼성이 가진 것은 기술력만이 아니었다. 글로벌 유통망, 마케팅 파워, 그리고 반도체와 스마트폰에서 구축한 생태계가 있었다. 이 거대한 인프라 위에서 로봇을 확장한다면, 다른 경쟁자들이 쉽게 따라올 수 없는 초격차를 만들어낼 수 있었다.

레인보우로보틱스 인수 뒤에 시장은 즉각 반응했다. "삼성이 드디어 로봇에 올인한다"라는 평가가 나왔고, 관련 업계는 긴장했다. 현대자동차가 보스턴 다이내믹스를 인수하며 로봇 산업을 선점하려는 가운데, 삼성은 한국 토종 기업과 손을 잡으며 '국가대표 로봇 기업'이라는 타이틀을 꿰찼다.

글로벌 로봇 산업의 판도는 다시 요동치기 시작했고, 삼성은 이제 단순히 후발주자가 아니라 본격적인 주도자로 무대에 올랐다. 삼성의 로봇 서사는 한 가지 메시지로 요약된다.

"SF를 산업으로 만든다."

과거 공상과학 영화 속에서만 보던 로봇이 산업 현장과 가정에서 살아 움직이는 순간, 그 무대 뒤에 삼성이 있었다. 반도체에서 시작해 스마트폰, 가전으로 이어진 제국의 확장은 이제 로봇이라는 새로운 영토를 향하고 있다. 그것은 단순한 신사업이 아니라, 인류의 생활과 노동의 패러다임을 바꾸는 도전이었다.

삼성은 로봇을 통해 제국의 미래를 새로 쓰고 있다. 휴머노이드와 자동화, 그리고 AI와 결합된 지능형 파트너는 더 이상 공상과학의 장면이 아니다. 그것은 삼성이 만들려는 또 하나의 초격차, 그리고 미래 산업의 심장부였다.

30

전장 시장, 자동차를 삼키는 삼성

전기차·자율주행, 거대한 산업을 향한 침투

삼성이 자동차 시장에 본격적으로 발을 들였을 때, 업계는 그것을 '삼성의 마지막 블루오션 도전'이라고 불렀다. 반도체와 스마트폰으로 "세계를 흔들던 이 기업이 왜 다시 자동차라는 낯선 무대에 서려 하는가?"라는 질문이 뒤따랐지만, 그 속내를 들여다보면 오히려 자동차야말로 삼성의 모든 기술과 인프라가 결집할 수 있는 거대한 캔버스였다. 전기차와 자율주행이라는 거대한 물결은 사실상 "바퀴 달린 스마트폰"을 요구하고 있었고, 이는 삼성의 DNA와 맞아떨어졌다.

삼성의 전장 진출은 오래전부터 엿보였다. 2016년 미국의 전장기업 하만(Harman)을 9조 원에 인수한 사건은 그 출발점이었다. 차량용 오디오와 인포테인먼트 시스템의 강자인 하만은, 단순히 자동차에 스피커를 달아주는 기업이 아니었다. 차량 내부의 모든 소프트웨어와 사용 경험을 연결하는 두뇌 역할을 하고 있었다. 삼성은 하만을 통해 곧 다가올 자율주행 시대에 필수적인 HMI(Human

Machine Interface)와 차량 내 인포테인먼트 시장을 손에 넣었다. 당시 업계는 "스마트폰의 다음은 자동차"라는 말을 했고, 삼성은 누구보다 빨리 그 문을 열었다.

그 뒤로 삼성은 배터리, 반도체, 디스플레이, 센서라는 기존의 무기를 차곡차곡 전장 산업에 이식하기 시작했다. 삼성SDI는 전기차 배터리 분야에서 이미 글로벌 3위권에 진입했고, 폭스바겐·BMW·현대차 등 주요 완성차 업체에 배터리를 공급하며 존재감을 키웠다. 삼성디스플레이는 자동차용 OLED 시장에서 선두주자로 떠올랐다. 자동차 대시보드와 계기판, 심지어 뒷좌석 엔터테인먼트까지 OLED 패널을 통해 새로운 사용자 경험을 제공하며, '차 안의 화면 혁명'을 주도하고 있다.

그러나 진짜 게임 체인저는 반도체였다. 자율주행차의 심장은 수십 개의 반도체로 이루어져 있다. 인식, 연산, 통신, 제어를 가능하게 하는 이 칩들의 성능이 차량의 안전과 직결된다. 삼성전자는 파운드리 사업부를 통해 자동차용 반도체 시장을 정면으로 겨냥했다. 테슬라와의 협업은 그 상징이었다. 테슬라가 삼성과 23조 원 규모의 반도체 계약을 체결하며 차세대 자율주행 칩을 맡긴 것은, 단순히 공급 계약 이상의 의미였다. 자율주행이라는 미래 산업의 핵심을 삼성이 쥐고 있다는 글로벌 인정이었다.

국내에서는 현대자동차와의 협력이 눈길을 끌었다. 현대차는 전기차와 자율주행차 개발에서 삼성의 반도체, 디스플레이, 배터리 기술을 적극 활용하려 했다. 삼성디스플레이는 현대차의 제네시스

GV80 전기차 모델에 OLED 기반 계기판과 인포테인먼트 시스템을 공급하며, 차량 내부 경험을 혁신하는 파트너가 되었다. 또한 삼성 SDI는 현대차의 전기차 라인업에 배터리를 제공하며, 에너지 효율과 주행 거리를 동시에 잡는 전략적 협업을 이어갔다.

더 나아가 양사는 5G와 V2X(vehicle-to-everything) 통신 기술을 결합한 자율주행 솔루션을 테스트하기 위해 공동 프로젝트를 진행했다. 차량과 차량, 차량과 인프라가 실시간으로 데이터를 주고받으며 도로를 스스로 이해하는 시대를 준비한 것이다.

삼성의 전장 서사는 여기서 끝나지 않았다. 하만은 AI 기반 운전자 보조 시스템과 음성 비서 기술을 개발해 운전자가 차 안에서 스마트폰 없이도 음악을 틀고, 메시지를 확인하고, 차량 기능을 제어할 수 있도록 했다. 이 모든 경험은 갤럭시와의 연동을 전제로 설계되었다. 즉, 갤럭시 유저는 차에 타는 순간 스마트폰의 세계가 그대로 확장되는 경험을 하게 된다. 스마트폰과 자동차의 경계가 사라지는 순간, 삼성의 생태계는 집과 직장에 이어 도로 위까지 확장된다.

이재용은 내부 회의에서 "차는 이제 또 하나의 생활 공간"이라고 강조했다. 이는 곧 삼성의 전장 전략을 요약하는 문장이기도 했다. 스마트폰으로 집을 제어하고, TV로 온라인 수업을 듣는 것처럼, 자동차는 이제 개인의 라이프스타일을 구현하는 공간이자 이동하는 플랫폼이 된다. 삼성은 이 공간에 반도체, 배터리, 디스플레이, 인포테인먼트, AI를 총동원해 침투하고 있었다.

글로벌 경쟁도 치열했다. 애플은 비밀리에 애플카 프로젝트를 추진하며 자동차 자체를 만들려 했고, 구글은 웨이모를 통해 자율주행 소프트웨어에 집중했다. 중국은 CATL 같은 배터리 강자를 앞세워 전장 패권을 노리고 있었다. 이 속에서 삼성은 자동차 자체를 만들지 않으면서도, 자동차의 두뇌와 심장, 감각과 감성을 공급하는 전략을 택했다. 자동차 산업의 가장 비싼 부품과 핵심 기술을 쥐는 것, 그것이야말로 삼성식 침투였다.

전장은 더 이상 부수적 시장이 아니다. 전 세계 완성차 기업들이 전기차와 자율주행차에 수십조 원을 쏟아붓는 지금, 자동차는 스마트폰을 뛰어넘는 새로운 IT 전쟁터가 되었다. 그리고 삼성은 그 전쟁터에서 이미 엔진을 돌리고 있다. 반도체와 배터리, 디스플레이와 인포테인먼트, 그리고 현대자동차와의 협력까지. 삼성이 자동차를 삼키려는 움직임은 이제 되돌릴 수 없는 흐름이 되었다.

한때 자동차는 전통 제조업의 상징이었다. 그러나 지금의 자동차는 인공지능, 네트워크, 반도체가 결합된 거대한 이동 플랫폼이다. 삼성은 이 변화를 누구보다 먼저 읽었고, "전장은 제국의 다음 전장"이라는 메시지를 실천으로 옮기고 있었다. 미래의 도로 위에서 달리는 전기차와 자율주행차의 심장 속에는, 삼성의 기술이 뛰고 있을 가능성이 점점 더 커지고 있었다.

31

친환경 공조, 에너지 권력을 노리다

ESG 시대, 에너지 효율을 무기로 한 새로운 권력

삼성이 반도체와 스마트폰이라는 주력 사업 너머를 바라보며 미래 신사업의 축을 세울 때, 가장 먼저 주목한 키워드 중 하나가 '에너지'였다. 에너지는 모든 산업의 동력이고, 지구의 미래와 기업의 생존을 동시에 지배하는 축이었다. 특히 기후 위기와 탄소중립이라는 거대한 전환 앞에서, 에너지는 더 이상 유틸리티의 영역이 아니라 정치적 무기, 경제적 권력, 그리고 ESG의 최전선이 되었다. 삼성은 이 전환의 흐름을 읽었고, 공조 시스템을 미래 권력의 도구로 삼기 시작했다.

삼성이 독일의 유명 공조 기업을 인수한 것은 바로 이런 배경에서였다. 공조 산업은 오래도록 건축과 기계 설비에 묶여 보수적인 분야로 여겨졌다. 그러나 최근 들어 에어컨과 냉난방 장치가 단순한 설비가 아니라, 에너지 효율을 좌우하는 핵심 기술로 부상했다. 전 세계 전력 소비량의 40% 이상이 건축물에서 나오며, 그중 상당 부분이 냉난방과 공조 시스템에서 발생한다는 사실이 주목받기 시작하면서, 공조 기술을 장악하는 기업이 곧 에너지 절감과 탄소 저감의 주도권을 쥔다고 해도 과언이 아니었다.

삼성전자가 선택한 길은, 가전 사업의 연장선상에서 에어컨과 냉장고를 판매하는 수준을 넘어, 글로벌 시장에서 ESG의 핵심 무대인 '빌딩 에너지 관리 시스템(BEMS)'을 장악하는 것이었다. 독일 기업은 고효율 냉난방, 열 회수 시스템, 재생에너지 기반 공조 솔루션에 특화되어 있었고, 삼성은 이를 흡수해 자사의 가전·IoT 생태계와 결합시켰다. 스마트싱스 플랫폼이 집 안의 전구와 가전을 연결하던 것을 넘어, 이제는 빌딩 전체와 도시의 에너지 흐름을 제어하는 단계로 확장하려는 그림이었다.

이재용은 이 전략을 두고 "친환경 기술은 곧 새로운 권력"이라고 말했다. 에너지를 낭비 없이 쓰는 기술, 효율을 극대화하는 시스템은 단순히 비용 절감을 넘어 글로벌 질서에서 힘의 균형을 바꿀 수 있다는 의미였다. 이미 유럽연합은 탄소국경세 도입을 추진하며, 제품과 서비스의 전 과정에서 탄소 배출량을 따져 가격과 세금을 매기고 있었다. 이 흐름 속에서 에너지 효율을 무기로 가진 기업만이 살아남을 수 있었다. 삼성의 공조 사업은 단순히 신사업이 아니라, 글로벌 무대에서 삼성의 ESG 서사를 완성할 새로운 무기였다.

삼성은 자사의 강점인 반도체와 디스플레이 기술을 공조에 이식하기 시작했다. 반도체로 개발된 초저전력 제어 칩은 냉난방 시스템의 센서와 연결되었고, 디스플레이 기술은 건물 에너지 관리 패널을 직관적으로 만들어 운영 효율을 높였다. 더 나아가 AI 알고리즘은 빌딩 내 인원수, 날씨 변화, 사용 패턴을 실시간으로 분석해 냉난방을 자동 최적화했다.

사람의 개입이 필요 없는 자율 제어 시스템은 에너지 절감 효과를 30% 이상 끌어올렸고, 이를 도입한 유럽의 대형 빌딩에서는 운영 비용이 수억 유로 단위로 줄었다는 분석도 나왔다. 이 기술은 곧 도시 단위로 확장되었다.

삼성은 일부 국가 정부와 손잡고 '스마트 시티 에너지 프로젝트'를 추진했다. 도시의 빌딩, 공장, 가정의 공조 시스템을 하나의 네트워크로 묶어, 전력 피크 시간에는 자동으로 에너지 사용을 줄이고, 재생에너지 생산이 늘어날 때는 저장해두는 구조였다. 과거에는 국가 차원의 에너지 정책이 전력 회사를 중심으로 움직였다면, 이제는 도시와 기업 단위에서 에너지 권력이 재편되고 있었다. 삼성은 이 흐름의 심장부를 겨냥한 것이다.

ESG는 단지 글로벌 기업의 부담이 아니라, 새로운 비즈니스 기회였다. 글로벌 투자자들은 이제 ESG 지표를 기업 가치 평가의 핵심 요소로 보고 있었고, 에너지 효율 기술을 가진 기업은 더 높은 프리미엄을 받았다. 삼성의 친환경 공조 사업은 투자자들에게 "삼성은 탄소중립 시대의 주역"이라는 메시지를 던졌다. 이는 단순히 이미지 개선이 아니라, 자본의 흐름을 삼성 쪽으로 끌어오는 전략적 포석이었다.

국내에서는 삼성의 움직임이 건설사와의 협력으로 이어졌다. 대형 아파트 단지와 상업 빌딩에 삼성의 에너지 관리형 공조 시스템이 도입되었고, 입주민은 전기요금 절감 혜택을 체감했다. 소비자는 가전 브랜드로서의 삼성만이 아니라, '친환경 라이프스타일을 제공하는 기업'으로 삼성의 이미지를 새롭게 받아들이기 시작했다. 이는 장기적으로 소비자 충성도를 높이는 또 하나의 효과였다.

물론 시장의 장벽도 있었다. 이미 다이킨, 캐리어 같은 글로벌 공조 강자들이 존재했고, 가격 경쟁만으로는 이들을 압도하기 어려웠다. 그러나 삼성은 가격이 아니라 '스마트 에너지 생태계'라는 차별화로 응수했다. 단순히 냉난방 장치를 공급하는 것이 아니라, IoT와 AI, 반도체 제어까지 통합된 플랫폼을 제공한다는 점에서, 경쟁자들이 흉내 내기 어려운 종합 솔루션을 만들어냈다.

삼성의 친환경 공조 전략은 한 문장으로 요약된다. "에너지 효율은 곧 권력이다." 공조 시스템은 과거처럼 건물의 편의를 위한 설비가 아니었다. 그것은 ESG 시대의 무기였고, 글로벌 경제 질서에서 영향력을 확장하는 도구였다. 삼성이 공조 산업에 던진 베팅은 단순히 신사업의 탐험이 아니라, 제국의 권력을 다시 쓰려는 시도였다.

이제 질문은 하나다. 삼성은 에너지 권력을 손에 쥘 수 있을까. 세계가 탄소중립을 향해 질주하는 시대, 공조 시스템은 기술 기업의 흥망을 가르는 새로운 심장부로 떠오르고 있다. 삼성은 그 심장 위에 깃발을 꽂으려 하고 있었다.

32

스마트싱스와 IoT 제국

연결된 사물의 세계, 생활 자체를 장악하려는 시도

삼성이 '스마트싱스(SmartThings)'라는 이름을 처음 내놓았을 때, 사람들은 그것을 단순한 앱 정도로 여겼다. 스마트폰으로 집 안 전구를 켜고 끄거나 로봇 청소기를 원격조작하는 기능은 신기했지만 혁명적이지는 않았다. 그러나 삼성의 시선은 훨씬 멀리 있었다. 스마트싱스는 결코 하나의 애플리케이션이 아니었다. 그것은 모든 기기를 하나의 언어로 묶고, 그 언어를 통해 사용자의 생활 전체를 장악하려는 야심이었다. 사물인터넷(IoT)의 본질은 연결이고, 삼성은 이 연결을 통해 제국을 다시 쓰려 했다.

삼성은 이미 가전 분야에서 '집'을 지배하고 있었다. 냉장고, 세탁기, TV, 에어컨, 청소기까지 집 안 곳곳에서 삼성 로고가 붙은 기기들이 돌아가고 있었다. 그러나 각각의 기기가 따로 작동하는 상태로는 더 이상의 혁신을 기대할 수 없었다. 삼성은 이 기기들을 하나의 네트워크로 묶어내기 시작했다. 스마트싱스는 그 허브였다. 냉장고가 장을 보라고 알려주면 스마트폰이 알림을 띄우고, 세탁기가 끝났다는 메시지를 TV 화면에 표시하는 구조는 단순한 연동을 넘어 생활의 패턴 자체를 바꾸었다.

삼성의 야심은 더 거대했다. 가전이라는 울타리를 넘어서 자동차, 헬스케어, 심지어 공공 인프라까지 아우르는 IoT 제국이었다. 실제로 스마트싱스는 현대자동차와의 협력으로 전기차 충전 상태를 스마트폰에서 확인하고, 주행을 마치면 자동으로 집 안 냉난방이 켜지는 '카 투 홈(Car-to-Home)' 서비스를 구현했다.

출근길에 에어컨을 끄고 퇴근길에는 다시 켜는 장면은 이제 낯설지 않은 일상이 되었고, 이 흐름 속에서 삼성은 '차량에서 집으로 이어지는 연결 경험'을 설계하는 데 성공했다.

건강 관리에서도 마찬가지였다. 갤럭시 워치가 측정한 심박수와 수면 데이터는 스마트싱스 플랫폼과 연동되어, 집 안의 공기청정기와 조명까지 제어하는 시나리오가 구현되었다. 사용자의 수면 상태가 얕아지면 조명 밝기가 자동으로 낮아지고, 산소 포화도가 떨어지면 공기청정기가 작동하는 방식이었다. 이는 의료 기기와 생활 기기의 경계를 허무는 경험이었고, 삼성이 IoT 제국을 통해 얻고자 한 것이 바로 이런 총체적 통제였다.

삼성은 기술의 차별화를 넘어 표준 전쟁에도 뛰어들었다. IoT는 각 기업이 제각기 다른 프로토콜을 쓰는 바람에, 소비자 입장에서는 불편함이 많았다. 삼성은 미국의 구글, 아마존, 애플과 함께 '매터(Matter)'라는 공통 표준 컨소시엄에 참여했다. 이는 단순한 기술 협력이 아니라, 글로벌 IoT 시장의 룰을 새로 쓰는 전장이었다.

삼성은 자신들의 강점인 하드웨어와 가전 생태계를 내세워, 매터 표준이 곧 '스마트싱스 중심'으로 돌아가게끔 만들고자 했다. 전구나 도어락 같은 소형 IoT 기기부터 냉장고, 세탁기 같은 대형 가전에 이르기까지, 삼성이 제공하는 호환성과 연결성은 다른 기업들이 쉽게 따라오기 어려운 초격차였다.

CES 2025에서 삼성은 한 발 더 나아간 그림을 보여주었다. '스마트싱스 홈 인텔리전스'라는 이름으로, 집 전체가 스스로 학습하고 최적화하는 AI 기반 IoT 플랫폼을 공개한 것이다. 집은 더 이상 사람이 기기를 조작하는 공간이 아니라, 스스로 상황을 읽고 반응하는 살아있는 생태계로 변했다. 집 안의 센서들이 온도, 습도, 공기질, 사용자 행동 패턴을 수집해, 에너지 효율을 극대화하면서도 사용자의 편의를 높였다. 사람들은 '집이 나보다 나를 더 잘 안다'라는 경험을 하게 되었고, 이는 단순한 기능이 아니라 감각적 충격이었다.

이 모든 연결은 결국 데이터라는 새로운 권력으로 이어졌다. 스마트싱스는 수억 대의 기기에서 발생하는 생활 데이터를 하나의 플랫폼에 축적한다. 사람들이 언제 잠자리에 드는지, 어떤 음식 재료를 자주 사는지, 어떤 음악을 선호하는지, 집 안의 에너지 소비 패턴은 어떠한지. 이 데이터는 단순한 사용 기록이 아니라, 미래의 생활 산업을 지배할 핵심 자원이었다. 삼성은 이를 기반으로 맞춤형 서비스와 광고, 구독 모델까지 설계할 수 있었다. 즉, IoT 제국은 데이터 제국이기도 했다.

삼성이 IoT를 바라보는 방식은 철저히 '생활 지배'에 있었다. 스마트폰이 사람과 세상을 연결했다면, 스마트싱스는 사물과 생활을 연결한다. 사용자가 의식하지 못하는 순간에도 집 안의 기기들은 서로 대화하며, 일상을 조율한다. 이것은 편리함을 넘어 지배의 언어였다. 생활 속에 깊숙이 스며든 플랫폼은 쉽게 바뀌지 않는다. 한번 익숙해진 연결 경험은 사용자를 오랫동안 붙잡아둔다.

삼성 내부에서는 IoT 전략을 "제2의 스마트폰 전쟁"이라고 부른다. 스마트폰 시장이 포화된 이때, 사람들의 생활을 다시 장악할 수 있는 무대는 바로 IoT였다. 가전, 자동차, 헬스케어, 에너지까지 확장된 스마트싱스 생태계는 더 이상 부수적인 서비스가 아니었다. 그것은 삼성이 구축하는 새로운 제국의 심장부였다.

스마트싱스와 IoT 제국. 이 조합은 결국 '생활 자체를 장악한다'는 삼성의 야심을 드러낸다. 반도체와 스마트폰이 과거의 성장 동력이라면, 이제 삼성은 연결된 사물의 세계에서 미래의 지배력을 쌓아가고 있었다. 그것은 사용자의 집과 자동차, 직장과 도시까지 삼켜버리는 거대한 네트워크였고, 그 속에서 삼성은 제국의 또 다른 심장을 뛰게 만들고 있었다.

33

Home AI, 집에서 사회로 확장되다

거실을 넘은 플랫폼, 일상의 표준화를 노리다

삼성이 CES 2025에서 'Home AI'를 내세웠을 때, 관람객들이 받은 인상은 단순한 가전제품 전시가 아니었다. 그것은 마치 집이라는 공간이 거대한 운영체제로 탈바꿈하는 순간을 목격하는 듯한 장면이었다. 세탁기, 냉장고, 에어컨, TV 같은 기기들이 더 이상 독립적인 가전이 아니었다. 이들은 서로 대화했고, 사용자와 대화했으며, 나아가 사회와 대화하려는 의지를 드러냈다. 삼성이 제시한 비전은 '집 안에서의 편리함'이 아니라 '집이 사회와 연결되는 플랫폼'이었다. 이 변화를 상징하는 이름이 바로 Home AI였다.

삼성이 Home AI를 추진하게 된 배경에는 중국의 거센 추격이 있었다. 하이얼, 하이센스, 샤오미 같은 중국 가전 기업들은 이미 가격 경쟁력을 무기로 글로벌 시장 점유율을 높이고 있었다. 특히 동남아시아, 중남미, 아프리카 같은 신흥시장에서 삼성의 전통적인 아성은 빠르게 무너지고 있었다. 소비자들은 더 저렴하면서도 기능이 크게 뒤처지지 않는 중국산 가전을 선택하기 시작했다. 가전의 하드웨어 자체는 더 이상 삼성만의 초격차 영역이 아니었다. 그렇다면 답은 무엇인가. 바로 'AI와 연결'이었다. 하드웨어 성능만으로는 방어할 수 없는 시장에서, 삼성은 전체 생활 경험을 하나로 묶는 플랫폼 전략으로 맞불을 놓으려 했다.

Home AI는 이 위기의식 속에서 태어났다. 삼성은 집 안의 모든 기기를 AI가 학습하고 제어할 수 있도록 설계했다. 사용자의 생활 패턴을 분석해 에너지 효율을 최적화하고, 가족 구성원의 건강 상태를 모니터링하며, 심지어 사용자의 기분에 맞춰 조명과 음악을 조율하는 방식이었다. 예를 들어, 집에 들어온 순간 얼굴 인식 센서가 주인을 확인하면, AI는 그의 선호 음악을 거실에서 재생하고, 냉장고는 저녁에 필요한 재료가 부족하다고 알리며, 에어컨은 미리 설정된 쾌적 온도로 조절된다. 이는 단순히 가전을 자동화하는 수준을 넘어, 집 전체가 살아 있는 지능으로 작동하는 경험이었다.

이 경험은 점차 집 밖으로 확장되고 있었다. 삼성은 Home AI를 자동차와 연동했다. 사용자가 퇴근길에 차 안에서 음성으로 "집을 준비해"라고 말하면, 집은 그 즉시 조명과 냉난방을 조율하고, 오븐을 예열하며, 로봇청소기를 가동했다. 이는 IoT와 AI가 결합해 만들어낸 '생활의 표준화'였다.

나아가 삼성은 이 데이터를 도시 차원으로 연결하려는 야심을 드러냈다. 스마트시티 프로젝트와 연동해 Home AI는 전력 사용을 조율하고, 교통과 연계되며, 재난 대응 시스템과도 연결될 수 있는 구조를 설계했다. 집이 사회의 작은 단위라면, Home AI는 사회와 연결된 노드가 되는 셈이었다.

중국 기업들의 추격은 여전히 거셌다. 샤오미는 이미 AIoT라는 이름으로 수많은 가전과 디바이스를 연결했고, 가격 경쟁력에서 삼성보다 훨씬 유리한 고지를 차지했다. 그러나 삼성은 가격이 아니라 신뢰와 경험을 무기로 삼았다. 데이터 보안과 개인정보 보호는 Home AI의 핵심 메시지였다. 갤럭시 스마트폰에 적용되었던 녹스(Knox) 보안 체계가 그대로 Home AI에도 적용되며, 집 안의 모든 데이터는 암호화된 형태로 관리되었다. 중국 기업들이 보안 문제에서 늘 의심을 받는 것과 달리, 삼성은 '신뢰할 수 있는 글로벌 브랜드'라는 위치를 강화하며 차별화의 무기를 쥐었다.

삼성은 또한 프리미엄 전략을 고수했다. LG와 달리 삼성은 Home AI를 단순한 고급 가전의 조합으로 내세우지 않았다. 대신 '가정 전체를 하나의 AI 플랫폼으로 만드는 경험'에 초점을 맞췄다.

프리미엄 아파트 단지에는 아예 Home AI 기반 시스템이 입주 조건으로 탑재되었고, 이는 주거 가치를 끌어올리는 요소로 작용했다. 신흥 시장에서조차, 중산층은 '집을 하나의 AI 플랫폼으로 바꾼다'는 매력을 강하게 느꼈다. 중국 제품이 가격 경쟁력으로 시장을 잠식하는 동안, 삼성은 새로운 문화적 지위를 제공하며 소비자의 충성도를 붙잡았다.

CES 2025 무대에서 삼성의 발표는 단순히 기술적 데모가 아니었다. 그것은 생활의 새로운 표준을 제시하는 선언이었다. "집이 더 이상 고립된 공간이 아니라 사회의 일부가 된다"라는 메시지는 전 세계 언론의 헤드라인을 장식했다. 미국과 유럽의 미디어는 "삼성이 IoT 전쟁의 주도권을 쥐었다"고 평가했고, 아시아에서는 "중국의 추격을 따돌리기 위한 삼성의 전략적 반격"이라고 해석했다.

Home AI는 아직 초기 단계다. 그러나 그 방향성은 명확하다. 가전의 하드웨어 경쟁에서 가격으로 싸우는 대신, 플랫폼으로 지배하는 싸움. 에너지 관리, 보안, 건강, 생활 편의라는 네 가지 축을 중심으로, 삼성은 집이라는 공간을 넘어서 사회 전반으로 AI를 확장하려 하고 있었다. 이 과정에서 데이터는 새로운 권력이 되었고, 삼성은 그 권력을 통해 글로벌 시장의 새로운 질서를 쓰려 했다.

중국의 가전 기업들은 여전히 뒤에서 거센 압박을 가하고 있다. 그러나 삼성이 만들어낸 Home AI의 경험은 단순히 가격으로 대체될 수 없는 서사였다. 집 안에서 AI가 만든 편의와 신뢰, 그리고 사회와 연결되는 경험이 소비자의 생활 속에 깊이 뿌리내릴 때, 그때 비로소 삼성은 중국의 추격을 따돌리고, 가전 제국을 넘어 생활 제국으로 도약할 수 있을 것이다.

Home AI는 이제 더 이상 가전의 기능이 아니다. 그것은 표준을 선점하려는 전쟁의 이름이자, 생활 전체를 장악하려는 삼성의 미래 전략이었다. 거실에서 출발한 이 플랫폼은 점차 도시와 사회를 향해 확장되고 있었고, 삼성이 내세운 "제국의 확장"이라는 문장은 현실이 되고 있었다.

34

DX부문 A·B·C 전략
— AI·Bold Growth·Core Strength

디지털 전환을 위한 세 축, 미래 성장의 비밀

삼성이 DX(Digital eXperience) 부문을 재편하고, 그 안에서 A·B·C 전략을 내세웠을 때 업계의 반응은 미묘한 긴장과 기대가 뒤섞여 있었다. A는 AI, B는 Bold Growth, C는 Core Strength. 이 세 단어는 표면적으로는 뻔해 보일 수도 있었다. 그러나 삼성이 이를 내세운 맥락은 단순한 캐치프레이즈가 아니었다. 반도체와 스마트폰의 성장이 성숙기에 접어든 시점에서, 삼성이 자신들의 정체성을 '제조 중심'에서 '경험 중심'으로 옮겨가려는 선언이었다. DX부문은 말 그대로 소비자가 삼성이라는 제국을 어떻게 체험할 것인가를 정의하는 최전선이었다.

AI는 그중에서도 첫 번째 축이자, 모든 전략을 꿰는 실질적 핵심이었다. 갤럭시24에서 시도된 온디바이스 AI 통역 기능은 DX부문의 의지를 보여주는 전초전이었다. 서버 연결이 필요 없는 초저지연 AI는 소비자가 일상에서 보안을 걱정하지 않고도 AI 기능을 활용할 수 있도록 했고, 이는 젊은 세대와 글로벌 고객들에게 '갤럭시만의 차별화'를 증명하는 첫 실험이었다. 갤럭시25에서는 AI 카메라가 크리에이터 세대를 겨냥해 '내가 찍는 모든 순간이 곧 콘텐츠'가 되도록 만들었고, 갤럭시26은 엑시노스2600을 탑재해 생성형 AI를 온전히 기기 안으로 끌어들이려 한다. AI는 스마트폰을 넘어 가전과 자동차, 의료와 로봇으로 확장되며 삼성 DX의 모든 영역에 심장을 달아주는 동력으로 자리 잡았다. AI는 단지 기능의 첨가물이 아니라, 경험을 재정의하는 언어였다.

Bold Growth는 삼성이 전통적으로 부족하다고 지적받던 영역에 대한 대답이었다. 삼성은 늘 보수적이고 안정적인 투자를 선호했다. 위기를 버티는 힘은 강했지만, 새로운 시장을 여는 순간에는 과감성이 부족하다는 비판이 따라붙었다. DX부문의 Bold Growth는 이 점을 스스로 인정한 뒤 내놓은 처방이었다. 삼성은 CES와 IFA 무대에서 과감한 신제품 콘셉트를 공개하며, 소비자의 생활 방식을 아예 새로 정의하려는 시도를 강화했다. 로봇, 전장, Home AI 같은 영역이 여기에 속한다. 특히 레인보우로보틱스 인수와 독일 공조 기업 M&A는 그동안 삼성이 머뭇거리던 글로벌 대형 투자에서 한층 대담해진 모습을 보여줬다. DX부문은 이 같은 '대담한 성장' 전략을 통해, 삼성의 브랜드 서사를 "추격자"가 아니라 "개척자"의 위치로 이동시키려 하고 있었다.

Core Strength는 말 그대로 삼성의 뿌리를 지키고 강화하는 전략이었다. 반도체, 디스플레이, 스마트폰 같은 기존 사업은 여전히 수익의 핵심이었다. 하지만 DX부문은 이 사업들을 '하드웨어 공급자'의 위치에서 '경험 제공자'의 위치로 격상시키려 했다. 예컨대 TV는 단순히 영상을 보여주는 기기가 아니라, 게이밍 허브와 원격 회의 플랫폼, 심지어 가상 피트니스 스튜디오로 변모하고 있었다. 냉장고는 단순 저장고가 아니라, 식품을 인식하고 레시피를 제안하는 지능형 파트너로 자리매김했다. 갤럭시는 더 이상 통신 기기가 아니라, AI와 보안, IoT 플랫폼의 중심이었다. DX부문은 이러한 핵심 사업의 진화를 통해 삼성이 가진 본래의 힘을 단단히 유지하면서, 동시에 경험의 차원을 넓혀갔다.

DX부문의 A·B·C 전략은 결국 소비자에게 "삼성은 당신의 생활 전체를 경험으로 묶는다"라는 메시지를 던지고 있었다. AI는 생활의 지능을, Bold Growth는 새로운 무대를, Core Strength는 안정된 기반을 제공했다. 이 세 축이 어우러질 때, 삼성은 단순히 기기를 판매하는 기업이 아니라, 사람들의 생활 패턴과 문화를 형성하는 플랫폼 기업으로 도약할 수 있었다.

내부적으로는 이 전략이 곧 기업 문화 혁신과 연결되었다. 삼성은 과거의 '효율과 관리' 중심 조직에서 벗어나, 아이디어와 과감한 실행을 장려하는 조직으로 변화를 꾀했다. DX부문은 스타트업식 의사결정 방식을 도입했고, 제품 기획 단계에서부터 젊은 세대의 목소리를 반영하려 했다. 갤럭시의 기능 하나가 틱톡에서 어떻게 소비되는지, 냉장고의 데이터가 어떻게 사회적 신뢰를 구축하는지, 이러한 질문을 던지며 Core Strength를 유지한 채 Bold Growth

와 AI를 융합했다.

DX부문의 A·B·C 전략은 아직 완성형은 아니다. 그러나 확실한 것은, 삼성이 이 전략을 통해 스스로의 정체성을 다시 쓰고 있다는 점이다. 제조업 기반의 전자 기업에서, 생활 경험과 문화의 플랫폼 기업으로, AI·Bold Growth·Core Strength라는 세 축은 삼성이 미래를 향해 내딛는 새로운 발걸음이자, 제국의 다음 시대를 준비하는 암호였다.

위기를 기회로 만드는 삼성의 새로운 모험

삼성이 신사업을 향해 내디딘 발걸음은 위기의 그림자 속에서 오히려 더 힘차게 뻗어나갔다. 반도체와 스마트폰이라는 두 축이 흔들릴 때, 삼성은 움츠러드는 대신 그 흔들림을 새로운 모험의 발판으로 삼았다.

메드텍, 로봇, 전장, 친환경 공조, IoT와 Home AI, 그리고 DX부문의 A·B·C 전략은 모두 같은 서사의 변주였다. 제국은 위기 때마다 더 큰 판을 벌였고, 그 판 위에서 다음 세기를 준비하려 했다.

메드텍은 생명을 다루는 기술로서 삼성이 스스로를 사회와 맞닿게 하는 통로였다.

갤럭시 워치의 심전도 측정과 병원 시스템과의 연계는 이미 개인 건강 데이터를 의료 현장과 연결하는 새로운 인프라를 열었다. 초음파와 AI 진단기기를 통한 의료 혁신은 삼성의 기술이 개인을 넘어 사회 전체를 돌보는 무기로 진화하고 있음을 보여줬다.

로봇은 공상과학을 현실로 끌어내린 무대였다. 레인보우로보틱스 인수를 통해 삼성은 국산 휴머노이드의 계보를 이어받았고, 반도체와 배터리, 센서, AI를 한데 묶어 새로운 노동의 팔과 다리를 만들려 했다. 공장과 물류센터에서 이미 가동되는 로봇 팔은 산업의 혈관을 대신 뛰고 있었고, CES 무대에서 시연된 가정용 돌봄 로봇은 인간과 함께하는 일상의 파트너를 예고했다. 삼성은 로봇을 단순한 기계가 아니라 생활과 산업을 바꾸는 플랫폼으로 키워내고 있었다.

전장은 삼성이 가진 모든 기술이 집결하는 교차로였다. 하만 인수로 확보한 차량 내 인포테인먼트, 삼성SDI의 전기차 배터리, 디스플레이의 OLED 계기판, 그리고 파운드리 반도체는 모두 자동차라는 거대한 산업의 심장으로 흘러들었다. 테슬라와의 23조 계약은 삼성이 자율주행의 두뇌를 쥐고 있음을 증명했고, 현대자동차와의 협업은 국내 산업 생태계에서 삼성이 어떻게 파트너이자 경쟁자로 자리 잡는지를 보여줬다. 자동차는 더 이상 기계가 아니라 플랫폼이었고, 삼성은 그 플랫폼을 지배하려는 강력한 침투 전략을 세웠다.

친환경 공조는 ESG 시대의 새로운 권력을 겨냥한 행보였다. 독일 기업 인수로 시작된 글로벌 확장은 냉난방 장치와 에너지 관리 시스템을 '탄소 절감의 무기'로 바꾸는 과정이었다. 스마트싱스와 연결된 공조 시스템은 집과 건물을 넘어 도시의 전력망까지 조율하며, 에너지를 제어하는 기업으로 삼성을 진화시키고 있었다. 에너지를 효율적으로 다루는 기술은 곧 새로운 지배력의 언어였다.

스마트싱스와 Home AI는 생활 자체를 지배하는 플랫폼 전략의 정점이었다. 가전 하나하나가 AI로 묶이고, 집 전체가 지능형 시스템으로 작동하며, 더 나아가 사회와 연결되는 장면은 삼성의 IoT 제국이 어떤 그림을 그리고 있는지를 잘 보여줬다. 중국 가전 기업들의 저가 공세가 거세졌지만, 삼성은 하드웨어가 아닌 경험과 신뢰, 데이터 보안으로 맞섰다. CES 2025 무대에서 공개된 Home AI는 집을 넘어서 도시, 사회의 노드로 확장하는 시나리오였고, 그 순간 삼성은 가전 기업이 아니라 생활의 제국으로 탈바꿈했다.

DX부문의 A·B·C 전략은 이러한 모든 시도를 하나의 구조로 묶어냈다. AI는 경험의 두뇌, Bold Growth는 미래를 향한 대담한 도전, Core Strength는 반도체와 스마트폰 같은 기존 기반을 지키는 축이었다. DX는 소비자가 삼성을 어떻게 경험할지를 재정의했고, 이는 결국 제국이 기술에서 철학으로 옮겨가는 순간이었다.

이 모든 신사업은 각자 다른 얼굴을 하고 있었지만, 그 안에는 하나의 공통된 본능이 흐르고 있었다. 위기 속에서도 확장하려는 제국의 충동. 삼성은 자신들이 위기를 맞을 때마다 더 큰 영토를 개척하는 방식으로 살아남아 왔다. 이번에도 마찬가지였다. 반도체에서 메드텍으로, 스마트폰에서 IoT와 Home AI로, 자동차와 로봇, 친환경 에너지로 이어지는 확장은 삼성의 생존 전략이자 제국의 확장 본능이었다.

위기를 기회로 바꾸는 이 모험은 아직 끝나지 않았다.

다만 분명한 것은, 삼성이 가는 길 위에는 언제나 '더 큰 판'이 기

다리고 있다는 사실이다. 제국은 늘 그렇게 위기를 삼켜왔고, 또다
시 새로운 세상을 향해 확장하고 있었다.

삼성은 100조 원이 넘는 현금을 쥐고도
과감한 결단을 내리지 못해 AI·플랫폼·
서비스 시장의 기회를 경쟁자에게 빼앗겼다.

하만 인수는 자동차 전장 진출의 성공적 포석이었지만,
그 뒤로 이어지지 못한 광폭 행보는
"머뭇거리는 삼성"이라는 이미지를 낳았다.

독일 플렉트그룹 인수는 ESG와 AI 인프라를
동시에 겨냥한, 늦었지만 굵직한 재도전으로,
M&A 전략의 전환점을 보여준다.

애플과 구글이 M&A 자체를 비전의 언어로 삼아
미래를 사들였다면, 삼성은 놓친 기회의 역사를 통해
결단의 필요성을 다시금 학습했다.

이제 삼성에게 M&A는 단순한 보완재가 아니라,
글로벌 무대에서 비전을 증명하고 잃어버린 시간을
회복하는 최후의 카드로 자리 잡고 있다.

SAMSUNG SHOCK

글로벌 M&A의 파고

잃어버린 시간과 재도전의 길목

35

위기를 덮는 M&A의 큰 그림

현금을 무기 삼아 위기론을 뒤엎으려는 전략

삼성은 언제나 위기의 순간마다 반격을 준비했다. 그리고 그 반격의 무기는 기술과 제품만이 아니었다. 때로는 자본이었다. 기업이 가진 가장 원초적인 힘, 곧 현금. 세계에서 몇 안 되는 '현금 제국'으로 불릴 만한 삼성전자는 100조 원이 넘는 현금을 쌓아놓고 있었다. 금융위기와 불황이 닥쳐도 숨 쉴 수 있는 유동성을 확보한 삼성은, 언제든 기회를 포착하면 바로 M&A의 칼을 빼 들 수 있는 위치에 있었다. 시장은 이를 두고 "삼성이 본격적으로 움직일 때 판이 바뀐다"라고 속삭였다.

삼성의 막강한 현금력은 단순한 안전자산이 아니었다. 그것은 불확실성을 기회로 바꾸는 도구였다. 글로벌 금융시장이 흔들릴 때, 경쟁 기업들은 자금 부족으로 몸을 움츠리지만 삼성은 오히려 인수합병을 통해 세력을 넓혔다.

2016년 하만 인수가 대표적인 장면이다. 당시 9조 원이라는 천문학적 금액을 투입해 차량용 인포테인먼트 강자를 품었을 때, 시장은 깜짝 놀랐다. 그러나 지금 돌아보면 그 결정은 자율주행과 전장 산업을 대비한 선제적 포석이었다. 하만은 여전히 삼성의 전장 전략을 지탱하는 핵심축으로 기능하고 있으며, 그 시도의 연장선에서 테슬라와의 계약, 현대차와의 협력 같은 굵직한 그림들이 이어졌다. 삼성은 하만을 통해 "위기에도 과감히 투자한다"는 신호를 남겼다.

지금 삼성이 다시 M&A의 큰 그림을 그리는 배경은 명확하다. 반도체 시장의 불확실성, 스마트폰 시장의 문화적 약세, 중국의 무서운 추격은 기업의 존속을 위협하는 요인이다. 하지만 삼성은 이 위기를 '확장'의 기회로 삼으려 한다. 100조 원의 현금은 그 의지를 실현할 수 있는 가장 강력한 무기였다. 인수합병은 단순히 매출을 늘리기 위한 수단이 아니라, 미래의 판을 재설계하는 선언이었다.

최근 삼성이 관심을 보이는 영역은 크게 세 갈래였다. 첫째는 AI 인프라 기업이다. 엔비디아가 GPU를 통해 시장을 지배하고, 구글과 오픈AI가 AI 생태계를 선점한 지금, 삼성은 하드웨어 기업의 한계를 넘어 AI 소프트웨어·플랫폼을 가진 회사를 인수하려는 시도를 강화하고 있다. 미국과 유럽의 스타트업, 심지어 중견 AI 솔루션 기업까지 삼성의 레이더망 안에 들어왔다. 만약 삼성의 AI 칩이 자체 생태계와 연결된다면, TSMC와 애플이 장악한 세계 질서는 균열을 맞게 된다.

둘째는 친환경 에너지와 공조 기업이다. 독일 공조 업체 인수는 이미 시장에서 확인된 사례다. 그 인수는 단순히 가전 사업 확장을 위한 선택이 아니라, 탄소중립 시대의 '에너지 권력'을 확보하려는 의도였다. 글로벌 ESG 압박 속에서, 친환경 기술을 가진 기업을 선제적으로 흡수하는 것은 투자 이상의 전략적 방어였다. 삼성은 독일뿐 아니라 북유럽과 미국의 신재생 에너지·공조 기술 기업들을 잠재적 인수 대상으로 거론하며, '탄소 시대의 승자'가 되려는 준비를 하고 있었다.

셋째는 로봇과 메드텍이다. 레인보우로보틱스 지분 인수는 신호탄에 불과했다. 휴머노이드와 산업용 로봇, 의료 AI 기기를 결합하는 시장은 아직 초기 단계지만, 삼성은 이곳에서 제2의 하만을 꿈꾸고 있다. 전 세계적으로 고령화가 가속화되면서 돌봄·헬스케어 로봇 시장은 폭발적으로 성장할 것이 확실시된다. 삼성은 현금력으로 이 시장의 초기 강자를 선점하고, 자사의 반도체·센서·배터리 기술을 결합시켜 초격차를 만들려 한다.

삼성전자는 2025년 1월 말 기준 약 514조 5,320억 원의 총자산을 기록했다. 그럼에도 불구하고 삼성의 M&A 전략은 보통 '과감하지 못하다'라는 평가를 받아왔다. 기회가 있었음에도 망설이는 동안 애플과 구글, 아마존이 더 빠르게 움직였다는 아쉬움이 늘 따라붙었다. 하지만 최근의 삼성은 달랐다. 반도체 위기와 실적 쇼크 이후, 오히려 시장은 "삼성이 더 이상 지체하지 않을 것"이라고 읽고 있다.

100조 원의 현금은 단순한 방패가 아니라, 선제공격의 칼날로 변하고 있었다. 삼성이 준비하는 M&A의 큰 그림은 결국 '위기를 덮는' 전략이었다. 실적 하락과 시장 점유율 감소라는 단기적 악재를, 대형 인수라는 사건으로 덮고 미래 성장성을 강조하는 것이다. 시장은 언제나 스토리에 반응한다. "삼성이 새로운 제국의 확장을 시작했다"라는 스토리는 투자자와 소비자 모두에게 강렬한 메시지를 던진다. 주가가 흔들리던 시점에도 M&A 소식이 전해지면 급반등하는 현상은 이를 잘 보여준다.

삼성이 가진 막강한 현금력은 이 모든 전략의 근거였다. 불황의 파도 속에서 흔들리지 않고, 오히려 경쟁자가 힘을 잃는 순간에 기회를 낚아채는 방식. 이는 과거 이건희 회장이 IMF 외환위기 때 반도체 투자로 세계 1위에 오른 전략과도 닮아 있었다. 위기의 순간, 과감히 베팅해 제국의 판을 새로 쓰는 것. 삼성의 DNA는 위기 속에서 더욱 빛났다.

지금 세계는 불확실성의 소용돌이 속에 있다. AI, 전기차, 친환경, 로봇, 반도체. 어느 것 하나 예측할 수 없는 파도지만, 삼성이 가진 100조 현금은 이 소용돌이 속에서 생존을 넘어 지배력을 강화하는 무기다. 위기를 덮는 M&A의 큰 그림, 그것은 삼성의 제국 확장 본능이 다시 살아 움직이고 있음을 보여주는 장면이었다.

36

독일 공조기업 인수 – ESG와 AI 인프라

친환경과 AI, 두 마리 토끼를 노린 빅딜

삼성전자는 2025년 5월, 독일 유력 공조기업 플랙트그룹(Fläkt Group)을 약 15억 유로, 우리 돈으로 대략 2조 4,000억 원가량에 인수하는 계약을 체결했다. 이 인수는 단순히 HVAC 시장 진입이 아니라 삼성의 신사업 전략과 ESG 비전, AI 인프라 확장을 아우르는 복합적 포석임을 여러 징후들이 보여준다.

플랙트는 100년이 넘는 역사를 가진 독일의 프리미엄 공조 기업이며, 특히 대형 데이터센터의 냉각 시스템, 병원·공항·박물관 등 고난도 공조 수요가 있는 시설에 강점을 가진 회사다. 데이터센터 시장에서 플랙트는 저전력, 냉각 효율, 설계 맞춤화 역량 등을 무기로 빠르게 성장해왔고, 2024년 DCS Awards의 혁신상을 수상하면서 기술력도 국제적으로 인정받았다. 이 딜이 주목받는 이유는 크게 세 가지 축이 맞물리기 때문이다.

첫째는 ESG 및 친환경 기술 확보다. 유럽연합은 탄소 배출 규제를 점점 더 강화하고 있으며, 건물 냉난방·공조는 에너지 소비의 중심

분야다. 플랙트가 가진 고효율 공조 시스템은 탄소 저감과 에너지 절약의 기술적 기반이 된다. 삼성은 이 기술을 흡수해 가정과 상업, 산업용 공조 시장에서 친환경 브랜드 이미지를 강화할 수 있다.

둘째는 AI 기반의 제어 및 데이터 중심 냉각 솔루션 구축이다. 공조 시스템은 과거 온도·습도 조절을 넘어서 수많은 센서 데이터를 취득할 수 있는 공간이다. 삼성은 플랙트가 이미 가진 설계 역량과 제어 알고리즘을 토대로, 스마트빌딩 제어, AI 예측 유지보수, 데이터센터 냉각 최적화 등 고부가가치 솔루션으로 전환하고자 한다. 삼성의 반도체와 AI 역량, IoT 플랫폼과 결합하면 플랙트 기술은 단순 기계 장비에서 '지능형 인프라'로 변모할 수 있다.

셋째는 데이터센터 냉각 시장 주도권 확보다. AI·클라우드 인프라의 폭발적 확대로 데이터센터는 전력 소모와 발열 관리가 비즈니스 효율의 핵심 요소가 되었다. 플랙트는 특히 액체냉각(CDU, Coolant Distribution Unit) 방식에서 냉각 용량과 효율 면에서 강점을 가지며, 이 분야에서 고객사의 신뢰를 쌓아왔다. 삼성은 이 기술을 인프라 사업과 연결시켜, 데이터센터 운영자들에게 통합 냉각 솔루션을 공급하는 구조를 꿈꾸고 있다.

이 인수를 둘러싼 전략적 맥락은 더 깊다. 삼성은 이미 스마트싱스, Home AI, DX부문의 AI 전략을 펼치고 있다. 플랙트 인수는 그 생태계가 '냉각 시스템'이라는 물리적 층위까지 내려오는 확장이다. 삼성의 공조 기술이 단순한 기계 수준이 아니라 생활 공간과 데이터센터의 신경계처럼 작동할 수 있다면, 하드웨어 강자로서의 역할을 넘어 "환경 제어 플랫폼 기업"이라는 새 정체성이 가능해진다.

플랙트 인수 발표 직후, 삼성 관계자는 "글로벌 공조 시장 진입을 위한 확실한 발판"이라며, 스마트싱스 플랫폼과의 연계, Centrally Controlled HVAC 시스템 제공, 유지보수 및 서비스 기반 사업 확대 가능성을 내비쳤다.

또한 삼성은 레녹스(Lennox)와의 합작법인 설립 등 북미 공조 시장 진입에도 속도를 내는 중으로 알려졌다. 플랙트 인수는 단순히 하나의 사업 확장이 아니라 삼성의 제국 전략이 에너지·환경과 AI 인프라의 결합 지점까지 침투하는 순간이다.

이제 질문은, 삼성이 이 인수를 통해 플랙트의 기술과 유럽 공조 역량을 얼마나 빠르게 자기 서사에 녹여낼 것이냐이다. 인수는 시작이다. 그 위에 AI와 ESG, 플랫폼 전략이 얽혀 들어가야 진짜 승부가 시작된다.

37

미국·유럽 빅테크와의 전략적 제휴

경쟁자이자 협력자인 빅테크와의 공생 관계

삼성이 글로벌 시장에서 살아남기 위해 선택한 전략 중 가장 역설적인 것은 경쟁자와 손을 잡는 일이었다. 반도체와 스마트폰, AI와 플랫폼이라는 영역에서 애플, 구글, 메타, 마이크로소프트 같은 빅테크는 분명 치열한 라이벌이었다. 그러나 기술 산업의 본질은 복잡한 상호의존 구조다. 서로 물어뜯으면서도 동시에 협력하지 않으면 성립되지 않는 생태계. 삼성은 바로 이 모순된 구조를 누구보다 영리하게 이용해왔다.

대표적 장면은 애플과의 관계다. 스마트폰 시장에서는 아이폰과 갤럭시가 정면으로 맞서며 세기의 경쟁을 벌였지만, 그 무대 뒤에서는 애플의 가장 중요한 부품이 삼성의 손을 거쳐갔다. OLED 디스플레이, 메모리 반도체, 이미지 센서. 아이폰을 열어보면 그 심장부 곳곳에 삼성의 로고 없는 흔적이 박혀 있었다. 삼성은 애플이라는 최대 라이벌의 성공을 뒤에서 떠받치는, 모순적이면서도 전략적인 위치에 있었던 것이다. 시장에서는 이를 두고 "애플이 삼성의 부품을 버리지 못하는 이유는 결국 품질과 안정성"이라는 평가를 내놓았다.

구글과의 관계도 마찬가지였다. 안드로이드 운영체제를 제공하는 구글은 삼성 스마트폰의 가장 중요한 기반을 제공하는 동맹이었지만, 동시에 픽셀폰을 내놓으며 삼성의 스마트폰 사업을 위협했다. 그러나 삼성이 구글과 협력하지 않는다면, 안드로이드 기반 시장 자체가 무너질 위험이 있었다. 삼성은 여기에서 묘한 균형점을 찾아냈다. 갤럭시 시리즈를 통해 안드로이드 생태계의 주도적 얼굴이 되면서, 동시에 구글의 클라우드·AI 기술과 접점을 넓혀 '플랫폼 파트너'라는 위치를 공고히 한 것이다.

최근 주목받는 건 메타와의 협력이다. 메타버스라는 단어가 거품처럼 꺼져가고 있다는 조롱 속에서도, 메타는 AR과 VR, MR을 포기하지 않았다. 삼성은 바로 이 영역에서 파트너로 부상했다. 2024년 CES에서 양사는 차세대 XR 기기 협력을 발표했고, 이는 삼성의 디스플레이와 반도체 기술이 메타의 플랫폼과 결합하는 그림을 암시했다. 메타의 오큘러스 시리즈가 삼성의 반도체를 품는 순간, 가상현실 시장의 무대는 경쟁을 넘어 공생으로 전환된다.

마이크로소프트 역시 삼성과의 관계에서 묘한 동맹 구도를 만들어냈다. 윈도우와 갤럭시북, 갤럭시 스마트폰의 연동 기능은 이미 소비자 경험의 일부가 되었고, 클라우드와 보안 솔루션 분야에서도 협력 관계가 확대되고 있었다. 마이크로소프트가 AI 클라우드 '애저(Azure)'를 통해 전 세계 기업을 장악하는 동안, 삼성은 반도체와 하드웨어를 제공하며 이 생태계의 든든한 동반자가 되었다. 협력은 곧 시장 지분의 보존이었고, 때로는 새로운 기회의 문을 열었다.

유럽 빅테크와의 제휴 역시 빼놓을 수 없다. 독일의 자동차 제조 사들과 손잡고 전장 부품과 자율주행 칩을 공급하는 일은 전통 제조업과 IT 기업 간의 경계를 허무는 실험이었다. 폭스바겐, BMW, 다임러 같은 회사들은 삼성과 협력하면서 기존 내연기관 시대의 부품 체계를 디지털 중심으로 전환하고 있었다. 유럽이 강조하는 ESG와 친환경 전환 과정에서 삼성의 배터리와 반도체, 그리고 독일 플랜트 인수로 확보한 공조 기술은 이들과의 제휴를 강화하는 무기가 되고 있었다.

삼성이 빅테크와 맺는 전략적 제휴의 본질은 '공생적 경쟁'이었다. 어느 한쪽이 완전히 다른 한쪽을 몰락시킬 수 없는 구조, 서로의 기술과 공급망이 얽혀 있는 현실 속에서 삼성은 자신만의 유연한 해석을 내놓았다. 경쟁에서는 결코 물러서지 않되, 협력이 필요한 순간에는 누구보다 먼저 손을 내미는 방식이었다.

이재용 회장은 여러 차례 미국 출장에서 퀄컴, 메타, 구글, 마이크로소프트의 최고경영자들과 비공개 미팅을 가졌다. 언론에 포착된 사진은 몇 장뿐이었지만, 그 뒤에 오갔을 대화는 분명 새로운 시장 질서와 표준에 관한 것이었다. 반도체와 AI, 보안과 ESG, 그리고 글로벌 공급망의 재편. 삼성이 혼자만으로 감당하기 어려운 거대한 전장에서, 빅테크와의 공생은 필연이자 선택이었다.

시장에서는 이를 두고 "삼성은 기술의 최전선에서 고립을 피하기 위해 동맹의 지도를 새로 쓰고 있다"는 해석을 내놓았다. 경쟁자이자 협력자인 빅테크와의 관계는 갈등과 타협, 이익과 위험이 얽힌 복잡한 줄타기였다. 그러나 분명한 건, 이 공생의 무대 위에서 삼성은 여전히 중심에서 움직이고 있다는 사실이었다.

삼성의 전략은 명확했다. 혼자서는 승리할 수 없는 전장에서, 때로는 적과 손잡아야 한다. 공생은 생존이었고, 동시에 또 다른 승리의 방식이었다.

38

망설임과 좌절, 가고 싶지만 못 간 길

주저하다 놓친 순간들, 놓친 기회의 대가

삼성의 역사에서 가장 뼈아픈 장면들은 화려한 성공의 순간이 아니라, 주저하다 놓쳐버린 기회의 순간들이었다. 승부를 걸었다면 판을 바꿀 수도 있었던 무대에서, 머뭇거림과 내부 논리, 지나친 신중함은 언제나 대가를 요구했다. 그리고 그 대가는 단순한 손실이 아니라, 세계 기술 질서의 주도권이 다른 이들의 손에 넘어가는 결과로 이어졌다.

스마트폰 운영체제의 선택은 그 대표적인 사례였다. 2000년대 중반까지만 해도 삼성은 자체 운영체제 '바다(Bada)'를 키우려 했다. 스마트폰 시대의 도래를 읽고 안드로이드와 iOS의 양강 체제에 균열을 내보려는 시도였다. 그러나 전략은 완결되지 못했다. 내부적으로는 바다OS를 밀어붙일 힘이 부족했고, 글로벌 개발자 생태계를 끌어들이지 못했다. 한때 삼성의 스마트폰 점유율은 세계 1위를 기록했지만, 그 위에 독자 생태계를 얹을 기회를 날려버린 순간이었다. 만약 삼성이 더 과감히 투자했다면, 지금의 모바일 세계지도는 전혀 다른 모습이 되었을지도 모른다.

메신저 서비스의 실패도 마찬가지였다. 애플은 아이메시지, 중국은 위챗, 일본은 라인을 통해 자국 내 문화와 소비 습관까지 바꾸어냈다. 하지만 삼성은 자사의 갤럭시톡을 끝내 성장시키지 못했다. 글로벌 1위 스마트폰 제조사라는 지위에도 불구하고, 소프트웨어와 플랫폼 영역에서 망설인 대가는 무거웠다. 결과적으로 갤럭시는 하드웨어의 성능을 자랑했지만, 문화와 일상 속에 뿌리내리는 서비스의 상징은 놓쳐버렸다.

AI 플랫폼 경쟁에서도 비슷한 장면이 반복되었다. 아마존이 알렉사를 내놓고, 구글이 구글 어시스턴트로 가정과 스마트홈 시장을 장악하던 시기, 삼성은 빅스비라는 이름으로 도전장을 던졌다. 그러나 빅스비는 결정적 순간에 진화하지 못했다. 삼성은 스마트폰, 가전, IoT 전 영역에 하드웨어를 보유하고 있었음에도 불구하고, 소프트웨어와 음성인식 AI의 고도화에 대한 투자가 부족했다. 빅스비는 초기에 기대를 모았지만, 점점 "왜 존재하는지 알 수 없는 기능"으로 소비자에게 낙인찍혔다. 삼성이 하드웨어와 서비스의 완전한 통합을 망설이는 동안, 알렉사와 구글 어시스턴트는 글로벌 표준이 되어버렸다.

인수합병에서도 망설임은 뚜렷하게 드러났다. 2010년대 중반, 세계적인 반도체 팹리스와 AI 스타트업들이 거대한 몸값을 요구하기 전에, 시장은 기회의 땅이었다. 엔비디아와 AMD가 본격적으로 GPU 전쟁을 벌이기 전, AI 칩 스타트업들이 난립하던 시기, 삼성이 공격적으로 나섰다면 지금의 AI 반도체 지도는 달라졌을 것이다. 하지만 삼성은 하만 인수 이후 대규모 M&A에서 확신을 보이지 못했다. 내부적으로도 오너 리스크와 사법 리스크가 얽히면서 과감한 투자가 번번이 지연되었다. 결과적으로 구글과 애플, 마이크로소프트는 AI 소프트웨어 기업들을 사들이며 자신들의 생태계를 확장했고, 삼성은 여전히 "총알은 많지만 쓰지 않는다"라는 비판을 들어야 했다.

또 다른 좌절의 순간은 전기차 배터리였다. 삼성SDI는 일찍이 소니의 배터리 사업을 인수하며 기회를 잡을 수 있는 위치에 있었다. 그러나 공격적이지 못한 확장과 고객 다변화 실패는 LG에너지솔루션과 중국 CATL에 주도권을 내주게 만들었다. 세계 전기차 산업이 폭발적으로 성장하는 국면에서, 삼성은 배터리라는 핵심 무대에서 '있지만 강하지 않은' 플레이어로 남게 되었다.

이런 장면들은 단순한 실수가 아니라, 삼성이라는 조직이 가진 구조적 습관에서 비롯되었다. 위기 속에서는 과감히 베팅했지만, 안정기에 들어서면 지나친 신중함이 앞섰다. 조직 내 보고 체계의 복잡함, 책임을 지려 하지 않는 문화, 오너의 결단을 기다리는 의존 구조가 혁신의 속도를 늦추었다. 세계 시장은 빛의 속도로 변하고 있었는데, 삼성의 걸음은 종종 그 속도를 따라가지 못했다.

이재용 회장은 여러 차례 내부에서 이런 패착을 반성하는 메시지를 내놓았다. 그는 "초격차는 망설임에서 나오지 않는다"라는 말로, 미래 산업에서는 기회를 잡는 속도가 곧 생존이라고 강조했다.

그러나 말과 행동 사이에는 여전히 간극이 있었다. 미국과 유럽에서 M&A 기회를 날린 사례들은 아직도 시장에서 회자되고 있었고, AI 플랫폼의 주도권을 놓친 장면은 지금도 삼성의 소프트웨어 역량에 대한 근본적 회의로 이어지고 있다.

삼성이 가고 싶지만 못 간 길은, 사실 모두가 알았던 길이었다. 더 일찍 플랫폼을 장악했더라면, 더 과감히 인수를 밀어붙였더라면, 더 집요하게 AI를 파고들었더라면. 이 길들은 지금 다른 기업들의 성공 서사로 남아 있다. 삼성이 놓친 기회들은 삼성이 걸어온 길의 반대편에서 빛을 내고 있다.

망설임은 언제나 좌절을 낳았다. 그러나 동시에 좌절은 또 다른 교훈을 남겼다. 기술 패권 전쟁은 망설이는 자에게 기회를 주지 않는다. 삼성이 놓친 길은 그 자체로 경고장이었다. 이제 더 이상 망설임은 허락되지 않는다. 시장은 냉혹하고, 기회는 짧다. 삼성은 그 진실을 누구보다 잘 알고 있다. 그리고 그 진실 앞에서 다시 시험대에 올랐다.

39

M&A 자체가 비전이 된 애플과 구글

비전을 사고 파는 기업들, 삼성이 놓친 방향

기업의 성장은 제품에서 나오기도 하지만, 미래를 사들이는 과감한 인수합병에서 나오기도 한다. 그리고 이 영역에서 가장 극명하게 대비되는 두 기업이 있다. 바로 구글과 애플이다. 이들은 자신들의 기술과 제품으로 세상을 바꿔 놓았지만, 그 뒷배경에는 수많은 인수합병의 전략적 결단이 있었다.

구글이 세운 제국은 본래 작은 스타트업의 집합체였고, 애플의 현재와 미래는 소프트웨어와 하드웨어, 그리고 서비스 기업들을 흡수하며 재구성된 결과였다. 그들의 M&A는 단순히 기업을 늘리기 위한 수단이 아니라 미래 비전을 사들이는 행위였으며, 이 자체가 하나의 경영 철학으로 자리 잡았다.

구글의 사례는 너무도 명확하다. 2006년, 유튜브를 16억 5천만 달러에 인수했을 때, 많은 업계 전문가들은 이 금액을 "미친 베팅"이라고 불렀다. 당시 유튜브는 적자를 내는 신생 플랫폼이었고, 저작권 소송에 시달리고 있었다.

그러나 시간이 흐르면서 이 베팅은 구글의 신의 한 수로 평가받았다. 지금 유튜브는 전 세계 영상 플랫폼의 표준이 되었고, 광고 수익만으로 구글의 현금창출력을 뒷받침하는 거대한 기둥이 되었다. 구글은 유튜브를 통해 단순히 플랫폼 하나를 얻은 것이 아니라, 미래 세대의 시청 습관과 문화를 사들인 셈이었다.

안드로이드의 인수 역시 같은 맥락이다. 2005년, 구글은 이름조차 생소했던 작은 스타트업을 5천만 달러 남짓한 금액에 인수했다. 그러나 그 작은 인수가 이후 스마트폰 시장의 운명을 갈라놓았다. 안드로이드는 지금 전 세계 스마트폰의 70% 이상을 구동하는 운영체제가 되었고, 구글은 이로써 모바일 시대의 패권을 쥐게 되었다. 구글이 안드로이드를 사지 않았다면, 모바일 생태계는 애플의 독무대가 되었을 것이다. 작은 스타트업을 사들인 결정이 거대한 제국의 균형을 바꿔 놓은 것이다.

애플의 경우는 조금 다르다. 애플은 대형 M&A보다는 중소 규모의 전략적 인수를 즐겨왔다. 그러나 그 작은 거래들이 애플의 정체성을 만든 기초였다. 1997년 스티브 잡스가 애플로 돌아오자마자 진행한 넥스트(NeXT) 인수는 단순한 회귀가 아니었다. 이 인수로 인해 맥OS의 기초가 마련되었고, 애플은 소프트웨어와 하드웨어를 하나로 묶는 통합 철학을 완성할 수 있었다.

아이폰의 탄생 뒤에는 2010년 인수한 시리(Siri)라는 스타트업이 있었다. 시리 인수는 음성인식 AI의 초기 가능성을 아이폰에 통합하게 했고, 이는 곧 애플이 사용자 경험을 새롭게 정의하는 기반이 되었다. 또한 비츠(Beats) 인수는 단순히 헤드폰 사업 확대가 아니라, 애플 뮤직이라는 거대한 구독 서비스 제국을 시작하게 만든 신호탄이었다. 애플의 인수 전략은 크고 화려하지 않았지만, 핵심 기술과 경험을 흡수해 생태계를 강화하는 방식으로 일관되었다.

이렇듯 구글과 애플은 M&A 자체를 경영의 철학이자 비전으로 삼았다. 인수합병은 단발적 사건이 아니라, 미래를 사고 파는 도구였다. 투자자와 시장은 "이들이 어떤 회사를 사들이느냐"를 통해 향후 10년의 전략을 읽었다. 그들의 인수는 곧 기업의 비전이었고, 비전은 주가와 브랜드, 그리고 사용자 충성도를 강화하는 도구였다.

반면 삼성은 이 무대에서 늘 아쉬운 존재로 남았다. 현금 동원력은 세계 최고 수준이었지만, 그 자금은 종종 곳간에 갇혀 있었다. 하만 인수는 예외적인 성공 사례였지만, 그 뒤를 잇는 대형 거래는 보이지 않았다. 글로벌 AI 스타트업들이 몸값을 올리기 전 삼성은 주저했고, 그 사이 구글과 마이크로소프트, 아마존이 과감히 시장을 휩쓸었다. 플랫폼을 장악할 기회, 소프트웨어 역량을 끌어올릴 기회, AI 시대의 초기 주도권을 쥘 기회는 삼성의 손을 스쳐 지나갔다.

이 차이는 결국 철학의 차이에서 비롯되었다. 구글과 애플은 인수합병을 미래 비전의 언어로 삼았다. 투자자는 그들의 거래에서 "다음 시대의 표준"을 읽었고, 사용자들은 그들이 만든 생태계 안에서 생활을 재편했다. 그러나 삼성은 M&A를 "위기 대응의 보완재" 정도로만 다뤘다. 주가가 흔들릴 때 사업이 정체될 때 뒤늦게 인수 이야기가 나왔고, 그것마저도 끝내 결단으로 이어지지 못하는 경우가 많았다.

세계의 무대는 과감한 베팅을 통해 판을 재편하는 기업들에게 기회를 줬다. 구글과 애플은 비전을 사고팔며 시장을 선도했고, 삼성은 자신이 가진 막강한 자본력을 제때 활용하지 못하면서 기회의 창을 여러 차례 놓쳤다.

이제 남은 질문은 단 하나다. 삼성은 앞으로도 M&A를 보조적 수단으로만 남겨둘 것인가, 아니면 구글과 애플처럼 미래를 사들이는 기업으로 거듭날 것인가. 이 선택은 삼성의 다음 10년, 아니 한국 경제의 미래까지 결정지을 수 있는 질문이다.

40

삼성이 놓쳐버린 기회들

기회를 살리지 못한 실패의 역사

삼성의 역사는 눈부신 도약의 순간들로 가득 차 있지만, 동시에 잡지 못한 기회, 이미 손에 쥐었으나 제대로 활용하지 못한 순간들의 기록이기도 하다. 기업사가 늘 그렇듯, 성공은 크게 부각되고 실패는 희미하게 덮여버리기 마련이지만, 삼성이 놓친 기회들을 살펴보면 왜 오늘날의 불안과 압박이 반복되는지 선명히 드러난다. 그것은 기술과 시장을 지배할 수도 있었던 장면들이었고, 만약 과감하게 밀어붙였다면 글로벌 질서를 바꿀 수도 있었던 찰나들이었다.

가장 먼저 떠오르는 것은 운영체제 전쟁에서의 패배다. 삼성이 안드로이드에 올인하기 전, 독자 플랫폼을 갖추려는 시도는 분명 있었다. '바다OS'와 그 뒤를 잇는 타이젠은 스마트폰과 스마트워치, 스마트TV까지 이어질 수 있는 자산이었다. 그러나 삼성은 구글과의 관계를 의식해 끝내 이를 주력으로 밀어붙이지 못했다. 바다OS는 개발자와 생태계를 끌어들이는 데 실패했고, 타이젠은 일부 스마트 기기와 웨어러블에서 명맥만 유지하는 정도로 축소되었다.

아이폰과 안드로이드가 세계를 양분하는 동안, 삼성은 글로벌 1위 스마트폰 제조사라는 압도적 위치를 가지고도 플랫폼 주도권을 스스로 놓쳐버렸다.

메신저 전쟁도 비슷한 맥락이다. 삼성은 갤럭시톡, 챗온 같은 서비스를 내놓았지만 초기에 차별화된 기능을 확보하지 못했다. 반면 애플은 아이메시지로 생태계 잠금 효과를 만들었고, 아시아 시장에서는 라인과 위챗이 국가 단위 플랫폼으로 자리 잡았다.

삼성은 이미 수억 대의 기기를 손에 쥐고 있었음에도 불구하고 이를 '서비스 네트워크'로 전환하는 데 실패했다. 지금의 카카오톡이나 위챗 같은 일상 플랫폼의 자리를 삼성의 메신저가 차지했을 수도 있었던 시나리오는, 끝내 현실이 되지 않았다.

AI 비서 시장 역시 놓친 기회 중 하나다. 삼성은 갤럭시 S8과 함께 '빅스비'를 선보이며 구글 어시스턴트와 애플 시리, 아마존 알렉사에 도전장을 던졌다. 그러나 빅스비는 출시 초기부터 '쓸모없는 버튼'이라는 오명을 얻었고, 음성인식과 자연어 처리 기술의 완성도에서 경쟁사에 크게 뒤처졌다. 삼성의 강점은 하드웨어에 머물렀고, 소프트웨어와 서비스 통합을 이끌어낼 끈질긴 투자와 리더십은 부족했다.

그 결과 빅스비는 존재감 없는 기능으로 전락했고, 스마트홈 시장의 주도권은 알렉사와 구글 어시스턴트가 차지했다. 삼성은 기회의 문을 열 수 있는 열쇠를 손에 쥐고 있었으나, 정작 그 문을 열지 못한 셈이었다.

M&A에서도 놓친 기회는 숱하다. AI 붐이 일기 전, 글로벌 AI 스타트업들은 수백억 원 수준의 몸값으로 매물에 나왔었다. 그 시기에 구글은 딥마인드를, 페이스북은 왓츠앱과 오큘러스를, 애플은 시리와 여러 소프트웨어 기업을 사들였다.

반면 삼성은 주저했다. 현금은 넘쳤지만 결단은 부족했다. 하만 인수는 의미 있는 시도였으나, 이후 공격적인 인수의 물결에 삼성은 동참하지 못했다. 이로 인해 AI 플랫폼, 자율주행 소프트웨어, 콘텐츠 생태계 같은 분야에서 주도권을 선점할 기회를 놓쳤다. 지금 AI 반도체와 온디바이스 AI를 외치고 있지만, 정작 이를 연결해 줄 서비스 기업은 삼성이 아닌 빅테크의 품에 있다.

스마트폰 혁신에서도 몇 번의 기회는 미끄러졌다. 갤럭시 노트 시리즈는 한때 '스마트폰 생산성'의 상징이었다. S펜은 경쟁사들이 흉내조차 내지 못한 차별화 포인트였고, 이는 비즈니스 사용자들에게 큰 매력을 줬다. 그러나 삼성은 노트를 S 시리즈와 합병하면서, 그 고유한 브랜드 가치를 희석시켜 버렸다. 충성 고객층을 잃은 빈자리는 쉽게 메워지지 않았고, 아이폰과의 차별화 무기는 스스로 사라졌다. 폴더블폰 역시 마찬가지였다. 접히는 화면은 미래적 상징이었으나 가격과 내구성 문제를 해결하지 못하며 대중화에는 실패했다. 혁신은 있었지만, 생활의 표준으로 승화되지 못한 장면이었다.

배터리 산업에서도 삼성은 잠재적 기회를 놓쳤다. 삼성SDI는 일찌감치 소니의 배터리 사업을 인수하며 전기차 시대의 준비를 시작했지만, 공격적 확장과 대규모 투자에서 LG에너지솔루션과 CATL에 밀렸다. 전기차 시장이 폭발적으로 성장하는 동안 삼성은 '있지만 강하지 않은 플레이어'로 남았다. 수십조 원대 투자가 필요한 시점에서 삼성은 머뭇거렸고, 그 사이 경쟁자들은 시장 점유율을 굳혀버렸다.

이 모든 놓친 기회들의 공통점은 하나였다. 하드웨어에서는 세계 최고였으나, 소프트웨어와 서비스, 플랫폼 그리고 미래 시장을 향한 과감한 베팅에서는 머뭇거림이 있었다는 점이다. 삼성은 늘 '성공한 현재'를 기반으로 미래를 상상했지만, 미래를 선점하려는 상상력과 결단에서는 부족함을 드러냈다.

이재용이 강조하는 '초격차'는 사실 이런 실패의 역사에서 비롯된 경고장이기도 하다. 초격차는 기술에서만이 아니라, 기회를 잡는 속도와 결단에서도 필요하다는 교훈이다. 망설임은 언제나 기회를 놓치게 만들었고, 그 대가는 시장 주도권 상실이었다.

삼성이 놓친 기회들의 역사는 단순한 과거사가 아니다. 지금도 새로운 기술의 파도는 몰려오고 있고, 시장의 문은 잠깐 열렸다가 곧 닫힌다. 삼성이 다시는 같은 패턴을 반복하지 않으려면, 기회를 보는 눈뿐 아니라 그것을 움켜쥐는 과감함이 필요하다. 놓친 순간들은 후회로 남지만, 남은 시간은 여전히 기회의 장일 수 있다. 문제는 이번에는 머뭇거림 없이 그 문을 열 수 있느냐는 것이다.

41

하만 이후 플렉트까지 – 광폭 행보의 귀환

자동차·오디오 이후, 다시 시작된 대규모 확장

삼성이 2016년 하만(Harman)을 인수했을 때, 시장은 충격과 의문을 동시에 던졌다. 반도체와 스마트폰으로 대표되던 회사가 왜 자동차 전장 기업을 품으려 하는가. 그 질문은 오래지 않아 답을 얻었다. 하만은 차량 인포테인먼트 시스템의 글로벌 강자였고, 자율주행이라는 거대한 미래 산업의 핵심을 쥐고 있었다.

삼성은 그 인수를 통해 반도체와 가전, 모바일의 경계를 넘어 자동차라는 또 하나의 '움직이는 플랫폼'을 차지하려 했다. 그리고 실제로 하만은 이후 삼성의 전장 전략을 지탱하는 기둥이 되었다. 현대자동차를 비롯한 글로벌 완성차 기업들과 협력하며 오디오, 커넥티드카, 자율주행 솔루션을 공급했고, 이 과정에서 삼성의 이름은 자동차 산업의 심장부에 자연스럽게 들어가기 시작했다.

그로부터 몇 년 뒤, 다시 한 번 시장을 뒤흔든 소식이 터져 나왔다. 삼성전자가 독일의 글로벌 공조기업 플렉트그룹(FläktGroup)을 품는 대규모 인수를 단행했다는 발표였다. 금액으로는 약 2조 원대에 달하는 이번 거래는 하만 이후 가장 굵직한 빅딜이었다. 언뜻 보면 가전 사업 확장의 연장선처럼 보였지만, 실상은 훨씬 더 거대한 그림이 숨어 있었다. 플렉트는 단순히 에어컨이나 환기 장치를 만드는 회사가 아니었다. 데이터센터 냉각, 초대형 빌딩 에너지 관리, ESG 규제 대응까지 포괄하는 최첨단 공조 솔루션을 제공하는 유럽의 강자였다.

삼성이 플렉트를 택한 이유는 명확했다. ESG가 기업 생존의 새로운 기준이 된 시대, 에너지 효율과 친환경 공조는 가전의 범주를 넘어선 '산업 인프라'였다. 데이터센터는 AI 시대의 원유라고 불릴 만큼 중요한 자원이고, 그만큼 전력과 냉각 문제는 생존의 핵심 과제였다. 플렉트는 유럽의 까다로운 환경 규제 아래에서 이미 그 해법을 제시하고 있었고, 삼성은 이를 글로벌 AI 인프라 전략에 접목시키려 했다. 하만이 자율주행 시대의 심장을 열어주었다면, 플렉트는 AI 데이터 시대의 폐부를 식혀주는 폐와 같은 존재였다.

흥미로운 건, 하만과 플렉트 인수가 닮은 듯 다르다는 점이다.

하만은 미래 모빌리티라는 거대한 산업 패러다임 전환을 앞둔 선제적 투자였고, 플렉트는 ESG와 AI 인프라라는 두 가지 거대한 흐름을 동시에 겨냥한 전략적 포석이었다. 하만을 통해 자동차 내부로 들어간 삼성은, 플렉트를 통해 건물과 도시, 나아가 데이터센터의 내부까지 장악할 수 있는 발판을 마련했다. 각각은 다른 산업이지만, 본질은 같다. '하드웨어와 소프트웨어, 인프라와 플랫폼을 아우르는 초격차 제국'을 구축하겠다는 시도였다.

이재용 회장은 이번 플렉트 인수 발표 당시 "기후 변화 대응과 AI 시대 인프라 혁신은 동시에 풀어야 할 과제"라는 메시지를 남겼다. 단순히 새로운 먹거리를 찾아 헤매는 게 아니라, 기술적 필요와 사회적 요구를 동시에 충족하는 기업으로 진화하겠다는 선언이었다. 하만 인수가 자동차라는 새로운 성장동력을 연 행보였다면, 플렉트 인수는 ESG와 AI라는 미래 비전의 두 축을 동시에 끌어안은 셈이었다.

시장의 반응은 흥미로웠다. "삼성이 다시 광폭 행보를 시작했다"라는 평가가 이어졌다. 과거 M&A에서 지나친 신중함으로 기회를 놓쳤다는 비판이 끊이지 않았던 삼성에게 이번 빅딜은 달라진 태도를 보여주는 신호탄이었다. 특히 유럽 기업 인수는 단순한 시장 진출이 아니라, 유럽연합의 까다로운 환경 규제를 통과해 글로벌 친환경 표준을 주도하겠다는 야심으로 읽혔다.

하만 이후 플렉트까지, 두 개의 굵직한 인수는 하나의 궤적을 그리고 있었다. 삼성이 더 이상 반도체와 스마트폰의 제국에 머무르지 않고, 산업 전반을 연결하는 플랫폼 기업으로 진화하려는 궤적이다. 자동차와 오디오에서 도시와 데이터센터로, 움직이는 공간과 고정된 공간을 동시에 지배하려는 시도였다.

앞으로 삼성의 미래 전략에서 이 두 인수는 결정적인 연결 고리가 될 것이다. 하만은 자동차와 이동성을, 플렉트는 에너지와 ESG, 그리고 AI 인프라를 잇는다. 그리고 이 둘의 교차점에는 결국 반도체가 있다. 자율주행차가 필요로 하는 두뇌와 AI 데이터센터가 요구하는 심장 모두, 삼성 반도체 위에 얹힐 때 완성되기 때문이다.

광폭 행보의 귀환. 시장은 이 표현을 다시 꺼내들었다.

삼성은 다시 한 번 거대한 도박을 시작했고, 그 도박은 단순한 확장이 아니라 미래 비전의 실체를 보여주는 실험이었다. 하만 이후 플렉트까지, 삼성이 놓은 길 위에는 '제국의 재구성'이라는 더 큰 서사가 흐르고 있었다.

M&A, 삼성의 잃어버린 시간과 재도전

늦었지만 다시 뛰어드는 글로벌 무대

삼성의 인수합병 전략은 늘 역설적이었다. 세계에서 가장 많은 현금을 쌓아둔 기업 중 하나이면서도, 정작 시장을 뒤흔드는 대형 거래에서는 한발 늦거나 머뭇거렸다는 평가를 받아왔다. 구글이 안드로이드를 사고, 애플이 시리와 비츠를 삼키고, 마이크로소프트가 링크드인과 깃허브를 품을 때, 삼성은 수조 원대 자금을 금고에 묵혀두고 있었다. 시장은 그런 삼성에게 "돈은 많은데 쓰지 않는다"는 비판을 던졌다. 위기를 기회로 바꾸기보다, 기회를 놓친 채 불안 속에서 방어만 하는 모습이 반복된 것이다.

그러나 2016년 하만 인수는 달랐다. 9조 원을 베팅한 이 사건은 자동차라는 거대한 산업으로 삼성의 경계를 확장시켰다. 하만은 자율주행과 커넥티드카, 차량 오디오의 강자였고, 지금도 삼성 전장 전략의 핵심축으로 자리 잡고 있다. 이 인수는 "삼성도 때로는 과감하다"는 메시지를 던졌고, 시장은 잠시나마 삼성의 변화를 기대했다. 하지만 그 뒤를 잇는 굵직한 행보는 오랫동안 보이지 않았다.

시간은 흘렀고, AI와 ESG, 전기차, 데이터센터라는 새로운 산업 지형이 등장했다. 그 과정에서 삼성은 다시 한 번 뒤처지는 듯 보였다. 그러나 2025년, 독일의 글로벌 공조기업 플렉트그룹(FläktGroup) 인수 소식은 침묵을 깨뜨렸다. 이번 거래는 하만 이후 가장 굵직한 딜이었으며, ESG와 AI 인프라라는 두 개의 거대한 흐름을 동시에 겨냥한 승부수였다. 에너지 효율을 무기로 한 친환경 기술과 데이터센터 냉각 솔루션은, 기후위기 시대와 AI 폭발기에 모두 필요한 자산이었다. 하만이 자동차라는 미래의 플랫폼을 열어주었다면, 플렉트는 도시와 데이터센터라는 새로운 무대를 삼성이 장악할 수 있는 발판을 제공했다.

이재용 회장은 수차례 글로벌 출장에서 메타, 구글, 퀄컴, 마이크로소프트 등 빅테크 수장들과 만났다. 이는 단순한 외교가 아니라, 인수합병과 전략적 제휴를 통한 새로운 판짜기였다. 삼성은 더 이상 "보수적이고 소극적인 플레이어"로만 남을 수 없다는 것을 알고 있었다. 기술 전환의 속도는 너무 빠르고, 기회를 놓치는 대가는 치명적이었다.

〈Part 6〉에서 다룬 망설임과 놓친 기회들은 삼성이 잃어버린 시간의 기록이었다. 운영체제와 메신저, AI 비서와 플랫폼에서 삼성은 과감히 베팅하지 못했고, 그 사이 구글과 애플, 아마존은 미래의 열쇠를 손에 쥐었다. 그러나 하만과 플렉트로 이어지는 굵직한 행보는 "삼성이 여전히 판을 흔들 힘을 가지고 있다"는 신호였다.

늦었지만 다시 뛰어드는 글로벌 무대. 시장은 여전히 삼성의 주저함을 기억하고 있지만, 동시에 그 자금력과 기술력을 무시할 수 없다. 중요한 건 속도와 실행이다. 이번에는 더 이상 미루거나 머뭇거릴 시간이 없다. 삼성의 M&A는 이제 위기를 덮는 보조적 수단이 아니라, 미래 비전 자체를 드러내는 무대가 되어야 한다. 잃어버린 시간을 되찾을 수 있는 유일한 방법은, 새로운 판을 과감히 사들이는 것이다.

워런 버핏의 선택은 투자자의 냉정한 시각을 드러냈다.
그는 애플에 막대한 자금을 넣었지만 삼성은 외면했다.
브랜드 신뢰와 문화적 힘에서 삼성의 취약점이 선명히 드러났다.

애플의 길은 독창성과 생태계 구축이었다.
반면 삼성은 추격자의 언어에 머물렀고,
가격 할인 전략은 아이러니하게도 프리미엄 이미지를 약화시켰다.

중국의 굴기는 기술 유출과 인재 스카우트를 통해 집요하게 진행됐다.
청두가오전 사건은 초격차가 언제든 흔들릴 수 있다는 경고장이었다.

삼성의 내부 피로는 기술 유출 스캔들과 맞물려 드러났다.
초격차를 유지하기 위해 사람과 시스템까지
혁신하지 않으면 안 된다는 현실을 직시하게 했다.

엔비디아·애플·TSMC의 동맹은 삼성에게
가장 큰 압박으로 다가왔고, 세계화의 후퇴와 지정학적 긴장은
삼성의 선택지를 좁히며 한국 경제 전체에 새로운 시련을 안겼다.

SAMSUNG SHOCK

PART 7

라이벌, 애플과 중국

기술·문화·정치의 삼중 전쟁

42

워런 버핏, 애플은 사고 삼성은 외면하다

투자자의 시선이 보여준 브랜드와 신뢰의 차이

워런 버핏이 애플 주식을 대거 매입했다고 밝혔을 때, 시장은 경악에 가까운 반응을 보였다. 가치투자의 대명사로 불리며 철저히 '기술주를 외면한다'는 원칙을 고수하던 버핏이 애플에만큼은 파격적인 투자를 단행한 것이다. 그는 2016년 처음 애플 주식을 매입한 뒤, 불과 몇 년 만에 보유 지분을 수십 배로 늘려 애플을 버크셔 해서웨이의 최대 투자 종목으로 만들었다. 그 선택은 단순한 포트폴리오 다변화가 아니었다. 버핏은 애플을 기술기업이 아니라 소비재 기업, 즉 "코카콜라처럼 사람들이 습관적으로 쓰는 생활 필수재"라고 정의했다.

그러나 같은 시기, 삼성전자는 버핏의 관심에서 멀리 있었다. 한국을 대표하는 글로벌 기업이자 반도체와 스마트폰에서 세계 1위 자리를 다투던 삼성은 그의 포트폴리오에 단 한 번도 이름을 올리지 못했다. 시장에서는 늘 물었다. "왜 버핏은 애플은 사들이고 삼성은 외면했을까?"

그 차이를 가르는 핵심은 브랜드와 신뢰였다. 애플은 제품 하나가 단순한 하드웨어를 넘어 라이프스타일의 일부가 되어 있었다. 아이폰을 쓰는 순간, 사람들은 자신을 특정 문화와 정체성에 소속시킨다. 애플워치, 에어팟, 맥북까지 이어지는 생태계는 고객을 한 번 들어오면 빠져나갈 수 없는 울타리에 가둔다. 버핏은 이 충성도에 주목했다. 가격이 오르더라도 고객은 떠나지 않는다. 이는 곧 안정적 현금창출력의 보증수표였다.

반면 삼성의 스마트폰은 강력한 하드웨어 스펙과 기술력에도 불구하고, 브랜드 충성도에서 애플과 비교할 수 없을 정도로 약했다. 소비자는 아이폰을 '문화적 상징'으로 소비했지만, 갤럭시는 '좋은 스마트폰'으로만 소비했다. 그 차이는 장기적으로 투자자에게는 큰 신뢰의 격차로 다가왔다. 버핏이 말한 "경제적 해자(Economic Moat)" – 쉽게 침범할 수 없는 브랜드와 고객 기반 – 는 삼성에게서 뚜렷하게 보이지 않았다.

또 다른 요인은 지배구조였다. 애플은 투명하고 안정적인 지배구조 속에서 거대한 현금흐름을 바탕으로 꾸준히 자사주 매입과 배당을 이어왔다. 이는 주주 환원 정책을 중시하는 버핏의 철학과 정확히 맞아떨어졌다. 반면 삼성은 오너 중심의 지배구조와 끊임없는 경영권 논란에 휘말려 있었다. 이재용 회장의 경영 능력에 대한 기대와 동시에, 사법 리스크와 정치적 변수가 기업 가치를 훼손할 수 있다는 불안이 늘 따라다녔다. 투자자의 관점에서 이는 매력적인 대상이 되기 어려웠다.

시장 접근성도 무시할 수 없다. 삼성전자는 글로벌 기업이지만, 외국인 투자자 입장에서 보면, 지분 취득과 경영 관여에 있어 한국 특유의 규제와 제한은 부담이 된다. 애플은 뉴욕증시에 상장된 미국 기업으로, 투자의 투명성과 환금성이 보장된다. 글로벌 자본의 눈에는 미국 내에서 신뢰할 수 있는 기업에 자금을 묻는 것이 훨씬 매력적으로 다가왔다.

그러나 무엇보다도 큰 차이는 '스토리'였다. 버핏은 늘 이야기했다. "좋은 투자는 사람들이 이해할 수 있는 간단한 비즈니스 모델에서 나온다." 애플은 이 조건에 딱 맞았다. 소비자가 매년 신제품을 사고, 그 과정에서 생태계 안에 더 깊이 묶여 들어가는 단순하고도 강력한 구조. 반면 삼성의 사업은 반도체, 디스플레이, 가전, 휴대폰 등으로 다양하게 분산되어 있어 일반 투자자가 직관적으로 이해하기 어렵다. 반도체 가격 사이클, 글로벌 경기 변동성, 환율 리스크 같은 복잡한 요소들이 얽혀 있다. 이는 가치투자를 지향하는 버핏에게 매력적이지 않았다.

아이러니하게도 삼성은 기술력에서 애플을 능가하는 부분이 많았다. 반도체 생산 능력은 세계 최고 수준이고, OLED 패널은 애플조차 의존하는 기술이었다. 그러나 시장은 기술 그 자체보다 그것을 포장하는 브랜드의 힘, 그리고 투자자가 믿고 오래 갈 수 있는 신뢰를 더 중요하게 여겼다. 애플은 브랜드와 생태계로 신뢰를 사고, 삼성은 기술로만 경쟁하다 버핏의 시선에서 벗어난 것이다.

워런 버핏이 애플에 투자한 사건은 삼성에게 뼈아픈 질문을 던졌다. "왜 세계 최고의 기술 기업은 글로벌 투자자의 선택을 받지 못하는가?" 이 질문은 지금도 삼성의 전략적 과제로 남아 있다. 기술을 넘어 브랜드와 신뢰, 그리고 스토리를 쌓아 올릴 때만이 진정한 글로벌 자본의 눈에 매력적인 투자처로 보일 수 있다.

삼성의 미래가 여전히 열려 있다면, 그것은 단순히 반도체와 스마트폰의 초격차 기술 때문이 아니라, 세계 투자자들이 납득할 수 있는 서사와 신뢰를 만들어내느냐에 달려 있다. 버핏이 외면한 그 시간은 놓친 기회였지만, 동시에 삼성이 극복해야 할 본질적 숙제를 드러낸 경고장이기도 했다.

43

애플의 길, 가격 전쟁에 묶인 삼성

독창성의 서사와 가격 전략의 아이러니

아이폰의 탄생은 스마트폰이라는 기계를 '문화의 언어'로 승격시킨 사건이었다. 2007년 스티브 잡스가 무대에서 보여준 아이폰은 단순한 통신기기가 아니었고, 그 뒤로 애플은 줄곧 독창성의 서사를 이어갔다. 앱스토어는 휴대폰을 생태계로 바꿨고, 아이튠즈는 음악 산업을 재편했으며, 에어팟과 애플워치는 스마트폰을 인간의 삶에 더 깊숙이 박아 넣었다. 이 일련의 과정은 새로운 기능을 더하는 경쟁이 아니라, 인간의 습관과 문화를 다시 짜는 프로젝트였다.

삼성의 길은 기술적으로 빠른 대응과 추격이었다. 갤럭시는 카메라 화소를 끌어올리고 더 큰 배터리를 장착하며 하드웨어의 초격차를 증명했지만, 문화적 독창성의 서사를 만들어내지는 못했다.

갤럭시 노트의 S펜, 폴더블의 접히는 화면은 순간적으로 사람들을 놀라게 했으나 곧 생활의 표준이 되지 못했다. 소비자의 머릿속에 갤럭시는 언제나 '스펙 좋은 스마트폰'이었고, 아이폰은 '아이폰을 쓰는 삶'이었다.

이 차이는 브랜드의 운명을 갈랐다. 가격 전략에서도 균열은 뚜렷했다. 애플은 가격을 인상하면서도 충성 고객을 잃지 않았다. 오히려 더 비싸진 아이폰이 더 강한 상징성을 갖게 만들었다. 아이폰을 쓴다는 것은 단순히 제품을 선택하는 것이 아니라 하나의 문화적 공동체에 들어가는 의식과 같았다. 반면 삼성은 가격 인하와 할인 정책을 반복했다. 기기 출고 뒤 몇 달 지나지 않아 가격이 떨어지는 것은 소비자에게 '기다리면 더 싸게 살 수 있다'는 인식을 심어주었고, 이는 곧 브랜드 충성도를 약화시켰다.

삼성 내부에서는 가격 경쟁을 피할 수 없다는 현실론이 존재했다. 애플과 달리 삼성은 글로벌 시장에서 더 넓은 저변을 확보해야 했고, 안드로이드 진영 속에서 다른 제조사들과 차별성을 만들어야 했다. 그러나 가격을 무기로 삼는 순간, 브랜드는 스스로를 '소비자가 언제든 바꿀 수 있는 기기'로 전락시켰다. 이는 '삼성만의 이유'를 약하게 만들었고, 장기적으로 소비자의 감성을 잡는 데 실패하게 했다.

하지만 시간이 흘러 애플의 독창성 서사에도 균열이 생기고 있다. 아이폰은 여전히 상징성이 강하지만, 새로운 혁신의 속도가 느려졌다는 비판이 커지고 있다. 카메라의 미세한 개선과 디자인의 반복은 더 이상 대중을 흥분시키지 못한다. 증강현실이나 애플카와 같은 대형 프로젝트는 지지부진하거나 취소로 이어졌고, 서비스 부문은 안정적 수익을 가져다주지만, 파괴적 상상력의 상징은 되지 못한다. MZ세대와 알파세대는 여전히 아이폰을 선택하지만,

그것이 흥분과 열광 때문이 아니라 관성에 따른 경우가 많다는 점은 애플 제국의 피로감을 보여준다.

삼성에게는 이 지점이 기회다. 아이폰이 과거의 혁신 신화를 반복하는 동안, 삼성은 온디바이스 AI, 초연결 경험, 엑시노스2600과 같은 자체 기술을 앞세워 독창적 서사를 다시 써야 한다. 가격 경쟁의 함정에서 벗어나지 못한다면 삼성은 또다시 아이폰의 그림자에 머물겠지만, 애플이 멈칫거리는 지금 이 순간만큼은 '갤럭시만의 이유'를 만들어낼 수 있는 드문 창이 될 수 있다.

세계가 주목하는 질문은 이제 명확하다. 애플이 잃어가고 있는 독창성의 자리를 삼성이 메울 수 있을 것인가, 아니면 또다시 가격 전쟁의 함정 속으로 빠져들 것인가.

44

삼성인의 새로운 길을 찾는 모색의 몸부림

사법 리스크 벗어난 이재용 회장과 삼성인들의 반성과 결속

이재용 회장이 긴 사법 리스크의 터널을 빠져나온 순간, 삼성 내부의 공기는 전혀 달라졌다. 몇 년간 이어진 재판과 구속, 그리고 불확실성은 삼성 조직의 심장부를 무겁게 짓누르는 그림자였다. 임직원들은 언제나 의사결정의 속도를 늦출 수밖에 없었고, 글로벌 파트너와의 협상에서도 "삼성의 미래가 불투명하다"는 인상을 주며 발언권이 약화되었다.

반도체 초격차 전략은 거대한 자금과 결단이 필요한 일이었지만, 리더십이 흔들리는 동안 삼성은 과감한 베팅을 미루며 후발주자에게 틈을 내주기도 했다. 이재용 개인의 문제가 아니라, 한국 경제와 글로벌 공급망 전체가 영향을 받은 사건이었다.

그가 사법 리스크를 벗어나며 내놓은 메시지는 과거와 달랐다. "초격차 기술"이라는 단어는 여전히 전면에 있었지만, 그 말 속에는 단순히 기술을 넘어선 시대정신을 담으려는 의도가 느껴졌다. 임직원들은 오너의 결백과 복귀가 단지 '사법 족쇄의 해제'가 아니라 '새로운 책임의 시작'이라는 것을 알고 있었다. 삼성은 그동안 수많은 위기를 '위기론'을 자양분 삼아 반전시켜왔지만, 이번에는 위기라는 단어조차 소비하기 싫다는 듯 새로운 언어를 찾으려 했다.

삼성 내부의 결속은 위기 이후의 반성과 맞닿아 있었다. 노조와의 갈등, 무노조 경영의 상흔, TF 체제의 부작용, 반도체 백혈병 사건 등은 더 이상 덮어둘 수 없는 내부 문제였다. 이재용 회장은 공식 석상에서 '사회와의 약속, 국가와의 책임'을 언급하며 이전 세대가 외면했던 그림자들을 직시하는 듯한 행보를 보였다. 미국과 일본, 유럽을 오가며 글로벌 네트워크를 다시 짜는 와중에도 한국 사회를 향한 메시지를 놓치지 않았다. 내부 임직원들은 이를 '새로운 길을 찾는 몸부림'이라 불렀다.

조직의 문화는 달라지고 있었다. 과거의 삼성은 "이겨라"라는 외침 속에서 위계질서와 성과 중심의 극한 경쟁을 강조했지만, 이제는 "함께 가야 한다"는 목소리가 커지고 있다. 반도체 연구소와 무선사업부, 생활가전 부문에서까지 협업을 강화하려는 움직임은 단순한 경영방침이 아니라 절실한 생존 전략이었다. TSMC와 애플, 중국의 거센 압박 속에서 '각자도생'은 더 이상 의미가 없었다. 이재용 회장이 직접 글로벌 빅테크 CEO들과 머리를 맞대고 돌아올 때마다, 삼성 임직원들은 다시금 자신들이 '제국의 병사'가 아니라 '새로운 길을 함께 쓰는 공동체'라는 감각을 공유했다.

반성과 결속은 대외적 메시지에서도 드러났다. 과거처럼 "삼성은 세계 1위"라는 자랑스러운 문구보다, 이제는 "지속가능성, 사회적 책임, 인류를 위한 기술"이라는 구호가 더 많이 들려온다. 독일 공조기업 플렉트 인수는 단순히 시장 점유율을 높이기 위한 행보가 아니라, ESG 시대에 맞춰 삼성의 이미지를 다시 빚으려는 전략이었다. 레인보우로보틱스 지분 투자, AI 스타트업과의 제휴 역시 새로운 산업을 향한 투자이면서 동시에 삼성의 도전 정신을 다시 증명하려는 몸부림이었다.

조직 내부에서는 여전히 긴장이 남아 있었다. 일부는 "삼성답지 않다"는 불만을 표했고, 어떤 이들은 이재용 회장의 리더십이 여전히 '아버지의 유산'을 벗어나지 못했다고 지적했다. 그러나 그럼에도 불구하고 삼성인들 사이에서 하나의 공감대가 자리 잡았다. 이제는 위기론을 반복하며 과거의 영광을 그리워할 때가 아니라, 새로운 언어와 서사를 스스로 만들어야 한다는 것. 그것이 갤럭시24의 온디바이스 AI 기능으로 나타났고, 갤럭시25의 AI 카메라로 구체화되었으며, 엑시노스2600이 탑재될 갤럭시26에서 폭발적으로 드러날 준비를 하고 있었다.

사법 리스크에서 벗어난 이재용 회장에게는 더 이상 변명할 여지가 없었다. 그리고 삼성 임직원들에게도 마찬가지였다. 한국 사회는 여전히 "삼성이 흔들리면 국가도 흔들린다"는 말로 이들을 바라보고 있었고, 글로벌 무대는 삼성에게 기술 제국으로서의 역할을 기대했다. 그래서 이 순간 삼성인들의 몸부림은 단순한 위기 대응이 아니었다. 그것은 제국의 새로운 길을 쓰기 위한 집단적 글쓰기였고, 한 개인의 사법 족쇄가 풀린 사건이 아니라, 거대한 집단이 자신들의 미래를 다시 묻는 장면이었다.

이제 삼성은 반성과 결속 위에 새로운 길을 세우려 한다. 과거의 승리와 현재의 상처가 동시에 교차하는 이 무대에서, 이재용 회장과 삼성인들이 함께 짜내는 몸부림은 한국 자본주의 전체의 운명을 대변하는 장면이기도 했다. 그 길이 과연 어디로 이어질지는 아직 알 수 없다. 그러나 하나는 분명했다. 위기의 언어를 넘어 결속의 언어로 전환한 순간, 삼성은 더 이상 방어적인 기업이 아니었다. 그것은 제국의 새로운 서막을 쓰려는 도전자의 모습이었다.

중국 반도체 굴기와 '청두가오전' 사건

기술 유출과 추격, 중국의 집요한 도전

삼성전자가 반도체 왕좌를 지키며 초격차 전략을 외치던 순간, 중국은 이미 그림자 속에서 다음 수를 준비하고 있었다. 중국의 반도체 굴기는 단순한 산업 육성을 넘어 국가 안보와 패권 전략의 일환이었다. 시진핑이 직접 나서 '반도체 자립'을 국가 과제로 천명했고, 수천억 달러 규모의 반도체 펀드가 조성되면서 전 세계의 인재와 기술이 베이징의 레이더망에 포착됐다. 이 과정에서 벌어진 대표적인 사건이 바로 '청두가오전(成都高真)' 사건이었다.

삼성의 기밀을 빼내어 현지 반도체 업체에 전달한 것으로 드러난 이 사건은 한국 기업에게 충격이었다. 기술 초격차가 더 이상 영원하지 않으며, 누군가는 은밀히 그 성벽을 허물고 있다는 현실을 각인시킨 사건이었다.

청두가오전은 공식적으로는 반도체 장비를 제작하고 연구한다는 명목으로 세워진 회사였다. 그러나 실제로는 한국과 대만, 일본에서 빼낸 기술을 토대로 단기간에 생산라인을 구축하려는 교두보였다.

전직 삼성 엔지니어들이 억대 연봉과 파격적 대우를 받고 대거 스카우트되었고, 그 과정에서 핵심 회로 설계도와 장비 운영 매뉴얼, 심지어 공정 관리 노하우까지 유출된 것으로 알려졌다. 한국 검찰은 이를 산업기술보호법 위반으로 기소하며 "국가 경쟁력을 위협하는 중대한 사건"이라 규정했다. 이 사건은 단순한 범죄가 아니라, 중국 굴기의 집요함과 국가 차원의 기술 절취 전략이 교차한 사례였다.

중국은 '양자 굴기'와 '반도체 굴기'를 쌍두마차로 내세웠다. 메모리 분야에서는 장쑤성 우시에 본사를 둔 YMTC가 플래시 메모리에서 삼성과 SK하이닉스를 추격했고, 장쑤·상하이 일대의 반도체 기업들은 파운드리와 패키징 기술을 빠르게 흡수하며 격차를 줄였다.

여기에 화웨이가 자국산 반도체를 탑재한 스마트폰을 내놓으며 "미국의 제재에도 굴하지 않는다"는 상징적 메시지를 던졌다. 청두가오전 사건은 그 상징의 이면에서 진행된 현실적 실행이었다. 중국은 국제 제재와 미국의 압박에도 멈추지 않았고, 오히려 불법과 합법의 경계를 넘나들며 속도를 높였다.

삼성 내부에서도 충격은 컸다. 반도체 초격차를 지탱하는 것은 공정 하나하나의 기술이 아니라, 수십 년간 축적된 운영과 관리의 노하우였다. 그러나 청두가오전 사건을 통해 그 축적된 지식조차 유출될 수 있다는 사실이 확인됐다. 특히 한국에서 양성된 엔지니어들이 중국의 자본에 매료되어 기술을 넘기는 과정은, 단순한 인재 유출을 넘어 국가적 문제로 확대됐다.

삼성 입장에서는 내부 결속과 보안 시스템 강화가 절실해졌다. 이재용 회장은 "기술은 목숨"이라는 말을 반복하며 임직원들에게 경각심을 불어넣었고, 보안 부서와 연구개발 부문은 과거보다 훨씬 촘촘한 관리 체계를 마련하기 시작했다.

문제는 중국의 도전이 단순한 기술 유출 사건 하나로 끝나지 않는다는 점이다. 국가가 직접 나서 산업을 육성하고, 불법까지 감수하면서 성장하려는 집요함은 결국 성과를 만들어낸다. 중국은 여전히 EUV 노광장비를 확보하지 못했지만, 기존 DUV 장비를 개조해 7나노 반도체를 양산해냈다는 소식은 글로벌 시장을 뒤흔들었다. 화웨이의 '메이트 60 프로'가 중국산 7나노 칩을 탑재하고 등장했을 때, 세계는 충격과 경계의 눈빛으로 중국을 바라봤다. 제재로 고립될 것이라 여겼던 중국이 스스로 기술의 벽을 넘어선 장면이었다.

청두가오전 사건은 한국 사회에도 묵직한 질문을 던졌다. "삼성의 초격차는 얼마나 안전한가?"라는 물음은 단순한 수사가 아니었다. 일본의 소재 규제, 미국의 반도체 법, 중국의 기술 절취까지 이어지는 외부의 압박은 삼성이라는 제국의 성벽을 사방에서 흔들고 있었다. 삼성은 여전히 세계 최고의 메모리 반도체 기업이었지만, 기술과 인재를 둘러싼 전쟁은 더 이상 일방적 우위로 진행되지 않았다. 내부적으로는 인재를 지키기 위한 처우 개선과 보안 강화가 시급했고, 외부적으로는 동맹과 협력을 통해 기술 생태계를 공고히 해야 했다.

중국의 집요한 추격은 삼성에게 위기이자 기회였다. 삼성은 이를 계기로 기술 혁신의 속도를 더 끌어올리고, 글로벌 동맹을 통해 견고한 성벽을 다시 세워야 했다. 반도체 초격차라는 말은 이제 구호가 아니라, 생존을 위해 매일 새롭게 써야 하는 문장이 되었다. 청두가오전 사건은 경고였지만 동시에 하나의 촉매였다. 삼성이 위기의식을 현실로 받아들이는 순간, 새로운 전략이 태어날 수 있었다.

이제 삼성의 싸움은 기술력만으로는 설명되지 않는다. 중국은 값싼 자본과 거대한 내수, 그리고 국가 권력을 등에 업고 달려오고 있다. 삼성이 맞서야 할 전장은 공정 기술만이 아니라, 글로벌 정치와 경제 질서 전체다. 청두가오전이라는 이름은 사라질지 몰라도, 그 사건이 던진 메시지는 여전히 현재진행형이다. 중국은 포기하지 않는다. 그리고 삼성은 멈출 수 없다. 이 두 거인의 집요한 싸움은 반도체라는 작은 칩 속에 담긴 세계 패권의 이야기이기도 했다.

46

기술 유출 스캔들, 삼성의 피로도

내부 관리의 허점, 글로벌 경쟁의 그늘

삼성의 이름은 초격차 기술과 글로벌 시장 지배력의 상징으로 불려왔지만, 그 영광 뒤편에는 늘 그림자가 드리워져 있었다. 반도체부터 스마트폰까지, 한 치의 틈도 허용하지 않는 무대에서 삼성은 언제나 추격과 방어, 공격과 혁신을 동시에 수행해야 했다. 그러나 시간이 흐르면서 내부의 균열이 드러나기 시작했다.

그리고 그 균열은 기술 유출이라는 치명적인 사건들을 통해 현실로 표출되었다. 삼성의 기술 유출 스캔들은 단순히 몇몇 개인의 일탈이 아니라, 제국의 피로도가 임계점에 다다랐음을 보여주는 신호탄이었다.

대표적인 사건 중 하나는 중국 반도체 기업을 위해 핵심 기술을 빼돌린 전직 임원의 사건이었다. 검찰 수사 결과, 삼성의 최첨단 파운드리 공정과 패키징 기술이 외부로 흘러나간 사실이 드러났고, 이는 국가 차원의 산업기술보호법 위반으로 기소되었다.

혐의자들은 수십억 원의 뒷돈과 파격적인 처우를 조건으로 기술

자료를 넘겼고, 일부는 해외 법인으로 빼돌려 복제 생산라인 구축에 직접 활용하려 했다. 청두가오전 사건으로 알려진 이 기술 유출 파문은 삼성 내부에 충격을 안겼다. 회사의 생명줄이라 할 수 있는 핵심 기술이 돈과 유혹 앞에서 너무 쉽게 흔들렸다는 사실이 드러났기 때문이다.

삼성 내부의 피로도는 이 지점에서 선명하게 드러났다. 임직원들은 '끝없는 초격차'를 요구받으며 하루 12시간이 넘는 근무와 반복되는 야근, 그리고 정년보다 빠른 소모를 당연하게 받아들여야 했다. 이런 구조 속에서 일부 엔지니어들은 회사와의 관계를 충성으로 유지하기보다, 외부의 더 나은 대우와 미래를 선택하는 방향으로 기울었다. 글로벌 경쟁자들이 막대한 자금으로 인재를 빼내려는 상황에서, 삼성의 조직 문화와 처우는 지친 인재들을 지켜내기에는 역부족이었다. 피로한 제국은 외부의 유혹에 더욱 취약했다.

문제는 사건이 반복될수록 신뢰가 무너진다는 점이었다. 기술 유출 사건은 단발성 사건으로 끝나지 않았다. 수년 사이 여러 차례의 유사한 스캔들이 터졌고, 그때마다 삼성은 보안 시스템을 강화하겠다고 선언했지만, 근본적인 해결은 이루어지지 않았다. 오히려 "왜 이렇게 반복되느냐?"는 사회적 의문이 더 커졌다. 삼성의 기술은 세계 최고지만, 내부 관리와 조직 문화는 세계 최고가 아니라는 지적이 나왔다. 그리고 이 괴리야말로 삼성의 가장 큰 피로도를 상징했다.

이재용 회장이 강조한 '초격차 기술'의 유지는, 결국 내부의 결속

없이는 불가능한 일이었다. 그러나 조직 안에서 피로가 누적될수록 보안망은 허술해졌다. 한편에서는 국가와 사회가 삼성의 보안을 국가안보 차원에서 다뤄야 한다는 목소리도 나왔다. 미국이 반도체를 전략물자로 규정하고 보안 관리 체계를 군사 작전 수준으로 끌어올리는 것처럼, 한국 역시 삼성을 단순한 기업이 아니라 국가안보 인프라로 다뤄야 한다는 주장이다.

글로벌 경쟁의 그늘 속에서 기술 유출은 피할 수 없는 전쟁의 일부가 되었다. 중국은 자국의 굴기를 위해 합법과 불법의 경계를 가리지 않았고, 미국과 일본도 인재 전쟁을 통해 한국의 엔지니어들을 끌어들이려 했다. 이 속에서 삼성은 '기술 보호'라는 새로운 전장을 마주하게 된 것이다. 초격차 기술은 외부의 공격으로만 무너지지 않는다. 내부의 피로와 균열이 외부의 손길과 맞물릴 때, 초격차는 순식간에 무너질 수 있다.

삼성의 기술 유출 스캔들은 그래서 단순한 범죄 뉴스가 아니었다. 그것은 제국이 얼마나 지쳐 있는지, 그리고 그 피로가 얼마나 위험한 결과를 낳을 수 있는지를 보여주는 거울이었다. 삼성이 다시 반등하고 제2의 전성기를 꿈꾸려면, 먼저 내부의 피로를 다스리고 신뢰를 복원해야 한다. 기술을 지켜내는 일은 신의 한 수 같은 전략보다도, 하루하루의 조직 운영과 문화 개선에서 출발한다는 사실을 이제 삼성 스스로 인정해야 한다.

지금 삼성은 여전히 세계 최고 기술력을 보유한 기업이다. 그러나 기술 유출 스캔들이 남긴 교훈은 명확하다. 초격차를 유지하는 것은 기술 그 자체보다도, 그것을 지켜낼 수 있는 인간과 문화, 그리고 시스템이다. 지쳐 있는 제국은 오래 버티지 못한다. 삼성의 피로도를 치유하는 과정이야말로, 앞으로의 반도체 전쟁에서 승리하기 위한 가장 중요한 조건이다.

47

닫히는 세계화, 한국의 시련

보호무역주의와 지정학, 삼성의 발목을 잡다

삼성전자가 세계 초일류 기업으로 자리 잡을 수 있었던 배경에는 개방된 세계화의 흐름이 있었다. 자유무역을 기치로 내건 글로벌 공급망은 삼성의 반도체와 스마트폰이 지구 반대편까지 순식간에 퍼져나가게 만들었고, 값싼 인력과 안정된 부품 조달은 초격차를 가능하게 하는 토대였다.

그러나 시대가 바뀌었다. 팬데믹 이후 글로벌 공급망이 흔들리고, 미·중 갈등이 전면화되면서 세계화는 닫히기 시작했다. 그 과정에서 삼성은 가장 먼저, 가장 크게 타격을 입은 한국 기업이었다.

미국은 반도체를 전략 무기로 정의했다. 바이든 행정부는 'CHIPS and Science Act'를 통해 자국 내 반도체 생산을 장려하며, 해외 기업들에게 보조금을 미끼로 제공하는 대신 중국 내 생산 확대를 제한하는 '가드레일 조항'을 강제했다.

삼성은 텍사스 테일러에 20조 원 규모의 반도체 공장을 세우며 미국의 요구에 응답했지만, 동시에 중국 시안 공장의 확대는 원천적으로 제약을 받게 되었다. 미국과 중국 사이에서 줄타기해야 하는 한국 기업의 숙명이 노골적으로 드러난 장면이었다. 삼성은 미국에서 보조금을 받는 대가로 중국에서의 자유를 잃었다.

중국 역시 물러서지 않았다. 시진핑은 반도체 자립을 '굴기'의 핵심으로 삼으며 수천억 달러의 자금을 퍼부었고, 기술 유출과 인재 스카우트로 격차를 줄이려 했다. 삼성 입장에서 중국은 거대한 시장이자 위협이었다. 반도체 메모리 최대 수요처이면서 동시에 경쟁자로 부상한 중국을 상대로 삼성은 웃으며 거래해야 했고, 동시에 보안을 강화하며 거리를 두어야 했다. 이 모순은 곧 피로로 이어졌다.

유럽도 다르지 않았다. EU는 '유럽 반도체 법'을 통과시키며 반도체 생산기지를 유럽 내에 확보하려는 움직임을 본격화했다. 독일, 네덜란드, 프랑스가 앞다투어 미국·일본·한국 기업들을 불러들이며 자국 중심의 공급망을 재편하려 했다. 삼성은 독일 공조기업 플렉트 인수를 통해 ESG와 AI 기반 인프라를 확보하려는 행보를 보였지만, 그 이면에는 유럽 시장에 뿌리내리려는 절박한 전략이 숨어 있었다. 세계화의 문이 닫히는 순간, 각 국가는 자기 영토 안에서만 기업을 허용했고, 삼성은 그 새로운 국경에 맞춰 자본과 기술을 분산 투자해야 했다.

한국 정부와 사회도 긴장했다. '삼성 없는 한국 경제'를 상상할 수 없다는 말은 이제 위협으로 다가왔다. 세계 시장이 열려 있을 때는 삼성의 글로벌 확장이 곧 국가의 성장으로 이어졌지만, 보호무역주의가 확산되면서 삼성의 자유로운 확장은 더 이상 보장되지 않았다.

삼성전자가 미국·중국·유럽 어디에 줄을 서느냐에 따라 한국 전체의 경제 지형이 흔들릴 수 있는 구조가 되었다. 이재용이 직접 워싱턴과 베이징, 브뤼셀을 오가며 글로벌 CEO와 정치 지도자들을 만나는 것은 기술이나 사업의 문제가 아니었다. 그것은 닫히는 세계화 속에서 한국이라는 국가가 살아남기 위한 외교의 연장이었다. 삼성의 보폭은 더 커졌지만, 동시에 더 위태로워졌다.

보호무역주의와 지정학이 교차하는 이 무대에서 삼성은 선택을 강요받는다. 미국의 압박을 받아들이면 중국 시장을 잃고, 중국과 협력하면 미국의 보조금과 기술 지원을 놓친다. 유럽에 투자하면 유럽의 정치 리스크를 짊어져야 한다. 과거에는 기술력만으로 승부가 가능했다면, 이제는 정치와 외교, 국제질서라는 더 복잡한 변수들이 삼성의 경영 판에 얽혀 있다. 닫히는 세계화는 삼성의 발목을 잡는 동시에 새로운 질문을 던졌다. 초격차 기술을 외치던 삼성은 이제 초격차 외교와 초격차 전략을 준비해야 했다. 기술 제국으로서의 위상을 지키려면, 국가와의 협력뿐 아니라 정치적 리스크 관리 능력까지 갖추어야 한다는 사실이 명백해졌다.

한국의 시련은 삼성의 시련이었다. 그리고 삼성의 위기는 한국의 위기였다. 세계화가 닫히는 순간, 삼성이 느끼는 피로와 긴장은 곧 한국 사회 전체가 감내해야 하는 부담으로 변모했다. 삼성은 여전히 초격차를 향해 달리고 있지만, 이제 그 길은 칩 위의 전쟁터만이 아니라, 세계 질서라는 거대한 체스판 위에서 펼쳐지고 있다.

48

엔비디아·애플·TSMC, 동맹의 역학 구도

초강대 동맹에 맞서야 하는 삼성의 처지

세계 반도체 판도는 더 이상 개별 기업의 경쟁으로만 설명되지 않는다. 지금은 '초강대 동맹'의 시대다. 애플은 TSMC와 절대적 동맹을 맺었고, 엔비디아 역시 GPU 생산의 심장을 대만에 의존한다. 이들 기업은 단순한 고객과 공급자의 관계를 넘어선다. 파운드리와 팹리스, 장비업체와 소재 기업까지 얽힌 거대한 생태계는 마치 국가 연합처럼 움직인다.

이런 상황에서 삼성은 외롭게 고군분투하는 제국처럼 보이기도 했다. 글로벌 패권을 쥔 이들의 단단한 네트워크에 맞서, 삼성은 어떻게 균열을 만들고 생존의 돌파구를 찾을 것인가.

엔비디아의 선택은 이 구도를 상징적으로 보여준다. GPU 시장을 지배하는 엔비디아는 AI 붐 속에서 폭발적인 수요를 끌어안았지만, 생산을 전적으로 TSMC에 맡기며 공급망 리스크를 떠안았다. TSMC의 파운드리 능력은 압도적이었으나, 지정학적 불안이라는 변수가 존재했다. 중국과 대만의 긴장이 고조될 때마다, 엔비디아의 주가는 흔들렸고, 미국 의회에서는 "TSMC 리스크"가 회자되었다.

이때 삼성은 대체 파운드리로서의 존재감을 어필하며 엔비디아와 손을 잡으려 했다. 실제로 삼성의 최신 HBM 메모리를 엔비디아가 테스트한다는 소식은 시장에 강력한 신호를 보냈다. TSMC 일극 체제 속에서 삼성이 균열을 만들 수 있는 드문 순간이었다.

애플과 삼성의 관계는 더 복잡하다. 스마트폰 시장에서는 적대자였지만, 공급망에서는 떼려야 뗄 수 없는 협력자였다. 최근 삼성전자가 차세대 아이폰과 맥북에 들어가는 이미지 센서를 공급하기로 한 계약은 충격적인 반전이었다. 수년간 소니가 독점하던 영역에 삼성이 다시금 발을 들인 것이다. 애플 입장에서는 일본 의존도를 줄이는 동시에, 삼성의 센서 기술력을 활용할 수 있었다. 삼성은 이 계약을 통해 단순한 하드웨어 경쟁을 넘어, 애플의 심장에 다시 한 번 자신들의 이름을 새겼다. 적이자 협력자라는 이중적 위치는 삼성에게 모순이지만 동시에 기회였다.

퀄컴과의 관계도 주목된다. 퀄컴은 전 세계 스마트폰용 AP 시장을 장악한 팹리스 기업으로, 오랫동안 TSMC에 의존해왔다. 그러나 최근 퀄컴이 삼성의 파운드리 라인에서 일부 생산을 재개할 수 있다는 전망이 흘러나왔다. 이는 단순한 생산 계약이 아니라, 글로벌 공급망의 균형을 재편할 수 있는 가능성을 의미했다.

퀄컴이 미국 내 반도체 현지화를 추진하는 과정에서 삼성의 텍사스 테일러 공장이 중요한 옵션으로 떠올랐고, 미국 정부 역시 이를 반겼다. 미국의 반도체 자급 전략 속에서 삼성은 더 이상 외국 기업이 아니라 현지 파트너로 인식되기 시작했다.

여기에 일본의 변수도 있다. 일본은 한때 반도체 강국이었으나, 지금은 소재와 장비 중심으로 강점을 가진 나라로 변했다. 삼성은 이 점을 활용해 요코하마에 2,500억 원 규모의 패키징 연구소를 세웠다. 이는 단순한 연구소가 아니라, 일본 반도체 생태계를 흡수하려는 전략적 거점이었다. 일본의 본딩필름, 다이싱 장비, 표면처리 기술은 여전히 세계 최고 수준이었다. 삼성은 이들과 협력하면서 동시에 자사 파운드리와 패키징 경쟁력을 끌어올리고, TSMC의 턴키 서비스 우위를 따라잡으려 했다. 요코하마연구소는 '적진에 세운 성채'라는 표현이 어울리는 공간이었다.

과거 일본이 수출 규제로 삼성의 목을 조르던 나라였다는 점을 떠올리면, 그 역설은 더욱 드라마틱했다. 삼성의 전략은 여기서 분명해진다. 초강대 동맹의 벽을 정면으로 깨뜨리는 것은 불가능하다. 대신 균열을 찾아 들어가야 한다. TSMC의 지정학적 리스크, 애플의 다변화 욕망, 엔비디아의 수요 폭발, 퀄컴의 미국 현지화 필요성, 일본의 반도체 생태계와의 보완성. 이 각각의 틈을 엮어내는 것이 삼성의 돌파구였다.

문제는 시간이 삼성 편이 아니라는 것이다. 초강대 동맹은 이미 견고한 생태계를 구축했으며, 소비자와 투자자의 신뢰까지 장악하고 있다. 삼성은 여전히 초격차 기술과 막대한 현금, 글로벌 네트워크라는 자산을 보유하고 있지만, 피로도는 누적되고 있고 내부 문제는 여전하다. 이재용 회장이 직접 글로벌 CEO들과 만나며 밀담을 나누는 것은 그만큼 절박함이 반영된 장면이었다. 삼성의 선택은 더 이상 미룰 수 없었다.

지금 삼성은 외롭지만, 동시에 누구보다 많은 카드를 쥐고 있다. 테슬라와의 23조 원 파운드리 계약은 그 상징이었다. 애플과의 이미지 센서 계약은 양날의 검이지만 동시에 존재감을 증명했고, 퀄컴과의 협력 가능성은 미국 내 정치적 자산을 키워주었다. 요코하마연구소와 일본 업체 인수 시도는 생태계 강화의 발판이었다.

엔비디아·애플·TSMC의 철옹성 같은 동맹은 삼성에게 위기이자 기회다. 거대한 흐름은 이미 짜여 있지만, 그 틈새마다 균열은 존재한다. 삼성이 그 틈을 얼마나 빠르고 영리하게 파고드느냐에 따라 제국의 재도약은 현실이 될 수도, 또 한 번의 좌절로 끝날 수도 있다. 세계는 지금 "삼성이 어디까지 반격할 수 있는가?"라는 질문에 주목하고 있다.

기술 우위만으로 승리할 수 없는 시대

삼성은 오랫동안 기술이라는 언어로 세계와 대화해왔다. 더 빠른 반도체, 더 얇은 스마트폰, 더 선명한 디스플레이. 이 모든 성과는 '초격차'라는 단어로 집약되었고, 그 전략은 삼성의 제국적 성공을 가능케 했다. 그러나 글로벌 시장의 판은 어느 순간 기술만으로는 풀리지 않는 영역으로 이동하기 시작했다.

아이폰을 손에 쥔 MZ세대가 보여준 충성심, 에어팟을 착용한 사용자들이 자아를 확장하는 듯한 문화적 아우라, 그리고 SNS에서의 해시태그 전쟁은 기술의 성능보다 문화적 정체성과 감성적 공명을 더 중요하게 만들었다. 삼성은 바로 이 지점에서 고민에 빠졌다. 갤럭시 스마트폰이 아무리 높은 화소와 강력한 배터리를 자랑해도, 젊은 세대의 선택은 아이폰으로 향했다. 기능의 우열이 아니라, 자신이 어떤 세계에 속해 있다는 상징이 더 크게 작용했기 때문이다.

애플은 스스로를 하나의 '문화'로 포지셔닝했고, 그 문화에 동참하는 순간 소비자는 단순히 기계를 구매한 것이 아니라 하나의 라이프스타일을 구매했다고 믿게 되었다. 반면 삼성은 '기능과 성능'이라는 전통적인 무기로 싸워왔고, 그 무기만으로는 젊은 세대의 마음을 사로잡기 어려웠다. 문화 전쟁에서 뒤처졌다는 자각은 삼성이 새로운 감성 전략을 고민하게 만든 계기였다.

갤럭시 노트 시리즈의 'S펜'은 기술적으로 혁신적이었지만, 그것이 하나의 문화적 언어로 확산되지는 못했다. 반면 애플의 'AirDrop'은 기술적으로 복잡하지 않았지만, 젊은 세대가 파티와 캠퍼스에서 그것을 활용하며 '우리끼리의 문화'를 만들어냈다. 기술이 아니라 문화가 충성도를 만들어낸 사례였다. 삼성은 이제 기능을 넘어, 감성을 건드리는 무기를 필요로 했다.

삼성의 내부에서는 "우리는 왜 '삼빠 세대'를 만들지 못했는가?"라는 질문이 진지하게 오갔다. 과거 가전제품 시대에는 '삼성'이라는 이름만으로도 신뢰가 브랜드 충성도를 대체했지만, 지금의 세대는 다르다. 그들은 감성을 원하고, 정체성을 원한다. 스마트폰은 더 이상 통신 기기가 아니라 자신을 드러내는 매개체이고, 그 매개체가 어떤 이야기를 담고 있느냐가 구매를 결정한다. 삼성은 이 문법을 뒤늦게 배워가고 있다.

최근의 행보는 그 변화를 보여준다. 갤럭시24에서 선보인 온디바이스 AI 통역 기능은 기술적으로 뛰어난 성과였지만, 삼성은 그것을 단순한 기능이 아니라 "언어의 장벽을 넘어 사람을 잇는 경험"이라는 서사로 포장하려 했다. 갤럭시25의 AI 카메라는 성능을 넘

어 '표현의 자유'라는 메시지를 강조하며 틱톡 세대의 감성에 호소
했다.

갤럭시26은 엑시노스2600 칩셋을 통해 온디바이스 생성형 AI 경
험을 제공하려 하면서도, 그 기술을 "스스로 생각하는 친구 같은
기기"라는 감성적 이미지로 전달하려 하고 있다. 기술은 수단이고,
감성이 목표가 된 것이다.

하지만 감성 전쟁은 쉽지 않다. 삼성의 브랜드는 여전히 '성능,
안정성, 가격 대비 효율'이라는 이미지에 강하게 묶여 있다. 이런
이미지가 기업과 소비자 사이의 거리감을 만든다. 삼성은 지금 젊
은 세대에게 신뢰할 수 있는 기업이지만, 동시에 너무 무겁고 권위
적인 기업으로 비쳐진다. 아이폰이 가볍게 웃으며 들어가는 자리
에, 갤럭시는 여전히 무거운 존재로 남아 있는 것이다.

삼성은 이 벽을 허물기 위해 광고와 마케팅 전략을 과감하게 바
꾸고 있다. 글로벌 캠페인에서는 하드웨어 스펙 대신, 갤럭시를 쓰
는 사람들이 만들어내는 스토리를 전면에 내세운다. 예컨대 한 사
용자가 갤럭시 카메라로 기록한 여행 영상이 SNS에서 공유되고, 그
것이 또 다른 사용자의 창작물로 이어지는 흐름을 강조한다. 제품
의 성능이 아닌, 그 성능이 만들어내는 삶의 순간이 브랜드의 본질
이 된다는 접근이다.

이 과정에서 삼성이 가장 경계하는 것은 '기술 자랑의 함정'이다.

기술을 내세우면 잠시 주목을 받을 수 있지만, 오래된 언어처럼
소비자의 기억에서는 금세 퇴색된다. 반면 문화와 감성을 건드린

경험은 오래 남는다. 아이폰 사용자들이 '아이폰을 쓰는 사람들'로 하나의 집단 정체성을 형성했듯이, 갤럭시도 '갤럭시만의 세계'를 만들어야 한다. 그 세계는 기능의 집합이 아니라 감성의 네트워크여야 한다.

기술만으로는 안 된다는 사실은 이제 삼성이 가장 뼈저리게 느끼는 교훈이다. 초격차 기술은 필요조건이지만 충분조건이 아니다. 사람들은 기계보다 이야기를 소비하고, 성능보다 경험을 갈망한다. 삼성은 이제 기술 제국에서 문화 제국으로의 전환을 시도해야 하는 운명에 놓였다. 감성을 장악하지 못하는 기술은 그저 스펙일 뿐이고, 스펙은 오래가지 않는다. 반면 감성으로 기억되는 브랜드는 세대를 넘어 전승된다.

삼성의 과제는 바로 여기에 있다. 기술의 제국에서 문화의 제국으로 건너가야 한다는 요구, 그것이야말로 지금 이 시대 삼성이 맞닥뜨린 가장 어려운 전쟁이다.

TF 체제는 민첩성과 속도를 내세웠지만,
오히려 부서 간 칸막이를 강화하며 협업의 전통을 무너뜨렸고
HBM 경쟁에서 SK하이닉스에 밀린 배경이 되었다.

미래전략실 해체 이후 사라진 컨트롤타워의 공백은
의사결정의 혼선을 불러왔고, '관리의 삼성'으로
돌아가야 하느냐를 두고 내부 논쟁이 거세졌다.

창업주 이병철과 이건희 시절부터 이어진 무노조 경영은
삼성의 문화적 DNA였으나, 이제는 시대의 변화 속에서
그림자로 남아 기업 신뢰를 갉아먹었다.

반도체 백혈병 사건은 기술 제국의
화려한 겉모습 뒤에 가려진 인권의 상처를 드러내며,
ESG 압박과 맞물려 삼성의 사회적 책임을 거세게 요구하게 만들었다.

노동조합의 등장과 임직원 집단지성 실험은
새로운 갈등과 가능성을 동시에 품었고,
이제 삼성은 더 이상 일방의 리더십이 아니라
협상과 조율의 문화 속에서 길을 찾아야 하는 시대를 맞이했다.

SAMSUNG SHOCK

PART 8

내부의 균열

제국을 흔드는 조직의 그늘

TF 체제, 협업을 무너뜨리다

프로젝트 중심의 민첩성이 가져온 역효과

삼성의 조직문화는 오랫동안 '속도와 효율'이라는 두 단어로 설명됐다. 글로벌 시장의 변화에 빠르게 대응하기 위해, 삼성은 수많은 태스크포스(TF)를 만들어내며 문제 해결형 조직을 운영해왔다. TF는 전격적으로 꾸려지고, 특정 과제를 해결하면 해체되었다. 이 방식은 단기 성과를 극대화하는 데 탁월했고, 위기 상황에서는 언제나 빛을 발했다. 반도체 위기가 닥치면 '위기대응 TF'가, 갤럭시의 판매 부진이 심각해지면 '마케팅 혁신 TF'가 만들어졌다. 삼성 특유의 전격적 대응 방식은 한때 '관리의 삼성'을 넘어 '실행의 삼성'이라는 별명을 얻기도 했다.

그러나 시간이 흐르면서 이 민첩성이 역효과를 내기 시작했다. TF는 항상 '특수부대'처럼 투입됐지만, 상시적 조직문화와 협업을 해체하는 부작용을 낳았다. 연구개발 부문에서는 기존 라인의 엔지니어들이 소외감을 느꼈고, 영업·마케팅 부문은 TF가 모든 권한을 독점하면서 오히려 장기적 전략 수립이 어려워졌다. TF가 끝나고 해체되면 그 과정에서 축적된 지식과 경험이 조직 전체로 확산되지 못한 채 흩어졌다. 민첩함은 남았지만, 협업과 지식 공유는 무너진 것이다.

이 구조적 문제가 가장 치명적으로 드러난 분야가 바로 HBM(고대역폭 메모리) 시장이었다. AI 시대가 열리면서 HBM은 GPU와 결합해 AI 연산 성능을 좌우하는 핵심 부품이 되었다. 엔비디아의 H100 GPU와 SK하이닉스의 HBM3는 하나의 패키지처럼 불리며 업계를 장악했다. 삼성이 메모리 제국의 주인이었음에도 불구하고, HBM 전쟁에서 SK하이닉스에 밀린 이유는 단순히 기술 격차 때문이 아니었다. 그것은 조직 문화와 협업 구조의 문제였다.

하이닉스는 HBM 개발 초기부터 고객사인 엔비디아와 밀착해 움직였다. 공동 개발 TF가 아니라, 사실상 장기적 파트너십을 맺고 문제를 하나씩 해결하는 방식이었다. 패키징 과정에서의 발열 문제, 대량 생산 시의 수율 저하 같은 난제들을 엔비디아와 함께 풀어나갔다.

반면 삼성은 내부적으로 여러 TF를 가동했지만, 이 TF들은 문제 해결에 집중할 뿐 고객사와의 긴밀한 공생 구조를 만들어내지 못했다. TF 체제의 민첩성은 위기를 빠르게 진화하는 데는 유리했지만, 장기적 협업과 신뢰 구축에는 치명적인 약점이었던 셈이다. 더구나 삼성 내부의 TF는 각 부문이 독자적으로 꾸려지는 경우가 많았다. 반도체 설계팀, 패키징팀, 테스트팀이 따로 움직였고, 최종 단계에서야 조율이 이뤄졌다. 이 과정에서 문제가 발견되면 다시 새로운 TF가 만들어져 문제를 땜질하곤 했다.

반면 하이닉스는 고객과 함께 초기 단계부터 패키징과 생산까지 하나의 긴 호흡으로 진행했기 때문에 문제 해결 속도는 느려 보여도 결과적으로 더 안정적이었다. 삼성은 더 많은 자원과 인력을 투입했지만, 정작 시장에 내놓을 때는 수율과 신뢰성에서 뒤처질 수밖에 없었다.

이재용은 HBM 전쟁에서의 패배를 뼈아프게 받아들였다. 메모리 초격차 전략을 외치던 삼성이, 차세대 메모리의 주인공 자리에서 밀려난 것은 기술적 실패만이 아니라 조직 문화의 실패였다. 내부에서는 "우리는 TF로 위기를 극복할 수 있어도, 미래를 준비할 수는 없다"는 자조적인 목소리가 나왔다. TF 체제는 불을 끄는 데는 유용했지만, 불이 나지 않도록 집을 설계하는 데는 무력했다.

HBM 패배의 교훈은 삼성 내부에 커다란 흔적을 남겼다. 초격차를 유지하려면 더 이상 '빠른 대처'만으로는 부족했다. 고객과의 신뢰를 기반으로 한 장기적 파트너십, 연구개발과 생산이 긴밀히 얽인 협업 구조, 그리고 조직 전반에 지식이 공유되는 시스템이 필요했다. 삼성은 이제 TF를 줄이고 상시적 협업과 플랫폼형 연구개발 체제를 강화하는 쪽으로 방향을 돌리려 하고 있다.

그러나 변화는 쉽지 않다. 삼성의 DNA에는 여전히 '속도와 효율'이라는 단어가 깊게 새겨져 있다. TF를 포기한다는 것은 곧 삼성 특유의 기동성을 포기하는 것이기도 했다. 하지만 시대는 달라졌다. 이제는 고객과 시장이 단발적 성과가 아니라 지속적 신뢰를 요구한다. HBM에서의 패배는 그 요구를 무시했을 때 어떤 대가를 치러야 하는지 보여주는 상징적 사건이었다.

삼성은 여전히 세계 메모리 시장의 절대 강자다. 하지만 AI 시대가 열리면서, 메모리의 가치는 단순한 저장 공간이 아니라 연산 능력의 핵심으로 바뀌었다. 이 거대한 변화 앞에서 TF 체제는 한계를 드러냈다. 협업의 무너짐이 기술 초격차를 위태롭게 만들었고, 그 결과 하이닉스가 새로운 주인공으로 떠올랐다. 삼성 내부의 피로도와 불안은 이 지점에서 고스란히 드러났다.

HBM 전쟁의 패배는 종착점이 아니라, 새로운 출발점이다. 삼성은 이제 TF 체제를 넘어서는 새로운 협업 모델을 찾아야 한다. 기술만큼이나 중요한 것은 사람과 조직을 어떻게 묶어내느냐였다. 협업이 무너진 자리에 다시 결속을 세우지 못한다면, 초격차라는 구호는 공허한 메아리로 끝날 수밖에 없다. TF는 불을 끄는 소방대였지만, 이제는 미래를 짓는 건축가가 필요하다. 삼성의 고민은 바로 여기서 시작되고 있었다.

미래전략실 부활론과 '관리의 삼성'

컨트롤타워의 부활 논쟁, 관리냐 혁신이냐?

삼성의 조직도를 이야기할 때, 빠질 수 없는 이름이 있었다. 바로 '미래전략실'이다. 2017년 국정농단 사태의 직격탄을 맞고 해체된 이 조직은 한때 삼성을 움직이는 심장으로 불렸다. 총수 일가의 의중을 전달하고, 계열사 간 이해를 조율하며, 위기 대응의 최전선에 서 있던 그 조직은 외부에서는 '그림자 권력'으로, 내부에서는 '컨트롤타워'로 불렸다.

그 부활 여부를 둘러싼 논쟁이 지금 다시 한국 사회와 삼성 내부에서 고개를 들고 있다. 관리의 시대가 다시 필요한 것인가, 아니면 혁신의 시대를 향한 또 다른 길을 가야 하는가. 삼성이 글로벌 무대에서 흔들릴 때마다, 사람들은 "미래전략실이 있었다면 이렇게 방황하지는 않았을 것"이라고 말했다. 최근 몇 년간의 흐름은 그 회한을 더 깊게 만들었다. HBM에서의 뒤처짐, 파운드리 점유율에서 TSMC에 밀린 현실, 그리고 내부 TF 체제의 비효율은 삼성의 협업 체계가 얼마나 약해져 있는지를 드러냈다.

각각의 사업부가 제각기 방향을 잡고 뛰어들지만, 그 사이에서 시너지는 사라지고 중복 투자는 늘어났다. 이럴 때 과거 미래전략실 같은 컨트롤타워가 있었다면, 사업부 간 충돌을 막고 자원을 효율적으로 배분하며 장기 전략을 끌어가는 역할을 할 수 있었을 것이라는 주장이 힘을 얻었다.

그러나 미래전략실은 빛과 그림자가 교차하는 조직이었다. 분명히 위기 대응과 조정 능력에서는 탁월했지만, 동시에 권력 집중과 불투명성이라는 비판을 받았다. 이 조직은 이재용 회장의 최측근들이 모여 그룹의 중장기 전략을 짜고, 때로는 국가 정책과도 얽히며 한국 사회 전체에 영향을 끼쳤다. 국정농단 사건에서 그 이름이 등장했을 때, 많은 이들이 "삼성은 단지 기업이 아니라 국가 권력과 같은 존재"라는 사실을 실감했다. 이 사건 이후 삼성은 미래전략실을 해체하며 투명성과 독립 경영을 강조했지만, 그 공백은 시간이 지날수록 더 뚜렷하게 드러났다.

HBM 패배와 같은 기술 전쟁에서의 뒤처짐, 신사업 투자에서의 주저, 글로벌 M&A에서 잃어버린 시간 등은 모두 컨트롤타워 부재의 결과로 해석되곤 한다. 삼성 내부의 일부 임원들은 "총수가 직접 모든 글로벌 CEO를 만나러 다니는 구조는 지속 가능하지 않다"라고 말한다.

이재용이 미국과 유럽, 일본과 중동을 쉼 없이 오가며 각국 정상과 기업 총수를 만나지만, 총수의 몸과 시간이 한정된 이상 모든 영역을 커버하기는 불가능하다. 총수가 아닌 집단적 전략기구가 있어야 한다는 논리가 바로 여기서 나온다.

하지만 반대편의 논리도 만만치 않다. 미래전략실의 부활은 곧 과거의 방식으로 회귀하는 것이라는 지적이다. 시대는 변했다. 초연결 사회, AI 혁명, ESG 경영 등 새로운 패러다임은 과거와 같은 소수 엘리트 중심의 의사결정 구조와 맞지 않는다. 혁신은 관리보다 속도와 실험에서 나오고, 새로운 길은 권력 집중이 아니라 집단 지성에서 나온다.

삼성 내부에서도 "우리는 관리의 삼성이 아니라, 혁신의 삼성이 되어야 한다"라는 목소리가 점점 커지고 있다. TF 체제의 실패가 협업 부재에서 비롯된 것이라면, 미래전략실 같은 컨트롤타워가 아니라 오히려 각 부문 간 유기적 연결을 제도화하는 방식이 필요하다는 것이다.

이재용 스스로도 딜레마에 빠져 있다. 아버지 이건희는 '관리의 삼성'을 통해 제국을 구축했다. "마누라와 자식 빼고 다 바꾸라"는 신경영 선언은 사실상 미래전략실의 철학으로 구체화됐다. 그러나 아들은 글로벌 네트워크형 리더십을 추구하고 있다.

개별 현장에서 직접 CEO를 만나고, 국제 정치의 흐름 속에서 회사를 위치시키려는 방식은 이건희의 제국적 통치와는 다르다. 그는 '컨트롤타워'라는 단어 대신 '초격차', '초연결', '지속가능' 같은 새로운 언어를 사용한다. 그럼에도 불구하고, 삼성의 방대한 조직과 복잡한 글로벌 사업을 고려하면, 관리 기능을 재건하지 않을 수 없다는 압박이 커지고 있다.

컨트롤타워 부활 논의는 결국 삼성의 정체성 논쟁이기도 하다. 삼성은 여전히 세계 시장에서 초격차를 외치지만, 내부에서는 협업 부재와 관리 공백으로 위기를 겪고 있다. 미래전략실을 되살린다면 효율성과 속도를 되찾을 수 있지만, 동시에 권력 집중이라는 과거의 그림자와 마주해야 한다.

부활하지 않는다면, 혁신을 조직 문화로 뿌리내려야 하는 어려운 길을 가야 한다. 어느 쪽을 선택하든, 삼성은 과거의 영광과 미래의 요구 사이에서 다시 한 번 길을 찾아야 한다.

이 논쟁은 단지 삼성만의 문제가 아니다. 한국 사회 전체가 주목하고 있다. 삼성의 전략은 곧 한국 경제의 전략과 직결되기 때문이다. 관리냐 혁신이냐의 문제는 곧 한국 경제가 어떤 길을 갈 것인가라는 질문과도 겹친다. 미래전략실의 부활론은 그래서 기업 내부의 문제가 아니라, 국가적 담론으로까지 확장된다. 관리의 삼성과 혁신의 삼성 사이, 그 줄다리기는 아직 끝나지 않았다.

51

무노조 경영, 남겨진 어두운 유산

삼성 문화의 뿌리 깊은 그림자

삼성의 무노조 경영은 이병철 창업주 시절부터 뿌리를 내렸다. 그는 한국 사회가 아직 산업화 초기에 있던 1960년대, 노동조합을 생산성과 안정성을 위협하는 존재로 규정했다.

당시 이병철은 "노조는 경영을 방해하는 집단"이라 공공연히 말했고, 삼성은 기업 내 어떤 형태의 노동조합도 허용하지 않는다는 원칙을 굳게 세웠다. 이는 단순한 경영 방침을 넘어 그룹 전체의 정체성으로 자리 잡았다. '노조가 없는 삼성'은 곧 '불안정하지 않은 삼성'이라는 공식처럼 여겨졌다.

이병철이 세운 이 원칙은 이건희 시대로 이어졌다. 선대 회장은 '초일류'라는 기치를 내걸고 글로벌 시장에서 승부를 걸었지만, 무노조 경영만큼은 바꾸지 않았다. 1990년대 신경영 선언으로 경영 혁신을 밀어붙이던 시기에도, 노조를 허용하지 않는 원칙은 철저히 지켜졌다. 그는 협상의 번거로움보다 속도와 효율을 중시했고, 그 속도전이 글로벌 경쟁에서 초격차를 만드는 원동력이라 믿었다. 내부의 불만과 갈등은 금전적 보상이나 개인적 성과 관리로 눌렀고, 조직의 결속은 상명하복의 질서로 다졌다.

그러나 이 무노조 원칙은 시간이 갈수록 그림자를 짙게 드리웠다. 삼성은 공식적으로 '노조 없는 경영'을 자랑했지만, 그 과정에서 노조 설립을 막기 위해 은밀한 감시와 탄압이 이뤄졌다는 사실이 드러났다. 특히 2000년대 이후 삼성전자서비스 노동조합 설립을 둘러싼 갈등에서, 회사 차원의 조직적인 와해 공작 문건이 공개되며 사회적 충격을 안겼다. 이는 단지 기업의 문제가 아니라, 한국 사회 전체에 '삼성 무노조 경영'이라는 상징적 그림자를 남겼다.

무노조 경영은 분명히 삼성의 성장과 초격차 전략을 떠받친 측면이 있었다. 위기의 순간에도 파업이나 협상에 시간을 허비하지 않았고, 전 직원이 '한 몸처럼' 움직일 수 있었다. 그러나 그것은 자발적 결속이 아니라 강제된 침묵 위에 세워진 것이었다. 창의성과 다양성이 중요한 시대가 오자, 무노조 체제는 오히려 혁신의 걸림돌로 작용하기 시작했다.

이재용 회장이 2020년 "더 이상 무노조 경영을 하지 않겠다"고 선언한 것은, 단지 시대적 압력에 굴복한 발언이 아니었다. 그것은 창업주 이병철과 선대 이건희가 남긴 '어두운 유산'을 스스로 청산하겠다는 선언이었다. 그러나 수십 년간 뿌리내린 문화는 하루아침에 사라지지 않는다. 여전히 삼성 내부에서는 노조 활동에 대한 암묵적 견제와 거리감이 존재하고, 무노조 체제의 잔재는 기업의 문화적 유연성을 억누르는 보이지 않는 족쇄로 남아 있다.

무노조 경영은 삼성의 성공을 만든 자산이자 동시에 풀어야 할 숙제였다. 초일류 기업으로 거듭나려면, 이제 기술의 초격차뿐 아니라 문화적 초격차도 필요하다. 그리고 그 시작은, 어두운 유산을 인정하고 그것을 투명하게 청산하는 데 있다.

52

반도체 백혈병 논란, 기업의 그림자

기술 제국이 남긴 인권의 상처

삼성 반도체는 대한민국을 세계 최강 반도체 국가로 끌어올린 엔진이었다. 1980년대 기흥의 1라인에서 시작해 세계 시장을 지배하는 초격차 기술로 성장하기까지, 삼성 반도체 신화의 뒷면에는 수많은 청춘들의 노동이 있었다. 그러나 그 노동의 기록은 언제나 영광만으로 채워진 것이 아니었다. 깨끗한 반도체를 만들기 위해 오염된 물질과 독성 화학물질을 다루어야 했고, 무결점의 칩을 위해 노동자의 몸은 서서히 손상되어 갔다. 그 상처가 사회적으로 드러난 이름이 바로 '반도체 백혈병 논란'이었다.

2007년, 고(故) 황유미 씨의 죽음은 이 어두운 진실을 세상 밖으로 끌어냈다. 삼성전자 기흥공장에서 일하던 그녀는 스물세 살이라는 젊은 나이에 급성 백혈병으로 세상을 떠났다. 유가족은 "삼성의 반도체 라인에서 일한 것이 병의 원인"이라고 주장했고, 이 사건은 '반올림(반도체 노동자의 건강과 인권지킴이)'이라는 시민단체를 중심으로 사회적 논란으로 번졌다.

그때까지 한국 사회는 반도체를 국가의 자랑으로만 기억했었다. 그러나 이제는 그 자랑이 누군가의 피와 눈물 위에서 쌓인 것이 아니냐는 질문이 제기되기 시작했다.

삼성은 처음에는 강하게 반발했다. 공정에 사용되는 화학물질은 관리 기준에 부합하며, 노동 환경이 질병의 직접 원인이 될 수 없다는 것이 회사의 입장이었다. 그러나 이후 수많은 전·현직 반도체 노동자들이 백혈병, 뇌종양, 희귀질환 등으로 투병하거나 목숨을 잃었다는 사실이 드러났다. 피해자들의 가족은 눈물을 머금고 언론 앞에 섰고, '세계 일류 기업'의 화려한 이미지와는 전혀 다른 현실이 사회적 공분을 일으켰다.

이 사건은 한국 사회에서 기업과 인권, 기술 발전과 노동자의 권리가 어떻게 충돌하는지를 보여주는 거울이었다. 백혈병 판정을 받은 노동자 중에는 불과 십대 후반에 입사해 몇 년 만에 병을 얻은 이들도 있었다.

여성 근로자들은 반도체 생산라인에서 화학물질에 노출된 뒤 불임이나 유산을 겪기도 했다. 첨단 기술의 이면에서 사람들의 삶이 무너지고 있었지만, 오랫동안 그것은 공론화되지 않았다. 세계 시장에서 승리를 자랑하던 삼성조차 내부의 고통을 정면으로 마주하려 하지 않았다.

논란은 법정으로 이어졌다. 산업재해 인정을 요구하는 소송이 줄을 이었고, 법원은 일부 사례에서 노동환경과 질병 사이의 인과관계를 인정했다. 그러나 국가기관과 삼성의 대응은 더뎠다. 피해자들은 수십 차례 시위와 농성을 이어가며 "삼성은 사과하라"는 구호를 외쳤다. 사회는 분열했다. 한편에서는 삼성의 성과를 지켜야 한다는 목소리가, 다른 한편에서는 피해자의 권리를 존중해야 한다는 목소리가 맞섰다. 이 갈등은 기술 제국이 지닌 '양날의 검'을 드러내는 상징이었다.

2018년, 사건은 큰 전환점을 맞았다. 이재용 부회장이 경영 공백 상태에 있던 시기, 삼성은 피해자들과의 협상을 통해 공식 사과를 발표했다. 김기남 당시 삼성전자 대표이사는 기자회견에서 "삼성은 반도체와 LCD 사업과 관련해 발생한 질병으로 고통받은 분들과 가족들에게 진심으로 사과드립니다"라고 고개를 숙였다. 그리고 보상 기금 조성과 재발 방지책 마련을 약속했다. 11년 만의 사과였다. 한국 사회는 이를 두고 '늦었지만 필요한 순간'이라 평가했으나, 동시에 그동안의 침묵과 외면이 더 큰 상처를 남겼다는 비판도 피할 수 없었다.

사과 이후에도 문제는 끝나지 않았다. 보상 범위와 절차, 질병과 노동환경의 인과관계를 어떻게 규명할 것인가에 대한 논란은 여전히 이어지고 있다. 반도체 산업 특성상 사용하는 화학물질의 종류가 수백 가지에 이르고, 노출 경로와 영향을 명확히 규명하는 것이 쉽지 않기 때문이다. 그럼에도 불구하고 이 사건은 삼성이 '기술 제국'으로서 짊어진 도덕적 책임을 일깨우는 계기가 되었다.

반도체 백혈병 논란은 한 기업의 문제가 아니라, 산업화 시대를 넘어 첨단 기술 시대로 들어선 한국 사회 전체의 문제였다. 기술 발전의 속도가 노동자의 안전보다 앞서갈 때 어떤 비극이 벌어질 수 있는지, 황유미 씨의 이름은 그 질문을 던지는 상징이 되었다. 삼성은 그 이름 앞에 무릎 꿇었지만, 동시에 '앞으로는 달라지겠다'는 약속을 지켜야 하는 과제를 떠안게 되었다.

오늘날 삼성은 스마트공장과 클린룸 관리, 안전 규정 강화를 통해 재발을 막으려 하고 있다. 하지만 사회적 신뢰는 단기간에 회복되지 않는다. 기술 제국은 더 이상 성과만으로 정당성을 얻을 수 없으며, 사람들의 삶과 안전을 존중하는 방식으로 운영될 때에만 지속가능성을 확보할 수 있다. 백혈병 논란은 삼성의 화려한 초격차 뒤에 남겨진 인권의 상처였다. 그 상처는 한국 사회 전체가 함께 직시해야 하는 집단적 기억이며, 앞으로의 산업 발전이 어떤 윤리적 토대 위에서 이루어져야 하는지를 묻는 날카로운 질문이었다.

53

글로벌 ESG 압박과 삼성의 답변

국제 규제와 압박, 뒤늦은 대응의 대가

세계는 어느 순간부터 기업의 성장을 매출과 이익의 크기로만 평가하지 않았다. 이윤을 만들어내는 과정에서 얼마나 환경을 파괴하지 않았는지, 노동자를 존중했는지, 지배구조가 투명했는지라는 새로운 잣대가 등장했다. ESG라는 이름으로 압축된 이 기준은 단순한 유행이 아니라 국제 자본의 새로운 규율이었다. 투자자들은 숫자보다 원칙을 먼저 물었고, 규제 당국은 기업의 사회적 책임을 법적 틀 안으로 밀어 넣기 시작했다. 삼성 역시 이 흐름에서 자유로울 수 없었다. 초격차라는 이름으로 기술 패권을 주장하던 제국은 이제 환경과 사회, 그리고 지배구조의 전장에서 시험대에 오르게 되었다.

삼성이 처음 ESG라는 말과 정면으로 부딪힌 순간은 해외 투자자들의 압박이었다. 세계 최대 연기금과 글로벌 자산운용사들은 투자 대상 기업이 탄소 배출량을 어떻게 줄이는지, 재생에너지를 얼마나 쓰는지, 인권 감시 체계를 어떻게 구축하는지를 보고 자금을 배분했다. 애플과 마이크로소프트는 이미 자신들의 공급망 전체에 탄소중립 목표를 부과했고, 유럽은 '탄소 국경세'를 앞세워 글로벌 무역의 룰을 다시 쓰고 있었다. 삼성은 반도체, 디스플레이, 가전 등 에너지 집약적 산업에 뿌리를 둔 기업이었다. 이들에게 '탄소 중립'은 단순한 미사여구가 아니라 생존을 좌우하는 절대명령이었다. 그러나 대응은 한발 늦었다.

2021년 유럽연합이 '그린 딜' 정책을 발표하며 글로벌 공급망 전반에 강력한 환경 규제를 도입하자, 삼성은 서둘러 재생에너지 사용을 확대하겠다고 발표했다. 한국 내 공장은 이미 전력 수급 구조상 100% 재생에너지를 쓰기 어려운 상황이었기에, 미국 오스틴과 텍사스, 중국 시안, 유럽 공장부터 우선 전환이 이뤄졌다. 그러나 국제 NGO들은 삼성의 발표가 애플이나 구글에 비해 늦었으며, 한국 내 본사와 공장까지 확실한 로드맵을 제시하지 못했다고 비판했다. '늦은 대응'이라는 꼬리표는 쉽게 떨어지지 않았다.

사회적 책임의 영역에서도 삼성은 자주 시험대에 올랐다. 무노조 경영의 유산은 오랫동안 글로벌 인권단체들의 공격 대상이었다. 아마존이나 애플조차 노동자들의 권리 보장을 약속하는 시대에, 삼성의 오랜 무노조 정책은 글로벌 스탠더드와 어긋난다는 비판을 받았다.

특히 미국과 유럽의 투자자들은 노동 이슈를 단순한 내부 갈등이 아니라 기업의 리스크로 간주했고, ESG 평가기관들은 삼성의 지배구조와 노동 문제를 점수에 반영했다. 백혈병 논란 역시 ESG의 'S'

항목에서 삼성이 짊어져야 할 무거운 짐이었다.

지배구조는 더 큰 화두였다. 이재용의 사법 리스크와 승계 문제는 해외 언론과 투자자들 사이에서 "한국식 재벌 경영의 한계"라는 비판과 연결됐다. 글로벌 기업이 신뢰를 얻기 위해서는 CEO 개인의 사법 문제로 흔들려서는 안 된다는 지적이었다. 애플이나 마이크로소프트가 '투명한 이사회 운영'을 앞세우는 동안, 삼성은 여전히 '오너 리스크'라는 낡은 그림자에서 완전히 벗어나지 못했다.

이러한 압박은 국제 시장에서 실질적인 영향을 미쳤다. ESG 점수가 낮으면 글로벌 연기금의 투자 리스트에서 제외되었고, 조달 비용이 높아졌다. 유럽에서 납품 계약을 맺을 때도 공급망이 얼마나 친환경적인지가 주요한 조건이 되었다. 삼성은 수치와 보고서를 통해 변화를 증명해야 했고, ESG 전담 조직을 신설하며 대응 체계를 강화했다. 2022년 이후 삼성은 '2030년까지 탄소중립 달성'을 선언했고, 글로벌 컨퍼런스에서 이재용 회장은 "기술 혁신은 환경과 함께 가야 한다"는 메시지를 내놓았다. 그러나 이러한 선언에도 불구하고 삼성의 ESG 점수는 여전히 세계 선두권 기업들에 비해 뒤처져 있다는 평가가 많았다.

늦은 대응의 대가는 명확했다. ESG를 선제적으로 도입한 애플은 글로벌 투자자들로부터 안정적인 신뢰를 얻었고, 애플워치와 아이폰을 '친환경 제품'으로 포장해 소비자의 감성까지 사로잡았다. 반면 삼성은 규제에 대응하기 위한 '방어적 ESG'라는 인상을 지우지 못했다. 한국 내부에서조차 "삼성은 기술에는 빠르지만 윤리와 사회적 책임에는 늦다"는 비판이 제기됐다.

하지만 흐름은 거스를 수 없었다. 반도체 슈퍼사이클과 AI 붐이 일시적 활기를 불러온다 해도, 글로벌 자본이 ESG를 무시하는 기업에 투자하지 않는 시대에는 기술만으로는 부족했다. ESG는 삼성에게 새로운 초격차의 시험장이었다. 반도체 공정에서의 미세한 차이가 승부를 가르듯, ESG 점수의 차이는 글로벌 무대에서 자금과 신뢰의 향방을 가르는 요소가 되고 있었다.

삼성의 답변은 늦었지만, 방향 전환은 분명했다. 재생에너지 투자를 늘리고, 친환경 공조 기업 인수로 ESG 역량을 강화하며, 지배구조 개혁을 위한 이사회 독립성 강화를 추진했다. 과거 무노조 경영의 어두운 유산과 백혈병 논란에서 배운 교훈은 기업이 기술만으로는 영속성을 가질 수 없다는 냉정한 사실을 새겨주었다.

세계는 지금도 묻고 있다. "삼성은 ESG 시대의 리더가 될 수 있는가?" 이 질문은 반도체의 초격차만큼이나 절박한 생존의 문제다. ESG라는 새로운 전쟁터에서 삼성은 더 이상 뒤늦은 추격자가 아니라 선도적 답변자가 되어야만 한다. 그렇지 않다면, 기술 제국의 영광은 또다시 거대한 그림자에 가려질 것이다.

54

임직원 집단지성, 위기를 기회로?

구성원 참여로 위기를 돌파하려는 실험

삼성이라는 거대한 제국의 중심부에서 최근 가장 눈에 띄는 변화는 '위에서 명령하고 아래가 수행하는' 방식이 아니라, '구성원이 직접 문제를 제기하고 해결책을 내놓는' 흐름이었다. 한때는 오너 일가와 소수의 전략조직이 모든 것을 기획하고, 수만 명의 임직원은 그 구상을 실행하는 부속품처럼 움직였다.

그러나 글로벌 시장에서 흔들림이 가속화되면서 삼성 내부에서도 질문이 나오기 시작했다. "이 방식으로 더 이상 살아남을 수 있겠는가?" 그 답을 찾기 위한 시도로 떠오른 것이 바로 '집단지성 프로젝트'였다.

위기의 출발점은 뚜렷했다. 파운드리 점유율에서 TSMC와 격차가 벌어지고, HBM 메모리에서는 SK하이닉스가 앞서며, 스마트폰 시장에서는 애플과 중국 기업이 동시에 압박해 들어오는 상황이었다. 과거처럼 막대한 자금을 투자해 '초격차'를 선언하는 것만으로는 직원들의 불안감을 잠재우지 못했다.

이재용이 "창의적인 해답은 현장에 있다"라고 언급한 뒤, 삼성 내부에서는 수평적 소통을 강조하는 움직임이 본격화되었다. 과거라면 보고 체계를 거쳐야 했을 아이디어들이 이제는 디지털 플랫폼을 통해 임직원 누구나 제안할 수 있게 되었고, 그 과정에서 의외의 해결책들이 등장하기 시작했다.

대표적인 사례는 반도체 장비 부문의 '초미세공정 결함률 개선 아이디어 공모전'이었다. 기존에는 해외 장비업체와의 협상이나 수입 장비 개선으로 문제를 풀어야 했지만, 현장 엔지니어들은 직접 공정 조건을 바꾸는 실험 아이디어를 내놓았다. 단순히 장비를 바꿔 치우는 것이 아니라 온도와 압력, 세정 방식의 변화를 통해 수율을 높이자는 제안이었다.

이 제안은 내부 평가를 거쳐 곧바로 시험 라인에 적용되었고, 실제로 생산성이 개선되는 결과를 낳았다. 보고서로는 포착하기 어려운 '현장의 감각'이 집단지성의 힘을 증명한 것이다.

스마트폰 사업부에서도 비슷한 시도가 있었다. 갤럭시 브랜드가 MZ세대와 거리감을 좁히지 못한다는 비판이 이어지자, 회사는 젊은 직원들을 중심으로 '갤럭시 크리에이티브 랩'을 출범시켰다. 이곳에서는 제품 기능보다 경험을 우선시하는 마케팅 전략이 논의되었고, 틱톡·인스타그램 크리에이터와 직접 협업하는 아이디어가 제안되었다. 기존의 경직된 광고 방식에서 벗어나, '갤럭시로 찍은 짧은 영상' 자체가 밈으로 퍼져 나가게 하는 전략이었다. 이는 과거와 달리 임직원 주도로 탄생한 마케팅 실험이었고, 실제로 갤럭시25가 출시되었을 때 젊은 층에서 "갤럭시가 다시 쓸 만하다"라는 반응을 끌어내는 데 기여했다.

이러한 집단지성의 움직임은 삼성 내부의 문화적 변화를 드러냈다. 오랫동안 수직적이고 권위적인 구조에 익숙했던 조직은 이제 '스스로 질문하고 답하는' 법을 배우기 시작한 것이다. 물론 반발도 있었다. 일부 임원들은 "집단지성은 혼란을 키울 뿐"이라며 회의적인 태도를 보였다. 하지만 글로벌 위기가 일상화된 시대에 위로부터의 결정만으로는 속도와 다양성을 따라갈 수 없다는 사실이 점점 명확해졌다.

흥미로운 점은, 이러한 실험이 단순히 위기 대응 차원을 넘어 장기적 혁신의 원천으로 자리 잡으려 한다는 것이다. 삼성은 내부적으로 '집단지성 아카이브'를 구축해 임직원들이 제안한 아이디어를 체계적으로 관리하고, 우수한 제안은 곧바로 파일럿 프로젝트로 전환하는 구조를 만들었다. 일부 제안은 실패로 끝났지만, 그 과정 자체가 새로운 학습으로 이어졌다. 과거 같으면 실패가 곧 책임 추궁으로 이어졌을 상황에서 이제는 실패조차 공유와 성장을 위한 자산으로 전환되는 것이다.

물론 집단지성은 만능이 아니다. 조직의 DNA에 깊이 새겨진 '관리의 삼성' 문화와 충돌할 때도 많다. 아이디어는 넘쳐나지만 실행 단계에서 여전히 보수적 관성이 발목을 잡는 경우가 허다하다. 그러나 변화의 시작은 이미 일어났다. 이재용 회장이 글로벌 현장을 돌며 강조한 메시지, 즉 "현장에 답이 있다"라는 말은 공허한 구호가 아니라 새로운 경영 철학으로 뿌리내리고 있다.

삼성이 처한 위기는 기술 격차나 시장 점유율의 문제만이 아니다. 그것은 조직 내부가 얼마나 유연하게 변화할 수 있는가의 문제이기도 하다. 집단지성은 그 변화의 리트머스 시험지였다. 과거라면 상상할 수 없었던 임직원들의 자발적 참여와 실험적 아이디어들이 이제는 기업의 생존 전략의 일부가 되고 있다. 위기를 기회로 바꾸는 힘은 초미세공정이나 AI 알고리즘만이 아니라, 수십만 명의 임직원이 공유하는 경험과 지혜 속에서 태어나고 있다.

삼성의 집단지성 실험은 아직 완성되지 않았다. 그러나 한 가지는 분명하다. 위기의 시대에 진정한 초격차는 기술만이 아니라 사람의 지혜에서 나온다는 것. 집단지성은 거대한 제국이 스스로를 되살리려는 몸부림이자, 동시에 새로운 도약의 희망이 되고 있다.

55

노동조합의 귀환, 새로운 갈등의 시대

무노조 신화를 깨뜨린 현실의 충돌

삼성의 역사에서 가장 오래된 신화 중 하나는 '무노조 경영'이었다. 창업주 이병철 시절부터 시작된 이 기조는 이건희 회장을 거쳐 수십 년 동안 이어져 내려왔다. 노조 없는 조직을 만들고 유지하는 것이 곧 경영 효율과 직결된다고 믿었던 삼성의 철학은 한국 재계의 상징적인 풍경이 되었다.

그러나 그 신화는 더 이상 삼성의 방패막이가 될 수 없었다. 글로벌 사회의 시선, 국내 노동 현실의 변화, 그리고 무엇보다 삼성 내부에서 쌓여온 피로와 갈등이 무노조 체제를 허물고 새로운 시대의 문을 열게 했다.

변화의 전조는 오래전부터 감지됐다. 반도체 백혈병 논란과 같은 사건이 터질 때마다 삼성의 책임 회피적 태도에 대한 비판은 커졌다. 사회적 신뢰를 회복하기 위해서는 구성원의 목소리를 제도적으로 보장해야 한다는 요구가 높아졌다. 그러나 삼성은 여전히 무노조 경영을 신봉하며 버텼다. 이 과정에서 내부 갈등은 깊어졌고,

협력업체와 하청 노동자들의 문제까지 확대되며 사회적 압박은 점점 더 무겁게 삼성의 어깨를 짓눌렀다.

결정적인 변화는 2020년 이후였다. 그해 5월, 이재용 회장이 "더 이상 무노조 경영을 하지 않겠다"라고 선언했을 때, 한국 사회는 충격에 휩싸였다. 반세기 동안 이어온 삼성의 경영 원칙을 정면으로 뒤집는 발언이었기 때문이다. 그러나 이는 자발적 선언이라기보다는 불가피한 선택이었다.

이미 삼성전자 내부에서 여러 개의 노조가 결성되었고, 한국노총 산하의 금속노조까지 진입하면서 '무노조 신화'는 사실상 붕괴 상태였다. 이재용 회장의 선언은 변화에 끌려간 뒤늦은 공식화에 가까웠다.

노조가 만들어진 뒤에 삼성 내부는 새로운 갈등의 시대로 접어들었다. 2021년 삼성전자 노동조합은 사측과 첫 단체협약을 체결했다. 단체협약의 내용은 임금 인상률과 복지 수준, 근로 환경 개선 등을 포함했지만, 상징적 의미는 훨씬 더 컸다. '삼성도 노조와 교섭하는 기업'이라는 사실 자체가 과거와 현재를 가르는 분기점이 된 것이다. 노조원들은 삼성의 신화를 깼다는 자부심을 드러냈고, 경영진은 그 자부심을 어떻게 관리해야 할지 혼란스러워했다.

노조의 존재는 내부 민주주의의 진전을 의미했지만, 동시에 새로운 갈등의 불씨이기도 했다. 임금 협상 과정에서 회사는 비용 증가와 경쟁력 약화를 우려했고, 노조는 구성원의 권익 보장을 최우선으로 내세웠다.

2023년에는 일부 임금 협상 과정에서 갈등이 고조되며 파업 가능성까지 거론됐다. 과거라면 상상할 수 없었던 장면, '삼성전자 파업'이라는 단어가 현실의 언어로 떠오른 순간이었다.

노조는 단순히 임금과 복지의 문제에 그치지 않았다. ESG와 같은 글로벌 압박 속에서 노동 이슈는 국제적 평가의 중요한 항목으로 자리 잡았다. 해외 투자자들은 삼성의 노동 정책을 세밀히 관찰했고, 글로벌 펀드들은 노동권 보장을 ESG 투자 기준의 중요한 지표로 삼았다. 무노조 경영은 더 이상 글로벌 시장에서 자랑할 만한 경영 전략이 아니라, 오히려 투자 리스크로 인식되는 시대가 된 것이다.

노조의 등장은 내부 권력 구조에도 균열을 만들었다. 기존에는 임원과 관리자 중심으로 의사결정이 이뤄졌지만, 이제는 노조라는 집단적 주체가 협상 테이블에 앉아 목소리를 내야 했다. 이는 삼성의 '초격차 전략'과 같은 장기적 계획에도 변화를 요구했다.

예컨대 반도체 라인의 교대 근무 체계, 안전 관리 기준, 근로시간 문제 등이 이제는 노조와의 협의 없이는 변경할 수 없는 영역이 되었다. 효율성을 중시하는 삼성의 경영 철학과 민주적 협의를 요구하는 노조의 원칙은 근본적으로 충돌할 수밖에 없었다.

그럼에도 불구하고 삼성은 이제 되돌릴 수 없는 강을 건넜다. 무노조의 신화가 깨진 자리에 새로운 질서가 만들어지고 있다. 일부에서는 이를 '삼성의 성숙'이라고 부르고, 또 다른 일부에서는 '혁신의 속도를 늦추는 족쇄'라고 평가한다. 하지만 분명한 것은, 이제 삼성은 더 이상 무노조를 자랑할 수 없는 시대에 살고 있다는 사실이다.

삼성 내부의 젊은 세대는 이 변화를 자연스럽게 받아들이는 분위기다. 오히려 노조가 있어야 회사가 투명해지고, 목소리가 반영된다고 믿는다. 반면 오래된 관리자 집단은 여전히 노조를 불편한 존재로 여긴다. 이 세대 간 인식의 차이가 곧 삼성의 조직 문화를 다시 흔드는 요인이 되고 있다.

삼성의 무노조 신화가 끝나고 노동조합의 귀환이 현실이 된 지금, 회사는 새로운 질문을 마주하고 있다. 초격차 기술과 글로벌 시장 점유율을 향한 질주 속에서, 구성원들의 권리와 목소리를 어떻게 조율할 것인가? 그것은 단순히 노사 문제를 넘어, 삼성이라는 제국이 앞으로 어떤 문화와 가치를 지닌 기업으로 남을 것인가의 문제다.

무노조라는 방패막이를 내려놓은 삼성은 이제 더 이상 과거의 제국이 아니다. 새로운 갈등의 시대는 피할 수 없는 현실이고, 그 속에서 삼성은 '관리의 시대'에서 '협상의 시대'로 넘어가고 있다. 그리고 이 전환이야말로, 삼성이 기술 제국을 넘어 사회적 기업으로 거듭날 수 있는 시험대가 될 것이다.

산업을 넘어 일상과 문화로
확장하려는 야망

삼성이 '기술 제국'에서 '라이프스타일 플랫폼'으로 탈바꿈하려는 시도는 단순히 사업 다각화의 문제가 아니었다. 그것은 전통적인 전자 기업의 정체성을 넘어, 인간의 일상과 문화를 재편하려는 거대한 포부였다.

반도체와 스마트폰으로 대표되던 산업의 언어가 이제는 주방의 냉장고, 거실의 TV, 손목의 웨어러블, 자동차의 전장까지 이어지며 사용자의 생활 전반을 감싸는 생태계의 문법으로 바뀌고 있었다. 이 변화의 이면에는 "삼성은 제품을 만드는 기업이 아니라, 생활을 디자인하는 기업이어야 한다"는 새로운 철학이 자리 잡고 있었다.

스마트싱스는 이 철학을 현실로 끌어올린 첫 번째 무대였다. 집 안의 전등과 가전, 보안 시스템과 오디오까지 하나의 플랫폼으로 묶어내는 스마트싱스는 단순한 앱이 아니라 생활 운영체제(OS)를 지향했다.

스마트폰은 그 중심에서 리모컨 역할을 넘어 집과 사람, 그리고 나아가 사회까지 연결하는 허브가 되었다. CES 무대에서 삼성은 스마트싱스와 Home AI를 통해 집이 단순한 공간이 아니라 하나의 네트워크 사회가 될 수 있음을 보여주었다. 이 전략은 단순히 기술적 연결을 넘어, 사용자가 매일 아침 일어나고 잠드는 순간까지 삼성의 세계 속에서 살아가도록 만드는 문화적 기획이었다.

이 같은 전략은 중국과의 가전 전쟁에서도 의미심장했다. 샤오미, 하이얼, 하이센스 같은 중국 기업들은 가격 경쟁력과 빠른 제품 주기로 무섭게 추격해왔다. 그러나 삼성이 맞서는 방식은 가격이 아니라 '경험'이었다. 중국 기업이 값싼 세탁기와 냉장고를 앞세울 때, 삼성은 이를 스마트싱스와 결합시켜 '집 전체가 하나의 유기체처럼 작동하는 경험'을 내세웠다.

소비자가 단순히 세탁기를 사는 것이 아니라, 세탁기의 작동이 냉장고와 연동되고 에어컨과도 소통하는 경험을 제공받는 순간, 그들은 삼성이라는 플랫폼에 깊이 묶였다. 이는 가격만으로는 흔들 수 없는 생활의 언어였다.

글로벌 소비자 트렌드에서도 삼성의 야망은 뚜렷했다. MZ세대와 알파세대는 제품 자체보다 그 제품이 만들어내는 정체성과 문화에 매혹된다. 애플이 에코시스템과 감성 디자인을 무기로 삼아 세대를 묶었다면, 삼성은 초연결 기술과 라이프스타일을 무기로 대응했다.

예컨대 갤럭시 워치와 헬스케어 플랫폼을 결합해 사용자의 심박수, 수면 패턴, 운동 기록을 관리하는 기능은 개인의 몸을 관리하는 기계를 넘어, 하나의 문화적 정체성을 제공한다. "삼성으로 내 몸을 관리한다"라는 경험은 단순히 건강 데이터의 축적이 아니라, 자기 자신을 가꾸고 표현하는 방식으로 자리 잡는다.

이재용 회장이 임직원들에게 반복적으로 전한 메시지 중 하나는 "초격차를 생활 속에서 구현하라"였다. 초격차는 더 이상 나노미터 단위의 반도체 공정이나 HBM 메모리의 속도만을 의미하지 않았다. 그것은 사용자가 '삼성이 제공하는 경험'을 통해 다른 브랜드와는 비교할 수 없는 차이를 느끼도록 하는 생활 차원의 격차였다. 그 격차가 라이프스타일로 체화될 때, 삼성은 다시 세계의 표준을 쥘 수 있었다. 특히 CES 2025에서 발표된 Home AI는 글로벌 언론이 "삼성이 드디어 가정이라는 전장을 사회적 플랫폼으로 끌어올렸다"라고 평가할 정도였다.

냉장고가 식품의 신선도를 스스로 관리하고, 세탁기가 옷감에 따라 세제를 조절하며, 에어컨이 집 안의 공기 질을 학습해 최적의 환경을 만드는 모습은 미래 사회의 축소판 같았다. 더 나아가 이 데이터가 병원과 연결되어 건강관리로 확장되고, 나아가 보험과 연계될 수 있는 가능성까지 제시됐다. 이처럼 삼성의 야망은 집을 넘어서 사회로, 개인의 생활을 넘어 도시의 인프라로 확장되고 있었다.

삼성이 꿈꾸는 글로벌 라이프스타일 플랫폼은 단순히 제품과 서비스를 파는 모델이 아니었다. 그것은 소비자들의 일상에 침투해 문화를 형성하고, 사용자의 선택이 아니라 습관을 지배하는 방식이었다. 사용자가 아침에 눈을 뜰 때 자동으로 열리는 블라인드,

퇴근길에 알아서 켜지는 보일러, 수면 패턴에 따라 조정되는 조명과 음악. 이 모든 순간이 삼성의 생태계 안에서 자연스럽게 작동할 때, 사람들은 어느새 삼성의 세계에서 벗어날 수 없게 된다.

ESG의 흐름 또한 삼성의 플랫폼 전략과 맞닿아 있었다. 친환경 공조 시스템을 인수한 것은 단순한 사업 확장이 아니라, '지속 가능한 생활'을 삼성의 브랜드 언어로 만들기 위한 포석이었다. 소비자가 에너지 절감형 가전을 쓰는 것은 이제 도덕적 선택이 아니라 문화적 유행이 되었고, 삼성은 이 흐름을 선도하는 브랜드로 자리매김하고자 했다. "지속가능성은 생활의 일부가 된다"는 철학은 삼성의 새로운 문화적 코드였다.

이제 삼성의 과제는 기술적 우위를 생활과 문화로 어떻게 전환할 것인가에 있다. 엔비디아, 애플, TSMC가 기술과 감성을 결합해 동맹을 맺는 세계 속에서, 삼성은 홀로 '생활이라는 거대한 무대'를 지배하려는 전략을 펼치고 있다. 그것이 가능하다면 삼성은 다시 한 번 제국의 이름으로 세계 질서를 흔들 수 있을 것이다.

삼성은 기술 제국에서 라이프스타일 제국으로, 산업의 선두주자에서 문화의 설계자로 변신하고 있다. 그 길은 험난하고 치열하지만, 이미 삼성은 돌아갈 수 없는 다리를 건넜다. 글로벌 라이프스타일 플랫폼으로의 전환은 야망이자 숙명이며, 삼성의 미래가 걸린 최후의 실험이다.

SAMSUNG SHOCK

이재용은 워싱턴, 실리콘밸리, 베이징을 직접 오가며
퀄컴, 메타, 테슬라 등 글로벌 빅테크와의 네트워크를 구축하고,
기술과 시장을 동시에 잡으려는 발빠른 행보를 이어가고 있다.

미·중이 패권 경쟁을 하는 가운데, 미국의 보조금 정책과
중국 내 생산기지 사이에서 균형을 잡는 줄타기, 관세와 공급망 리스크를
동시에 관리하는 그의 외교적 리더십이 시험대에 올랐다.

'초격차'는 단순한 구호가 아니라 반도체, AI, 바이오 등
신사업 전반에서 인재와 자본을 총동원하는
무한 베팅의 철학으로 확장되며, 이재용 체제의 중심 전략이 되었다.

이건희의 "마누라와 자식 빼고 다 바꿔라"라는 초격차 정신을 계승하되,
글로벌 CEO 네트워크형 리더십과 ESG 중심 경영을 통해
새로운 길을 모색하는 모습은 과거와의 차별점이다.

오너 리스크와 지배구조의 불안이라는 숙제를 안고 있는 삼성은,
이재용의 출구전략 – 빠른 결단과 글로벌 네트워크를 바탕으로 한
투명한 거버넌스 체제 – 을 통해 제국의 미래를 시험받고 있다.

SAMSUNG SHOCK

PART 9

이재용의 선택

계승과 탈피, 리더십의 시험대

56

미국 출장, 퀄컴·메타와의 밀담

글로벌 동맹을 직접 발로 뛰어 구축하다

이재용은 탁자 위에서 보고서만 뒤적이는 스타일이 아니다. 그의 리더십은 늘 현장에서 나온다. 위기가 닥치면 그는 직접 발로 움직이며 답을 찾으려 했다. 특히 반도체와 AI 전쟁이 본격화된 지금, 이재용이 가장 많은 시간을 투자하는 곳은 미국이다. 실리콘밸리와 워싱턴 D.C., 오스틴과 뉴욕까지, 그의 여권은 한 해에도 수십 번 도장을 찍는다. 미국은 단순히 최대 시장이 아니라, 동맹과 적을 동시에 만들어내는 글로벌 무대이기 때문이다.

그가 미국 출장길에 오른다는 소식이 들리면 업계는 긴장했다. 퀄컴의 CEO와 폐쇄된 회의실에서 만났다는 보도 하나만으로도 반도체 업계의 주가는 출렁였다. 퀄컴은 세계 모바일 칩셋의 심장 같은 존재였고, 삼성은 오랜 기간 퀄컴의 스냅드래곤 프로세서를 자사 갤럭시에 탑재해왔다.

하지만 관계는 늘 복잡했다. 삼성은 자체 엑시노스 칩을 키우려 했지만 성능 논란과 발열 이슈로 번번이 신뢰를 얻지 못했다. 반면 퀄컴은 파운드리 생산에서 주로 TSMC를 선택해 삼성은 늘 뒷전이었다. 그럼에도 이재용은 퀄컴을 포기하지 않았다. 그는 퀄컴의 차세대 칩 생산 일부를 삼성 파운드리에 유치하기 위해 치열하게 설득했고, 공동 연구개발 협력이라는 새로운 문법을 꺼내 들었다.

메타와의 만남은 또 다른 성격을 띠었다. 메타는 AI와 메타버스를 앞세워 차세대 플랫폼을 꿈꾸는 기업이었다. 하지만 현실에서는 무거운 서버 비용, 막대한 GPU 수요, 그리고 AI 칩 부족이라는 현실적 한계에 부딪혀 있었다. 이재용은 여기서 삼성의 기회를 봤다. 삼성의 HBM과 파운드리 역량을 메타의 인공지능 인프라와 연결한다면, 단순한 고객 - 공급자 관계를 넘어 전략적 동맹이 가능했다. 그는 메타 본사에서 마크 저커버그와 나눈 밀담 속에서 삼성의 미래를 투영했다. 그것은 하드웨어 제조업체의 전통적 위치를 넘어, 글로벌 빅테크의 심장부에서 동등한 파트너로 자리 잡으려는 시도였다.

워싱턴에서의 일정은 그보다 더 정교했다. 미국 정부는 반도체를 국가안보와 직결된 전략 자산으로 규정했고, 삼성의 선택 하나하나가 외교의 변수로 작용했다. 이재용은 미국 고위 관계자들과의 비공개 회의에서 한국과 미국의 반도체 동맹을 강조했다. 동시에 중국 내 생산 거점에 대한 제재 완화 문제를 놓고 미묘한 줄타기를 이어갔다.

중국은 삼성 메모리의 거대한 시장이자 생산기지였고, 미국은 안보와 공급망 재편을 이유로 중국 확장을 강력히 제한하고 있었다.

이재용은 여기서 양자택일 대신 제3의 길을 찾으려 했다. 미국에 대규모 투자를 약속하면서도 중국의 현지 고객을 놓지 않는 외줄타기였다.

이런 출장들은 언론에 보도되는 순간만 보면 겉으로는 간단한 만남처럼 보인다. 하지만 실제로는 몇 달, 몇 년에 걸친 전략과 계산이 녹아 있다. 퀄컴과의 협상에서는 삼성의 최신 3나노 공정이 화제가 되었고, 메타와의 대화에서는 온디바이스 AI와 서버 AI의 접점을 찾는 논의가 오갔다. 미국 정부와의 밀담에서는 보조금 규모와 가드레일 조항 같은 정치적 논점이 치열하게 다뤄졌다. 이재용의 출장 가방에는 늘 기술 데이터, 재무 전망표, 그리고 정치적 리스크 분석 문서가 함께 들어 있었다.

흥미로운 것은 이러한 일정들이 단순히 기업 활동을 넘어 한국 사회 전체에 파급효과를 주었다는 점이다. 국내 언론은 그의 일정을 실시간으로 보도했고, 주가는 그의 행보에 따라 오르내렸다. 미국 투자자들이 삼성을 다시 바라보게 되는 계기도 대부분 이재용의 직접 외교에서 비롯됐다. 그가 퀄컴과의 파운드리 계약 가능성을 열어두었다는 소식만으로도 삼성의 글로벌 위상은 한 단계 높아졌다.

이재용의 리더십은 아버지 이건희와는 다르다. 이건희가 본사에 앉아 초격차를 선언하고 조직을 흔들었다면, 이재용은 네트워크형 리더십을 택했다. 글로벌 CEO들과 끊임없이 얼굴을 맞대며, 신뢰를 쌓고 인맥을 구축하는 방식이다. 그는 삼성의 반도체 기술을 말할 때도 단순한 수치나 성능보다 파트너십과 공동 성장을 강조했다. "함께 하지 않으면 이길 수 없다"는 그의 철학은 초연결 사회의 전략과도 맞닿아 있었다.

삼성의 미국 출장은 이제 더 이상 '출장'이라는 단어로 설명할 수 없다. 그것은 국가와 기업, 기술과 외교가 교차하는 거대한 드라마의 무대다. 퀄컴과의 밀담은 기술 동맹의 본질을 보여주었고, 메타와의 대화는 미래 산업 지형에서 삼성의 위상을 재정의하는 순간이었다. 그리고 워싱턴과의 협상은 삼성이라는 기업이 단순한 민간 회사가 아니라 한국 경제 전체를 대표하는 국가적 플레이어임을 증명했다.

이재용은 그 무대에서 고독한 결정을 내린다. 초격차라는 이름의 무거운 유산을 이어가면서도, 과거와는 다른 방식으로 글로벌 게임에 참여해야 한다. 그의 출장 하나하나는 단순한 일정표가 아니라, 삼성의 미래 전략서이자 한국 경제의 운명표였다. 그리고 지금, 그의 발걸음은 또다시 미국을 향하고 있다. 발로 뛰며 제국을 설계하는 회장의 그림자가 세계의 중심을 가로지르고 있다.

57

워싱턴과 베이징 사이, 줄타기의 기술

미·중 패권 사이에서 살아남는 균형술

국제 무대에서 삼성의 행보는 마치 줄 위를 걷는 곡예와 같다. 한편에는 미국이, 다른 한편에는 중국이 존재하고, 어느 한쪽에게 과하게 기울면 경영과 기술 모두가 흔들린다. 이 균형의 기술은 단순한 사업 전략을 넘어 외교·정책·공급망이 뒤엉킨 복합적 게임이다.

미국 정부는 최근 중국 내 삼성·SK하이닉스 등 반도체 공장에 대한 압박을 본격화하고 나섰다. 미국 상무부는 '검증된 최종 사용자(VEU)' 제도를 통해, 중국 법인에 대한 미국산 반도체 제조 장비 반입의 예외 허가를 철회하기로 결정했다. 이 조치가 시행되면, 삼성의 중국 공장은 장비·기술 고도화가 사실상 제한을 받게 된다.

이번 변화는 단순한 수출 통제의 연장이 아니다. 전 세계 반도체 공급망을 다시 쓰겠다는 미국의 전략이자, 중국 반도체 굴기의 추진력을 꺾겠다는 메시지다. 중국에 세운 수조 원대의 투자는 미국의 이러한 조치 앞에서 무장 해제될 위기에 처했다. 특히 삼성은 중국 시안 낸드플래시 공장에서 생산 비중이 높다.

삼성은 미국의 압박을 면밀히 계산하면서도 중국 시장을 놓지 못하는 복잡한 셈법을 이어가고 있다. 표면적으로는 "현상 유지는 허용하되, 신기술 반입과 증설은 제한한다"는 미국의 입장이지만, 이 제한이 현실화되면 중국 공장은 수익성과 기술 경쟁력 모두에서 후퇴할 수밖에 없다.

더욱이 미국 국내에서는 반도체 관세 정책 변화 가능성도 삼성의 부담을 더 키우고 있다. 트럼프 행정부는 해외 반도체 제품에 대해 최대 100% 관세를 부과하는 방안을 검토 중이며, 미국 내 생산을 요구하는 의도도 숨기지 않고 있다. 특히, "미국에 공장 없는 회사에는 관세를 부과하겠다"는 발언은 삼성과 같은 글로벌 기업에게 직접적인 위협이다.

삼성은 이중 리스크에 직면했다. 중국에서의 생산 차질과 기술 후퇴가 우려되는 가운데, 미국 수출 관세 리스크도 간과할 수 없다. 예컨대, 삼성의 TV·가전·스마트폰 등 전자제품 수출 시, 제품 내 포함된 반도체의 비중에 따라 추가 관세를 부과하는 방안까지 거론되고 있다.

줄타기는 단지 생산·기술·관세의 문제가 아니다. 삼성은 중국의 내수 시장과 소비층을 놓고도 고민하지 않을 수 없다. 중국은 글로벌 최대 반도체 소비처 중 하나이며, 삼성은 이 시장에서 경쟁력을 유지해야 한다. 그러나 미국의 제재가 강화됨에 따라 중국 내 첨단 제품 생산 및 고급 제품 출시가 제한될 경우, 그 시장 전략은 크게 흔들릴 수 있다.

이 좁은 경계 위에서 삼성은 여러 전략을 동시다발적으로 구사한다. 미국 내 투자 확대, 중국 공장의 현상 유지를 위한 설비 보강, 다변화된 공급망 확보, 기술 이전 및 현지화 전략 강화 등이 그것이다. 예컨대 삼성은 미국 텍사스 파운드리 공장, 가전 공장 등을 통해 미국 내 생산 역량을 키움으로써 관세 리스크를 완화하려 한다는 보도도 있다.

하지만 그 방식이 쉬운 것은 아니다. 미국에서의 생산 확대만으로는 중국 사업의 타격을 완전히 상쇄할 수 없다. 더군다나 미국 정부가 부과한 건별 허가제는 공장 운영의 유연성을 제한하고 예측 불확실성을 증가시킨다. 중국 공장을 '구식 칩' 위주로 가야 할지, 유지·관리 중심으로 바꿀지, 또는 축소할지는 삼성의 선택지다.

이러한 줄타기의 순간에서 중요한 것은 삼성의 외교능력과 전략 판단이다. 삼성은 단순히 기업이 아니라 한국 경제 전체의 상징이며, 정부와의 협력 및 외교 교섭이 필수적이다. 워싱턴과 베이징, 양측에서 최소한의 신뢰를 유지하면서도 기술 우위와 시장 점유율을 지켜야 한다.

궁극적으로 이 장은 삼성이 어떤 균형술로 미·중이라는 거대한 두 흐름 사이를 헤엄쳐 나갈 것인가에 대한 이야기다. 줄타기는 위태롭지만, 그 기술이 무너지면 심연으로 떨어지는 위기다. 그리고 지금, 삼성은 그 줄 위에서 가장 중요한 선택을 앞두고 있다.

58

초격차를 위한 무한 베팅

기술과 인재를 건 거대한 도박

삼성이 내뱉은 '초격차'라는 단어는 구호가 아니다. 그것은 기업의 운명을 건 베팅이자, 수조 원을 한꺼번에 불태워야만 하는 도박판의 이름이다. 반도체, AI, 6G, 로봇, 메드텍, 전장, 그리고 이제는 양자컴퓨팅과 우주 기술까지, 삼성은 자신이 발을 담그는 모든 영역에서 초격차를 외친다. 그러나 초격차는 타고난 우위를 의미하지 않는다. 그것은 무너질 듯 흔들리는 균열 속에서 끊임없이 던져야 하는 '무한 베팅'의 결과물이다.

삼성이 미국 텍사스 테일러에 25조 원 규모의 파운드리 공장을 세운 것은 초격차의 전형적인 장면이었다. 이 공장은 단순한 생산 라인이 아니라, 미국이 요구하는 '안보 동맹'의 상징이자 엔비디아·퀄컴·메타 같은 글로벌 빅테크를 붙잡기 위한 도박판이었다.

3나노, 2나노, 나아가 1.4나노로 이어지는 미세공정 경쟁에서 한 발이라도 늦으면, 파운드리는 삼성의 손을 떠나 대만 TSMC의 전유물이 된다. 이재용 회장이 직접 퀄컴 CEO와 만나 "삼성이 할 수 있다"는 메시지를 던진 것도 이 베팅의 일부였다.

초격차는 기술만으로 이뤄지지 않는다. 인재 전쟁이야말로 베팅의 또 다른 무대다. 반도체 연구원 한 명을 스카우트하는 데 수십억 원의 비용이 들어간다는 말이 업계에서는 공공연하다. 삼성은 미국 실리콘밸리에 AI 연구소를 세우고, 일본 요코하마에 패키징 연구소를 세운 뒤, 도쿄대 출신 연구자와 현지 장비 전문가들을 과감히 끌어들였다. 인재 영입은 곧 초격차를 유지하기 위한 가장 강력한 베팅이었다. 이재용은 수차례 "사람이 곧 기술"이라 강조했고, 인재 확보에 있어 국적과 이념을 따지지 않았다. 초격차라는 말 속에는 기술의 문제와 동시에 인재라는 자원을 향한 집요한 도전이 함께 담겨 있었다.

메모리 반도체에서도 무한 베팅은 계속되었다. HBM4 전쟁에서 SK하이닉스가 엔비디아와의 계약으로 주도권을 쥐었을 때, 삼성은 대규모 설비 투자와 신공정 개발을 즉각 발표했다. AI 붐이 불러온 '반도체 슈퍼사이클'은 삼성에게 위기이자 기회였다.

한때 메모리 가격 폭락으로 적자를 면치 못하던 삼성은 오히려 이 시점에 공격적으로 투자를 확대했다. 이는 전통적 경영학의 상식과는 반대되는 행보였다. 보통 기업은 불황기에 투자를 줄이지만, 삼성은 불황기에 오히려 더 많은 칩을 쏟아붓는다. 초격차는 경기 순환과 무관하게, 무한 베팅으로만 유지될 수 있기 때문이다.

스마트폰 역시 같은 문법이다. 갤럭시26에 들어갈 엑시노스2600은 온디바이스 AI 연산 기능을 본격적으로 구현한 첫 프로세서로 주목받았다. 이 칩은 테슬라와 공동 개발의 흔적이 남아 있었고, 스마트폰을 넘어 자동차와 로봇까지 연결할 수 있는 범용성을 지녔다. 발열 논란으로 조롱을 받던 엑시노스 브랜드는 이번에 완전히 다른 얼굴로 돌아왔다. 이재용이 직접 프로젝트를 밀어붙였다는 사실은 업계가 '신의 한 수'라 불렀다. 초격차는 이렇게 고통과 실패를 지나쳐 다시 만들어지는 이름이었다.

그러나 초격차는 말처럼 화려하지 않다. 그 과정은 늘 벼랑 끝이다. 2나노 공정 양산이 지연되면 고객은 단숨에 TSMC로 돌아서고, HBM 성능이 반 보폭 뒤처지면 엔비디아는 하이닉스와 손잡는다. 투자금은 눈덩이처럼 불어나고, 한 번의 판단 오류가 수십조 원의 손실로 이어질 수 있다. 그럼에도 삼성은 후퇴하지 않는다. 무한 베팅이란 말 그대로, 끝을 알 수 없는 도박판 위에서 계속 칩을 올려야 하는 숙명이다.

초격차를 위한 무한 베팅은 또한 정치적 선택과 맞물려 있다. 미국은 보조금을 주며 자국 투자를 요구하고, 중국은 거대한 시장으로서 삼성을 유혹한다. 어느 쪽에 더 베팅할지에 따라 삼성의 미래가 달라진다. 이재용은 워싱턴에서 바이든 정부 관계자와 만나며 지원과 규제 사이의 균형을 잡고, 베이징에서는 현지 공장 운영과 판매를 유지하며 중국 시장을 포기하지 않았다. 초격차는 기술과 인재만의 문제가 아니라, 지정학적 줄타기까지 포함한 무한 베팅의 장이었다.

CES 2025에서 삼성이 선보인 Home AI 역시 초격차의 연장선이었다. 가전제품과 스마트폰, IoT 기기를 하나로 묶어 초연결 사회를 구현하겠다는 비전은 단순히 편리함을 넘어 문화적 표준을 차지하려는 도전이었다. 이 역시 막대한 투자와 긴 시간을 요구하는 베팅이었지만, 삼성은 물러서지 않았다. 소비자가 눈치채기 전까지는 돈만 들어가는 사업일지라도, 장기적으로 '삼성만의 차별화'를 각인시킬 수 있다면 베팅할 가치가 있었다.

 그는 "기술과 인재에 끝이 없다"는 말을 반복하며, 제국의 운명을 무한정 던져 넣는 도박을 계속하고 있다.

삼성의 초격차는 환호와 불안, 희망과 공포가 교차하는 아이러니다. 무한 베팅을 거듭할수록 제국은 더 크고 더 화려해지지만, 동시에 더 위태로워진다. 그러나 멈추는 순간 곧 몰락이라는 것을 누구보다 잘 아는 삼성은 다시 한 번 칩을 쥐어 올린다. 초격차는 화려한 승리의 언어가 아니라, 매 순간이 벼랑 끝인 무한 베팅의 이름이다.

59

'이건희 정신' 계승 혹은 탈피

유산을 따를 것인가, 새 길을 열 것인가?

이건희라는 이름은 단순히 한 기업인의 호칭이 아니라, 한국 경제사 전체에 찍힌 깊은 각인과도 같다. 그가 던졌던 몇 마디의 말들은 여전히 삼성의 회의실과 연구소 벽에 울리고 있으며, 조직의 혈관을 따라 흘러 다니는 DNA처럼 임직원의 사고와 행동을 규정한다.

1993년 신경영 선언에서 나온 "마누라와 자식 빼고 다 바꿔라"는 문장은 세계 경영학 교과서에도 실렸을 정도로 강렬한 울림을 남겼다. 그는 안정에 취하면 반드시 도태한다는 경고를 실천적 혁명으로 바꾸었고, 이 메시지는 곧 반도체와 휴대폰, 디스플레이로 이어지는 '삼성 제국의 초격차 신화'로 연결되었다.

이건희는 늘 위기 속에서 미래를 보았다. IMF 외환위기 당시 수많은 대기업이 구조조정과 철수로 몸을 낮출 때, 그는 오히려 반도체에 거대한 투자를 강행했다.

"10년 안에 삼성이 망할 수 있다"는 말은 허세가 아니라 내부를 향한 냉혹한 경고였다. 조직은 그 말을 진심으로 받아들였고, 생산

라인은 멈추지 않았다. 그 덕분에 한국 경제가 무너져가던 시절에도 삼성 반도체는 세계 시장 점유율 1위를 차지하며 국가의 버팀목이 되었다. 세계 언론은 이건희를 '한국 경제의 구원자'로 묘사했지만, 정작 그는 스스로를 늘 '불안한 경영자'라 불렀다.

그는 또한 "남보다 먼저 생각하고 먼저 행동하지 않으면 따라잡을 수 없다"라는 말을 즐겨 했다. 이는 소니 워크맨을 보고 충격을 받은 일화와도 연결된다. 세계 시장에서 한국 가전의 위치가 얼마나 보잘것없는 지 깨달은 순간, 그는 글로벌 초일류로의 전환을 결심했다. 삼성은 일본을 교과서 삼아 배웠지만, 단순한 모방을 넘어서 반드시 추월해야 한다는 결연한 의지가 깔려 있었다. 이건희의 리더십은 폐쇄된 책상 위에서 나온 것이 아니라, 세계를 누비며 직접 경쟁자의 심장부를 보고 내린 결단에서 비롯되었다.

그러나 이재용의 시대는 다른 문법을 요구했다. 초격차라는 말은 그대로 계승되었으나, 방식은 달라졌다. 이건희가 내부 혁신을 통해 제국을 단련했다면, 이재용은 외부 네트워크를 통해 제국을 확장하고자 한다. 그는 워싱턴에서 미 행정부 인사들과 보조금과 가드레일을 놓고 협상하고, 실리콘밸리에서 퀄컴·메타·엔비디아 CEO들과 밤늦게까지 밀담을 나눈다. 아버지가 '관리의 삼성'을 만들었다면, 아들은 '연결의 삼성'을 구축하고 있는 셈이다.

이재용의 리더십에는 이건희의 그림자가 드리운다. 초격차를 위한 무한 베팅, 기술과 인재를 향한 집요한 투자, 위기를 기회로 만드는 태도는 분명히 계승된 자산이다. 하지만 ESG, 사회적 책임, 노동조합과의 공존 같은 키워드는 이건희의 시대에는 낯선 개념이었다. 이재용은 여기서 탈피를 시도한다. 2020년 무노조 경영 포기를 선언한 것은 상징적 사건이었다. 아버지가 철저히 지켜온 신화를 아들은 무너뜨렸다. 그것은 글로벌 사회의 압박 속에서 어쩔 수 없는 결정이기도 했지만, 동시에 새로운 길을 열겠다는 선언이었다.

이건희의 또 다른 유산은 "1등만이 살아남는다"라는 철학이다. 그러나 21세기의 삼성은 단지 1등 자리를 지키는 것으로는 부족하다. 기술과 감성, 산업과 문화가 얽히는 시장에서 1등이라는 숫자는 더 이상 유일한 기준이 아니다. 이재용은 여기서 새로운 질문을 던진다.

"1등이 아니라, 없어서는 안 되는 존재가 되어야 한다."

그래서 그는 메타와의 협력에서 단순한 칩 공급자가 아니라 플랫폼 파트너를 자처했고, 애플과의 거래에서 단순한 하청이 아니라 필수적 동반자가 되려 했다.

앞으로의 길은 계승과 탈피의 줄다리기다. 초격차를 유지하기 위해서는 여전히 이건희의 정신이 필요하다. 위기 속에서도 흔들림 없이 투자하는 담대함, 내부의 자만을 무너뜨리는 무서운 자기부정은 지금도 삼성의 핏속에 흐르고 있다. 그러나 글로벌 사회와의 소통, ESG와 문화적 감성, 초연결을 통한 플랫폼 전략은 이재용이 반드시 개척해야 할 새로운 영역이다. 아버지의 그림자를 지우지 않으면서도, 새로운 색으로 그 위를 덧칠해야 한다.

삼성 내부에서도 이 고민은 깊게 이어지고 있다. 고위 임원들은 여전히 이건희식 경영의 무게를 그리워하며 '관리의 삼성'을 회복해야 한다는 목소리를 내지만, 젊은 세대 임직원은 글로벌 네트워크와 자유로운 협업, 사회적 가치 실현을 새로운 표준으로 삼는다. 이재용은 이 세대 간 인식 차이를 조율하며 새로운 리더십을 만들어내야 한다.

그래서 이 장의 핵심은 한 가지 질문으로 압축된다. 삼성은 이건희의 유산을 끝까지 지킬 것인가, 아니면 그 유산 위에 새로운 길을 세울 것인가? 답은 이미 부분적으로 드러나고 있다. 초격차라는 이름은 계승되었지만, 그것을 구현하는 방식은 달라지고 있다. 삼성은 더 이상 폐쇄된 제국이 아니라, 글로벌 동맹과 사회적 책임 속에서 움직이는 개방된 제국으로 변모 중이다. 아버지 이건희가 남긴 "변하지 않으면 망한다"는 말은 여전히 유효하다. 그러나 이재용이 추가해야 할 문장은 어쩌면 이런 것이다.

"함께 변하지 않으면 살아남지 못한다."

삼성은 이제 이 두 가지 문장을 나란히 품고 제국의 미래를 향해 걸어가고 있다.

60

오너 리스크와 한국 경제의 불안

개인 리스크가 곧 국가 리스크가 되는 현실

삼성이라는 이름이 한국 경제에서 차지하는 무게는 단순한 기업의 차원을 넘어선다. 수출의 20% 가까이를 차지하는 거대한 수출 기업, 시가총액의 절대 비중을 점하는 한국 증시의 맹주, 고용과 세수의 핵심 공급자. 그만큼 삼성의 향방은 곧 국가 경제의 체력과 직결된다. 그러나 이 구조가 지닌 근본적 취약성은 바로 오너 리스크다. 오너의 사법적 문제나 리더십의 공백이 곧바로 투자 지연, 글로벌 파트너의 불안, 국가 신용도 흔들림으로 이어지는 기묘한 구조. 한국 사회는 이미 여러 차례 이 긴장을 목격해왔다.

이재용이 법정에 서는 순간, 한국의 주요 언론은 '삼성 투자 차질' '국가 경제 불안'이라는 제목을 달았고, 해외 언론은 '코리아 리스크'라는 단어를 서슴없이 썼다. 한 개인의 문제가 곧 국가 전체의 위기로 치환되는 장면이었다. 하지만 여기서 중요한 것은 오너 리스크를 부정적으로만 보는 것이 아니라, 이 구조가 만들어내는 양면성을 이해하는 일이다.

일본 전자산업의 몰락을 보라. 소니, 파나소닉, 도시바, 샤프 등은 한때 세계를 호령했지만 1990년대 이후 무너졌다. 흔히 기술 변화에 뒤처졌다는 분석이 뒤따르지만, 그 밑바닥에는 리더십의 부재와 느린 의사결정 구조가 있었다. 전문경영인 체제는 합리성과 견제를 보장했지만, 글로벌 기술 패러다임이 빠르게 바뀌는 국면에서 그것은 치명적 약점이었다. 스마트폰으로 넘어가는 순간, 인터넷 플랫폼이 치고 들어오는 순간, 그들은 끝없는 내부 합의와 리스크 분석 속에서 타이밍을 놓쳤다. 책임지고 돌파할 수 있는 오너십이 사라진 자리에서 '안전한' 길을 택하다가 몰락의 길로 들어섰다.

삼성은 이와 달랐다. 이병철, 이건희, 이재용으로 이어진 오너 경영은 느린 합의 대신 빠른 결단을 택했다. 메모리 반도체에 대한 초대형 투자, 스마트폰 갤럭시 시리즈의 밀어붙이기, 미국 텍사스 공장 건설 같은 전략적 선택들은 전문경영인만으로는 쉽지 않았을 장면이었다. 오너의 책임 경영이 있었기에 가능한 도박이었고, 그 도박이 한국 경제를 살렸다. 그러나 이 구조는 오너 개인의 사법 리스크가 기업 전체, 국가 전체로 번져가는 불안정성을 내포했다.

따라서 삼성이 일본 전자업체들의 길을 걷지 않으려면, 오너십의 강점과 전문경영 체제의 견제를 결합하는 새로운 균형이 필요하다. 오너의 결단은 위기를 돌파하는 동력이지만, 그 결단이 무리한 리스크로 전환되지 않도록 제도적 장치가 필요하다. 전문경영인은 실행과 검증, 투명성과 글로벌 스탠더드를 담보하는 역할을 맡아야 한다. 오너십과 전문경영 체제가 함께 작동할 때, 삼성은 일본의 느린 의사결정을 답습하지 않으면서도 오너 리스크의 부작용을 최소화할 수 있다.

이재용은 아버지 이건희와 달리 글로벌 네트워크형 리더십을 앞세우고 있다. 그는 직접 워싱턴과 베이징을 오가며 공급망 외교를 펼치고, 메타·퀄컴·엔비디아 CEO들과 밀착 접촉을 통해 동맹을 구축한다. 이런 외부 지향적 오너십은 전문경영인이 제공할 수 없는 속도와 책임을 담보한다. 그러나 동시에 사법 리스크와 지배구조 논란이라는 취약점은 여전히 삼성의 발목을 잡는다. 이 리스크를 줄이는 방법은 명확하다. 투명한 거버넌스, 제도화된 의사결정, 그리고 전문경영인과 오너십이 조화를 이루는 운영 모델.

일본 전자업체들이 보여준 것은 '오너십이 사라진 기업의 느린 죽음'이었다. 삼성이 피해야 할 길은 바로 이것이다. 빠른 결단과 책임 있는 오너십은 반드시 필요하다. 그러나 그것이 국가 전체를 흔드는 리스크로 전환되지 않도록 전문경영인의 견제와 제도적 보완을 더해야 한다. 삼성의 미래는 초격차 기술에 달려 있는 동시에, 이 거버넌스 균형을 어떻게 구현하느냐에 달려 있다. 한국 경제의 불안은 이 지점에서 줄어들 수도, 더 커질 수도 있다.

삼성이 제국의 이름을 지켜내려면 이제 선택해야 한다. 오너십을 유지하되, 전문경영 체제를 제대로 활용하는 길. 빠른 결단의 힘과 투명한 운영의 안정성을 동시에 끌어안는 길. 그것이야말로 일본 기업들처럼 몰락하는 일을 피하고, 한국 경제의 불안을 넘어설 수 있는 유일한 답이다.

61
삼성 없는 대한민국을 상상할 수 있는가?

국가와 기업의 불가분 관계

한국이라는 나라의 풍경에서 삼성은 그저 거대 기업 중 하나가 아니다. 삼성은 한국의 산업 구조, 수출 체계, 고용망, 증권시장, 그리고 국민의 정서 깊숙한 층위까지 얽혀 있는 거대한 축이다. 삼성 없이는 대한민국의 많은 축이 균열을 겪을 수밖에 없다. 그러나 동시에 '반(反)기업 정서'도 깊게 뿌리내려 있다.

한국 사회는 성장 통로의 많은 부분을 기업에 의존하면서도, 권력과 부의 집중을 경계해왔다. 삼성은 그 경계선 위를 걷는다. 이 장에서는 삼성 없는 대한민국을 상상하며, 동시에 반기업 정서와 현실의 긴장, 그리고 삼성의 무게를 그려 본다.

먼저 통계가 말하는 삼성의 위상을 보자. 삼성전자는 한국 전체 수출의 약 18% 내외를 차지한다. 이 비중은 단순히 한 기업의 수치가 아니라, 한국 수출의 향방이 삼성의 성패와 직결된다는 뜻이다. 수출이 흔들리면 한국 경제 전체가 흔들린다. 또 삼성전자는 국내 주식시장의 거대한 비중을 차지한다. 사람들이 "국민주(國民株)"라

부르는 이유가 있다. 2024년 말 기준, 삼성전자 주식을 보유한 사람은 약 566만 7,792명이다. 이는 단순 투자자가 아니라, 많은 국민이 삼성의 성패를 개인 자산과 연동시킨다는 의미다.

이 수치는 반기업 정서와도 묘한 대비를 이루어. 어떤 사람은 삼성을 '재벌'로, 권력과 특혜의 상징으로 본다. 삼성의 법률 리스크나 공정 경쟁 위반 의혹이 터질 때마다 비난의 화살은 삼성 쪽으로 집중된다. 기업이 수익을 내고 부를 축적하는 것은 정당한 일이지만, 그 부와 권력의 집중이 국민 경제와 사회 전체에 어떤 구조적 위험을 만드는가에 대한 경고도 끊이지 않는다.

그럼에도 불구하고, 삼성 없는 한국을 상상하는 것은 쉽지 않다. 만약 삼성전자가 반도체 시장에서 급격히 후퇴하거나 생산라인을 크게 축소한다면 어떤 일이 벌어질까? 수출이 급락할 것이고, 무역수지는 악화할 것이다. 수많은 협력업체들이 타격을 입을 것이고, 고용이 흔들릴 것이다. 증권시장은 삼성에 크게 의존하고 있기에 시가총액 감소는 한국 증시 전반의 붕괴 압력으로 이어질 수 있다. 국가 신용도에 대한 외국인의 신뢰도 흔들릴 가능성이 크다.

일본 전자 기업들이 몰락한 사례는 이러한 연결망의 붕괴 가능성을 보여준다. 소니, 파나소닉, 도시바 등의 기업은 '기술 중심 기업'이었지만, 글로벌 트렌드 변화에 대응하지 못하고 점차 쇠락했다. 그들이 실패한 이유 중 하나는 느린 의사결정, 내부 관성과 구조적 무게였다. 전문경영인 체제에 매몰된 조직이 빠르게 움직이지 못했고, 시장 변화의 소용돌이 속에서 빠져나가지 못했다. 한국은 그

경로를 닮아서는 안 된다.

삼성은 오너십의 강점을 유지하되, 전문경영 구조를 더해 빠르고 책임 있는 결단을 병행해야 한다. 삼성 없는 대한민국은 허상일 수 있지만, 삼성의 지나친 집중 의존은 또 다른 위험이다. 한국 정부와 사회는 삼성의 성장만 바라보지 말고, 산업 생태계의 균형을 고민해야 한다. 반도체, 가전, 전장, 플랫폼 등 여러 축이 동시다발적으로 경쟁하고 성장할 수 있는 토양을 마련해야 한다. 삼성은 한국의 중심이지만, 중심 하나로만 나라가 굴러가는 구조는 지속 가능하지 않다.

이 이야기는 단순한 경고가 아니라 선택의 문제다. 삼성 없는 한국은 상상하기 어렵지만, 삼성의 리스크가 한국 전체를 흔들어서는 안 된다. 기업의 성장과 국가의 안정을 병립시키는 길, 그것이 이 시대 한국이 풀어야 할 숙제다.

62

글로벌 CEO 네트워크,
선밸리에서 실리콘밸리까지

세계 지도자들과의 네트워크 전쟁

삼성의 회의실에서 결정되는 전략만큼이나 중요한 것은 회의실 밖, 세계 무대에서 이뤄지는 대화의 네트워크다. 반도체 기술의 초격차, 파운드리 점유율 경쟁, AI를 둘러싼 각축전은 특정 기업과 특정 인물의 대화로 윤곽이 그려진다.

이재용이 해외 출장길에 오를 때마다 언론이 주목하는 이유도 그가 가는 곳마다 기술과 자본, 국가와 기업의 이해관계가 얽힌 거대한 네트워크의 노드가 열리기 때문이다. 선밸리 콘퍼런스와 실리콘밸리의 비공식 만찬, 뉴욕의 월가 라운드테이블까지, 세계의 권력은 화려한 무대보다 이런 밀실에서 만들어진다.

선밸리 콘퍼런스는 그 상징적 장면이다. 매년 여름, 미국 아이다호의 고요한 산속 리조트에 모이는 인물들은 글로벌 경제의 보이지 않는 그림자를 만든다. 여기서는 언론이 포착하지 못하는 비공식 담판이 이루어진다. 마크 저커버그가 차세대 메타버스를 설명하고, 워런 버핏이 투자 철학을 풀어내며, 팀 쿡이 애플의 전략을 암시하는 자리에서 이재용 회장이 존재감을 드러낸다. 그는 경쟁자가 아니라 '함께 판을 짜는 협력자'로서 자리한다. 선밸리에서의 만남은 삼성의 로비나 단기 계약을 넘어서 글로벌 CEO들 사이에서 "같은 테이블에 앉을 자격"을 얻는 상징적 무대다.

그러나 선밸리가 모든 것을 해결해주지는 않는다. 네트워크는 유지보다 확장이 관건이다. 그래서 이재용 회장은 실리콘밸리를 자주 찾는다. 실리콘밸리는 단순한 지리적 공간이 아니라 세계에서 가장 치열한 기술 생태계의 전장이다. 여기서는 아이디어가 하루아침에 기업이 되고, 스타트업이 불과 몇 년 만에 빅테크의 대항마로 떠오른다.

엔비디아가 AI 반도체의 절대 강자로 군림하게 된 것도, 오픈AI가 세계적 담론의 주인공이 된 것도, 실리콘밸리라는 토양이 있었기에 가능했다. 삼성은 이곳에서 스타트업에 투자하고, 파트너십을 맺으며, 때로는 신생 기업의 기술을 흡수한다. 이재용 회장이 엔비디아 젠슨 황과, 구글의 순다르 피차이와, 테슬라의 일론 머스크와 직접 만나는 이유는 단순한 예의 차원이 아니라, 앞으로 10년 뒤의 산업 지형을 미리 짜기 위한 움직임이다.

네트워크 전쟁은 협력과 경쟁의 경계에서 벌어진다. 애플은 삼성의 가장 큰 경쟁자이지만 동시에 디스플레이와 메모리의 주요 고객이다. 퀄컴은 파운드리 파트너이자 모바일 칩셋 경쟁자다. 엔비디아는 GPU 시장에서 세계를 장악했지만, 동시에 삼성의 메모리 없이는 제품을 완성할 수 없다. 이 복잡한 이해관계를 풀어내는 무대가 바로 글로벌 CEO 네트워크다. 누가 먼저 손을 내밀고, 누가 양보의 조건을 제시하는가에 따라 수십조 원 규모의 거래와 글로벌 공급망의 균형이 달라진다.

최근 삼성의 행보를 보면, 네트워크 전략이 더욱 치밀해졌다. 워싱턴을 찾아 반도체 보조금 협상을 이어가는 동시에, 베이징을 방문해 중국 당국과 공급망 안정성을 논의한다. 유럽에서는 독일과 네덜란드 기업들과 손을 잡아 반도체 장비 협력을 강화한다. 이재용 회장이 단기간에 수차례 대륙을 오간 이유는 국가 간 블록화가 심해진 지금, 어느 한쪽에만 기대서는 생존할 수 없다는 판단 때문이다.

네트워크를 다층적으로 구축해야 한다. 미국과의 협력 네트워크, 중국과의 생산 네트워크, 일본과의 장비 네트워크, 유럽과의 ESG·친환경 네트워크, 각각은 다르지만 동시에 연결된 생존의 끈이다.

삼성의 글로벌 네트워크는 과거와 비교하면 확실히 달라졌다. 이건희 시대에는 글로벌 무대에서 '기술 중심 기업'으로 인정받는 것이 목표였다면, 이재용 시대에는 기술을 넘어 '연결된 플레이어'로서 입지를 확보하는 것이 핵심이다. 기술 자체가 초격차라면, 네트워크는 초연결이다. 두 축이 만나야만 삼성은 제국의 자리를 지킬 수 있다. 선밸리에서의 악수, 실리콘밸리에서의 투자, 워싱턴에서의 설득, 베이징에서의 긴장된 대화, 모두가 얽혀 하나의 네트워크 전쟁을 이룬다.

이재용이 글로벌 CEO 네트워크를 확장하는 과정은 단순한 외교술이 아니다. 그것은 곧 삼성의 생존 전략이며, 한국 경제의 미래 지도와도 직결된다. 초격차 기술을 확보하더라도 네트워크 전쟁에서 고립된다면, 삼성은 일본 전자기업들이 걸었던 길을 따라갈 수밖에 없다. 그러나 반대로 네트워크의 중심에서 기술과 자본을 연결하는 위치에 오른다면, 삼성은 여전히 세계를 흔드는 거대한 제국으로 남을 것이다.

삼성의 미래는 이제 연구실에서만 쓰이지 않는다. 글로벌 CEO 네트워크라는 무형의 전장에서, 이재용 회장이 누구와 웃으며 사진을 찍고, 어떤 협약을 끌어내느냐에 따라 한국 경제 전체의 지도가 새롭게 그려진다. 선밸리에서 실리콘밸리까지 이어진 이 보이지 않는 길은, 삼성의 초격차 전략을 지탱하는 또 다른 초연결의 망이다. 이 길 위에서 삼성은 생존을 넘어, 제국의 운명을 다시 쓰고 있다.

이건희를 잇는 이재용만의 출구전략

삼성이라는 제국의 역사는 언제나 빛과 그림자가 교차했다. 기술 초격차와 글로벌 1위라는 빛이 있던 만큼, 오너 리스크와 지배구조 불투명성이라는 그림자가 길게 드리워져 있었다. 이병철에서 이건희로, 그리고 이재용으로 이어지는 삼성의 오너십은 한국 경제를 성장시킨 원동력이면서 동시에 국가적 불안을 증폭시키는 요인이기도 했다.

한국에서 삼성 총수의 재판과 수감 소식은 기업의 주가와 국가 신용등급에도 영향을 주는 기이한 풍경을 만들었다. 오너 개인의 법적 문제와 건강 상태가 곧바로 국가 리스크로 연결되는 구조, 이것이 삼성 지배구조의 최대 취약점이었다.

이건희 회장은 "마누라와 자식 빼고 다 바꾸라"는 신경영 선언으로 삼성의 DNA를 바꾸었지만, 지배구조 문제를 완전히 해결하지는 못했다. 순환출자 구조, 승계 과정에서의 편법 논란, 제국을 지탱하는 내부 통제 시스템의 한계는 그의 시대에도 그림자로 남았다. 그러나 동시에 그는 오너십이 가진 강력한 돌파력으로 일본 전자기업들이 좌초한 길을 피해갔다. 소니와 파나소닉이 전문경영인의 느린 합의 구조 속에서 시장을 잃을 때, 이건희는 오너십의 속도와 결단으로 초격차 전략을 실행했고, 삼성은 세계 정상에 올랐다.

이재용이 맞이한 시험대는 한층 복잡하다. 한국 사회 전반에 자리한 반기업 정서, 글로벌 규제의 압박, ESG와 지배구조 투명성 요구, 여기에 미중 패권 경쟁이 교차하는 지정학적 리스크까지 한꺼번에 짊어지고 있다. 그가 과거 사법 리스크로 구속과 재판을 거치면서도 회복해낸 것은 단순한 법적 문제가 아니었다. 삼성이라는 거대한 제국의 지배구조가 이제 어떻게 투명성을 확보하면서도 돌파력을 잃지 않을 것인가라는 본질적 시험이었다.

이재용은 "초격차는 기술만의 문제가 아니다"라고 말한다. 경영철학의 무게 중심을 기술과 네트워크, 인재와 지배구조 개혁으로 확장하고 있음을 보여준다. 그는 전문경영인 체제와 오너십의 균형을 찾으려 한다. 일본 전자업체들이 전문경영인 합의 구조로 인해 결정이 느려지고 기회를 놓쳤던 전철을 밟지 않으려면, 삼성은 여전히 오너십의 강력한 리더십을 발현해야 한다. 하지만 동시에 그 리더십이 불투명성과 특혜 논란을 낳지 않도록 새로운 출구전략이 요구된다.

이재용의 출구전략은 단순한 승계 방어가 아니라, "오너십을 글로벌 규범과 접목하는 작업"이다. 삼성전자는 사외이사 확대와 이사회 권한 강화, 준법감시위원회 설치 등 제도적 장치를 강화하며 시장과 사회에 메시지를 던졌다. 과거처럼 내부에서 모든 것을 통제하는 폐쇄적 시스템이 아니라, 외부와의 소통과 협력을 통해 지배구조의 투명성을 확보하려는 움직임이었다. 동시에 이재용은 글로벌 무대에서 네트워크 경영자로서의 면모를 드러냈다. 엔비디아 젠슨 황, 테슬라 일론 머스크, 퀄컴과 메타의 CEO들과 직접 만나고 협상하는 그의 행보는, 더 이상 한국 내부의 오너십 논리에만 머물지 않고 글로벌 CEO 네트워크 속에서 새로운 정당성을 획득하려는 시도로 읽힌다.

지배구조 개혁은 기술 투자와도 연결된다. 미국 텍사스 테일러 공장에 대한 대규모 투자와 미국 정부의 보조금 확보 과정은, 투명성과 책임성을 확보한 기업만이 글로벌 공급망 재편에서 주도권을 가질 수 있다는 사실을 보여준다. 일본 요코하마연구소 설립 역시 단순한 기술 투자 이상으로, 일본의 반도체 장비·소재 기업들과의 협력 구조를 제도적으로 안정화시키려는 시도였다. 이는 곧 지배구조 리스크를 해외 네트워크와의 제휴를 통해 상쇄하는 전략이기도 했다.

삼성이 맞닥뜨린 시험대는 '이건희의 그림자'를 벗어나면서 동시에 그것을 계승해야 하는 모순적 과제다. 이건희가 남긴 초격차의 정신은 여전히 삼성의 핵심 무기지만, 이재용은 이를 현대적 버전으로 재해석해야 한다. 기술과 인재, 네트워크와 철학을 통합하는 새로운 경영 언어가 필요하다. 무엇보다도 오너 리스크를 제도적 장치로 보완하면서, 여전히 빠른 결단과 돌파력을 유지할 수 있는 구조를 만들어내야 한다.

　삼성의 지배구조와 리스크 관리는 한국 자본주의 전체의 거울이다. 오너십의 강력한 추진력이 일본 전자업체들과의 차이를 만들어냈듯이, 이제는 그 오너십을 어떻게 제도화하고 사회적 신뢰로 전환할지가 시험대가 되었다. 이재용이 내놓을 출구전략은 단순히 삼성의 문제가 아니라, 한국 경제가 글로벌 자본 시장에서 어떤 신뢰를 얻을 수 있을지를 가르는 갈림길이다. 기술 초격차와 함께 지배구조 초격차를 만들어낼 수 있을 때, 삼성은 제국의 빛을 다시 길게 비출 수 있을 것이다.

　이제 질문은 명확하다. 삼성의 오너십은 리스크인가, 아니면 돌파력인가? 이재용의 출구전략은 이 두 얼굴을 어떻게 하나의 길로 묶어낼 것인가? 그리고 그 길 위에서 삼성은 또 한 번 세계의 제국으로서 운명을 이어갈 수 있을까?

SAMSUNG SHOCK

AI와 반도체의 융합은 삼성에게 최후의 승부처가 되었고,
M7과의 협력, 테슬라·퀄컴·애플과의 계약은
글로벌 패권을 다시 그리는 발판이 되고 있다.

우주 위성 네트워크와 양자컴퓨팅 도전은
삼성의 '다음 꿈'을 보여주며, 지구를 넘어 미래 인프라의
핵심 플레이어로 도약하려는 야심을 드러낸다.

ESG는 더 이상 선택이 아닌 생존 조건으로,
2030 탄소중립과 2050 RE100 목표는
기업의 명운을 좌우하는 필수 과제로 자리 잡았다.

'위대한 기업은 왜 몰락하는가'라는 질문은
삼성 내부의 긴장과 교훈을 환기시키며, 슈퍼사이클과
혁신 속에서도 방심이 곧 몰락을 부를 수 있음을 일깨운다.

엔드게임의 질문은 단 하나 – "삼성의 미래는 있는가?"이며,
이는 곧 한국 자본주의 전체가 직면한 생존의 물음으로 확장된다.

SAMSUNG SHOCK

PART 10

미래를 향한 질주

제국의 명운을 건 마지막 질문

63

AI와 반도체의 융합, 최후의 승부

AI 시대의 심장을 잡기 위한 마지막 도전

삼성전자가 지금 바라보고 있는 최전선은 더 이상 단순히 반도체를 잘 만드는 기업이라는 범주에 갇히지 않는다. 그것은 AI라는 새로운 시대의 심장을 쥐고, 그 심장에 흐르는 혈액이 곧 반도체라는 명제를 스스로 증명해내는 싸움이다. 반도체는 AI를 돌리는 엔진이고, AI는 반도체의 가치를 배가시키는 촉매다. 이 두 가지의 융합은 그 자체로 하나의 산업혁명이자 권력 구조의 재편을 의미한다. 그리고 그 무대 한가운데서 삼성은 최후의 승부를 준비하고 있다.

AI 반도체라는 이름은 이미 오래전부터 등장했지만, 그 진정한 위력은 엔비디아의 GPU가 대규모 언어 모델을 훈련시키면서 세상에 각인되었다. 챗GPT의 성공은 세계 시장에 단 하나의 사실을 각인시켰다. AI는 소프트웨어의 문제가 아니라 하드웨어의 문제라는 것. 즉, 알고리즘의 개선보다 더 중요한 것은 그 알고리즘을 처리할 수 있는 막대한 연산 능력이고, 그 연산의 심장이 반도체라는 명제가 현실로 굳어졌다. 이 지점에서 삼성이 놓친 기회와, 다시 붙잡으려는 집념은 한 편의 드라마와 같다.

삼성이 준비하는 승부수의 중심에는 M7으로 불리는 한국의 AI 스타트업 연합과의 협력이 있다. LG, 네이버, 카카오, KT, 삼성, SK텔레콤 등 한국의 대표 ICT 기업들이 뭉쳐 만든 이 연합은 AI 주권을 지키려는 집단적 시도이자, 글로벌 초거대 AI 기업들에 맞서는 최소한의 연합 전선이다. 삼성은 이 구도 속에서 자신만의 전략적 위치를 찾으려 한다.

단순히 연합의 일원으로 참여하는 수준을 넘어, 반도체라는 무기를 들고 M7의 뇌와 신경망에 전력을 공급하는 역할을 맡겠다는 구상이다. 즉, 소프트웨어를 키우는 국내 빅테크들이 AI 모델을 설계하고 학습시킨다면, 삼성은 그 모델을 구동시키는 칩과 인프라를 제공하는 방식으로 시너지를 내겠다는 것이다.

여기서 주목해야 할 점은 삼성의 칩 개발 전략이다. 삼성은 파운드리와 메모리 양쪽에서 AI 최적화 칩을 선보이려는 청사진을 그리고 있다. 파운드리에서는 2nm와 1.4nm로 이어지는 초미세 공정에서 엔비디아와 AMD, 퀄컴 같은 글로벌 팹리스를 붙잡기 위해 총력전을 벌이고 있다.

특히 퀄컴과의 협력은 이재용이 직접 미국 출장길에서 밀담을 나눈 의제로 거론될 만큼 중요한 과제다. 퀄컴이 ARM 기반 AI 칩 설계에 집중하고 있는 만큼, 삼성 파운드리가 그 생산 기지를 맡는다면 글로벌 AI 반도체 질서에서의 입지를 강화할 수 있다.

메모리 쪽에서는 HBM이 핵심이다. HBM3E를 넘어 HBM4에 이르는 전쟁터는 이미 AI 서버 수요 폭발로 불타오르고 있다. SK하이닉스가 엔비디아의 HBM3 공급자로 각광받았지만, 삼성은 HBM4의 조기 개발과 양산을 통해 반전을 노리고 있다. AI가 요구하는 것은 단순한 속도의 향상이 아니라, 데이터 병목을 없애는 전송 구조의 혁신이다. 이 지점에서 삼성은 패키징과 메모리의 융합을 통해 AI 서버 전체를 최적화하는 솔루션 기업으로 진화하려는 시도를 보인다.

AI 전용 칩 개발은 또 하나의 축이다. 삼성은 엑시노스 라인을 통해 모바일 AI 칩을 준비하면서, 서버급 AI 가속기 분야에서도 별도의 아키텍처를 연구하고 있다. 특히 주목받는 것은 온디바이스 AI다. 서버에 의존하지 않고 스마트폰과 가전기기 안에서 AI 연산을 수행하게 하는 기술은, AI 시대의 새로운 표준이 될 가능성이 크다.

갤럭시26 시리즈에 탑재될 엑시노스 2600은 이 구상의 상징적 결과물로, M7이 개발하는 한국형 초거대 언어 모델과 직접 호환되는 형태로 설계될 수 있다는 관측도 나온다. 만약 이것이 실현된다면, 삼성은 한국형 AI−반도체 융합 생태계의 중심축으로 자리매김할 수 있다.

삼성이 이 융합 전략에서 직면하는 최대의 난관은 글로벌 질서다. 미국은 반도체 보조금을 무기로 반도체 공급망을 자국 중심으로 재편하고 있고, 중국은 독자적 AI 칩 생태계를 구축하려고 달려가고 있다. 엔비디아, 구글, 마이크로소프트, 애플 같은 빅테크는 자체 AI 칩 개발에 나서며, 파운드리와 패키징 기업을 선택할 권한을 무기로 시장 질서를 흔들고 있다. 이 거대한 격랑 속에서 삼성은 독자 행보를 취할지, 아니면 동맹과 연합에 기대어 생존을 모색할지를 결정해야 한다.

M7과의 협업은 이 혼돈 속에서 의미 있는 안전판이다. 한국형 AI 연합이 독자적 생태계를 만들고, 삼성 반도체가 그 연합의 하드웨어 허브가 된다면, 글로벌 질서 속에서 일정한 자율권을 확보할 수 있다. 이는 과거 일본이 반도체를 키우지 못하고 몰락한 길과 대비된다. 일본은 소니, 파나소닉, 도시바 등 각자 고립된 전략 속에서 반도체 경쟁에서 밀려났지만, 삼성은 국가적 차원의 연합체와 결합하여 생태계 중심축을 구축하려 한다.

이재용 회장이 "초격차는 기술이 아니라 생태계에서 나온다"고 강조하는 것도 같은 맥락이다. 반도체 단품으로는 승부를 보기 어렵다. 메모리와 파운드리, 패키징과 AI 모델, 서버와 모바일까지 하나로 묶어내는 종합적 솔루션을 내놓을 때 비로소 초격차가 유지된다. 그리고 그 초격차는 반도체와 AI의 융합이라는 새로운 문법 속에서만 가능하다.

AI 반도체 융합의 최후 승부는 기술만의 문제가 아니다. 인재 확보, 글로벌 파트너십, 정치적 줄타기, ESG 압박까지 총체적 과제가 얽혀 있다. 그러나 분명한 것은, AI 시대에 심장을 쥐지 못하는 기업은 아무리 과거에 제국이라 불렸더라도 무대 위에서 퇴장할 수밖에 없다는 냉혹한 진실이다. 삼성은 지금, 바로 그 심장을 쥐기 위해 마지막 도전을 준비하고 있다.

64

우주와 양자, 삼성의 다음 꿈

지구를 넘어 우주로, 양자 시대의 기로

삼성의 무대가 더 이상 지구 안에 갇혀 있지 않다는 신호는 오래 전부터 흘러나왔다. 반도체와 스마트폰, 가전과 디스플레이를 넘어, 미래 산업의 패권을 움켜쥐려는 시선은 지구 밖으로 뻗어갔다. 위성과 우주 통신, 그리고 양자 컴퓨팅. 이 키워드들은 단순한 기술 키워드가 아니라, 국가와 기업의 운명을 재편할 좌표였다.

지금 삼성은 바로 그 좌표 위에 서 있다. 우주 산업은 더 이상 NASA나 러시아의 로스코스모스만의 무대가 아니다. 스페이스X, 블루오리진 같은 민간 기업들이 로켓을 쏘아 올리고 위성 군단을 띄워 전 세계를 연결하는 시대가 되었다. 이 무대에서 삼성의 선택은 우주 통신망과 반도체, 그리고 위성기기였다. 갤럭시 스마트폰 일부 모델에 위성 통신 기능이 탑재되면서, '스마트폰이 곧 위성 단말기'라는 개념은 더 이상 먼 미래의 이야기가 아니었다. 오지에서도, 바다 한가운데서도, 심지어 재난 상황에서도 신호를 잡을 수 있는 스마트폰은 단순한 소비재가 아니라 인류 생존 인프라로서의 가능성을 보여주었다.

삼성이 준비 중인 차세대 위성 통신 반도체는 바로 이 비전의 심장이다. 초저전력, 초소형 칩을 위성 단말기에 넣어 네트워크를 가능하게 만드는 작업은 단순한 기술 도전이 아니라, 글로벌 네트워크 질서를 흔드는 행위였다. 지금까지는 미국의 스타링크가 사실상 독점하다시피 한 저궤도 위성 네트워크를 삼성의 반도체가 지원하는 순간, 삼성은 다시 한 번 '글로벌 필수 기업'이라는 타이틀을 되찾을 수 있다.

양자 기술은 또 다른 축이다. 삼성이 양자 컴퓨팅 연구에 직접적으로 뛰어든 지는 오래되지 않았지만, 이미 투자와 연구 협력의 발걸음은 빨라지고 있다. 양자 점프를 상징하는 큐비트의 세계는 지금의 반도체 패러다임을 완전히 바꿀 수 있는 가능성을 품고 있다. 삼성은 양자 난수 생성 칩, 양자 암호 통신, 그리고 장기적으로는 양자 프로세서까지 염두에 두고 있다.

특히 글로벌 기술 기업들이 양자 보안에 사활을 거는 이유는 단순하다. 기존의 암호 체계를 무너뜨릴 수 있는 양자 시대가 오면, 새로운 보안 표준을 장악하는 자가 모든 것을 장악하게 되기 때문이다. 삼성은 바로 그 초입에서 반도체와 양자를 연결하려 한다.

CES 2025에서 삼성은 'Home AI'와 함께 위성 통신과 양자 보안을 결합한 미래 로드맵을 일부 시사했다. 단순히 집 안의 기기들을 연결하는 것을 넘어, 지구 어디서든 동일한 연결성과 보안을 제공하겠다는 선언이었다. 언뜻 거대한 공상처럼 들리지만, 이는 반도체

와 AI, 우주 통신과 양자가 결합된 전략적 그림이다. 이재용 회장
이 말한 "미래 세대를 위한 무모해 보이는 도전"은 바로 이런 비전
을 향하고 있었다. 양자 시대의 기로에서 삼성의 선택은 단순히 기
술적 가능성을 탐색하는 수준을 넘는다.

일본과 유럽은 이미 국가 차원에서 양자 기술에 막대한 투자를
하고 있고, 구글과 IBM은 양자 컴퓨터 실험에서 성과를 발표하며
여론을 주도하고 있다. 이런 판에서 삼성은 양자 칩을 통한 현실적
응용, 즉 보안·통신·AI 연산에 특화된 접근으로 차별화를 꾀하고
있다. 양자 프로세서가 본격적인 상용화 단계에 들어가기 전, 반도
체 기업으로서의 입지를 활용해 '양자화된 반도체 생태계'를 조기
에 장악하려는 것이다.

우주와 양자는 얼핏 서로 다른 영역처럼 보이지만, 삼성은 이 두
가지를 하나의 서사로 묶고 있다. 인류의 통신망이 지구를 넘어 우
주로 확장될 때, 그 네트워크를 지탱할 칩은 반드시 필요하다. 동
시에 그 네트워크의 보안을 보장하는 열쇠는 양자 기술이다.

즉, 삼성은 우주와 양자를 두 축으로 묶어 미래의 '초연결 – 초보
안 네트워크'를 그리려는 것이다. 지구상의 스마트폰과 가전, 서버
를 넘어 우주와 양자까지 확장되는 삼성의 서사는, '지구를 넘어선
제국'이라는 새로운 문장을 쓰려는 몸부림이다.

이제 질문은 하나다. 삼성은 과연 이 무모해 보이는 꿈을 실현할
수 있을까? 반도체 패권 경쟁에서 이미 치열하게 몰려 있는 상황
에서, 우주와 양자라는 미지의 영역까지 손을 뻗는 것은 분명 부담

스러운 도박일 수 있다. 그러나 동시에 그것은 유일한 출구일 수도 있다. AI, 반도체, 그리고 글로벌 질서가 격변하는 이 시대에, 우주와 양자는 삼성에게 다시 한 번 제국의 언어를 되찾아줄 새로운 문장이 될 수 있다. 삼성의 다음 꿈은 지구의 끝에서 시작된다. 그리고 그 끝은 곧 우주와 양자라는, 아직 쓰이지 않은 페이지다.

지속가능 경영, 기업의 명운

ESG 시대, 생존을 위한 필수 조건

삼성전자의 무게는 언제나 한국 경제를 넘어 세계 시장 위에 얹혀 있었다. 반도체의 사이클, 스마트폰의 흥망성쇠, M&A의 한 걸음이 곧 국가 수출과 세수의 줄기를 흔드는 파급력으로 이어졌다. 그러나 지금 삼성에게 가장 큰 무게로 다가오는 것은 기술적 경쟁도, 글로벌 동맹도 아닌 ESG라는 이름의 거대한 시대적 요구다. 과거 기업의 존재 이유가 '이윤 극대화'라면, 오늘날은 '지속가능성'이 그 위에 놓였다. 수익을 내는 것보다 더 중요한 것은 어떻게 내는가다. 삼성이 이 질문에 제대로 답하지 못한다면 초격차와 제국의 서사는 하루아침에 퇴색할 수 있다.

삼성전자가 ESG의 파고 앞에서 진정성을 시험받은 것은 결코 어제오늘 일이 아니다. 반도체 백혈병 논란으로 수십 년간 이어진 인권 문제, 무노조 경영이 남긴 구조적 상처, 기후위기 앞에서의 더딘 대응 등은 모두 기업의 빛나는 성취 뒤에 드리운 그림자였다. 글로벌 시장은 이제 기업에게 기술력뿐 아니라 책임감을 요구한다.

유럽연합은 '탄소국경조정제도(CBAM)'를 시행하며 수출기업들에 사실상 환경세를 부과하기 시작했고, 미국은 ESG 기준을 투자 판단의 주요 지표로 삼고 있다. 투자자, 소비자, 그리고 규제 기관 모두가 지속가능성의 잣대를 들이대는 시대에, 삼성은 단순히 "좋은 제품을 만든다"는 언어로는 살아남을 수 없다.

이재용은 회장 취임 후 "지속가능성이 곧 생존"이라고 공언했다. 선언은 화려했지만 문제는 실천이다. 삼성은 2050년까지 '넷 제로(탄소중립)'를 달성하겠다는 계획을 내놨다. 반도체 부문은 2040년, DX(디바이스 경험) 부문은 2030년까지 재생에너지 전환을 마치겠다는 청사진도 제시했다. 그러나 이러한 목표는 글로벌 경쟁사들과 비교했을 때 늦은 감이 있다는 비판을 피할 수 없었다.

애플은 이미 자사 공급망까지 포함해 탄소중립을 사실상 완성해가고 있고, 구글과 마이크로소프트는 재생에너지 100% 사용을 넘어 탄소 네거티브 전략까지 내걸고 있다. 삼성의 계획은 야심차 보이지만, '추격자'의 언어라는 평가가 따라붙는 이유다.

삼성의 대응에서 주목할 점은 에너지와 자원 효율성을 기업 전략의 중심으로 가져오기 시작했다는 점이다. 미국 텍사스에 세운 반도체 공장에 친환경 냉각 시스템을 도입하고, 수자원 재활용 설비를 대규모로 설치한 사례는, 단순한 비용 절감이 아니라 ESG 점수를 겨냥한 행위였다. 또 가전 부문에서는 '제로 스탠바이 전력' 냉장고와 AI 기반 에너지 효율 관리 시스템을 적용한 에어컨을 내세우며, ESG가 기술 혁신의 프레임으로 자리 잡고 있음을 보여주었다.

그러나 삼성의 ESG 서사에서 더 흥미로운 지점은 '사회적 가치'와의 접합이다. 단순히 환경만이 아니라, 협력업체와의 관계, 노동 문제, 지배구조가 모두 ESG의 축으로 묶이기 때문이다. 삼성은 무노조 경영을 버리고 노동조합과의 공식적 협의 테이블을 열었지만, 갈등은 여전히 진행형이다.

협력업체에 대한 공정거래 논란은 반복적으로 불거지고 있으며, 반도체 산업의 글로벌 공급망에서 인권 문제가 제기될 때마다 삼성의 이름도 함께 언급된다. ESG는 외부의 평가 기준인 동시에 내부의 고질적 문제를 정면으로 직시하게 만드는 거울이었다.

특히 투자자들의 시선은 날카롭다. 블랙록, 뱅가드 같은 글로벌 자산운용사들은 ESG 지표를 기준으로 투자 비중을 조정하고 있으며, 삼성전자 역시 이들의 요구를 외면할 수 없다. 삼성이 ESG 지표에서 뒤처진다면, 기술 경쟁에서 앞서더라도 자본 시장에서 불리한 평가를 받을 수밖에 없는 구조다. 반대로 ESG 성과를 강화하면, 투자와 브랜드 가치가 동반 상승하는 선순환을 기대할 수 있다.

삼성이 직면한 위기의 본질은 '뒤늦음'이다. 일본이 전자산업에서 몰락한 이유 중 하나가 변화에 대한 늦은 대응이었다는 점을 고려하면, 삼성의 ESG 행보 역시 같은 함정을 피해야 한다. 지금까지의 역사에서 삼성은 위기마다 방향을 틀어 제국을 연명해왔다. 그러나 ESG 시대의 도전은 돌발 상황이 아니라 구조적 변화다. 여기에 뒤처진다면 과거의 초격차 전략은 더 이상 유효하지 않다.

이재용 회장이 말한 "100년 기업"의 비전은 ESG를 통과하지 않고서는 불가능하다. 이는 단순한 생존의 과제가 아니라, 글로벌 패권 기업으로 남기 위한 문턱이다. 소비자는 환경 친화적이고, 인권을 존중하며, 투명한 지배구조를 가진 기업에 더 많은 신뢰를 보낸다. 반도체 초격차와 AI폰 혁신이 아무리 화려해도, ESG라는 무대 위에서 미끄러지면 그것은 곧 몰락으로 이어질 수 있다.

삼성의 지속가능 경영은 이제 선택이 아니라 운명이다. 기업의 명운을 건 싸움이 기술의 격차가 아닌 가치의 격차에서 벌어지고 있는 시대, 삼성은 얼마나 빠르게 이 새로운 언어를 체화할 수 있는지 시험대에 올라 있다. 초격차 기술을 외친 제국의 후예가 ESG라는 무대 위에서 다시 한 번 생존의 답을 써 내려갈 수 있을지, 그것이야말로 삼성의 미래를 가르는 진짜 질문이다.

66

"위대한 기업은 왜 몰락하는가?"라는 질문

글로벌 대기업의 공통된 함정

거대한 제국이 무너질 때는 언제나 전조가 있었다. 그러나 그 징후는 대개 내부 사람들에게조차 분명하게 보이지 않는다. 잘 나갈 때일수록, 위기가 더 가까이 다가와도 안도감은 더 두터워진다. 한때 세계를 주름잡던 GE의 몰락, 노키아와 모토로라의 추락, 일본 전자 제국의 붕괴는 모두 승리의 순간에 씨앗이 뿌려져 있었다. 그래서 사람들은 묻는다. 위대한 기업은 왜 몰락하는가? 삼성 역시 지금 그 질문을 피할 수 없는 지점에 와 있다.

GE는 미국 산업의 상징이었다. 항공기 엔진부터 금융 서비스, 가전제품까지 손대지 않는 분야가 없었던 제국은 1990년대만 해도 미국 시가총액 1위 기업이었다. 그러나 확장 일변도의 경영은 시장 변화에 둔감한 괴물로 회사를 바꿔놓았다. 금융위기 이후 불어닥친 규제와 시장 재편 속에서 GE는 방향을 잃었고, 결국 제국의 이름은 분해되듯 흩어졌다. 핵심을 놓치고 모든 것을 붙잡으려 했던 탐욕이 위대한 기업을 해체시킨 것이다.

노키아와 모토로라의 추락은 기술 패러다임을 놓친 사례였다. 피처폰의 시대에 세계를 지배하던 노키아는 스마트폰의 물결을 끝내 받아들이지 못했다. 모토로라는 휴대폰 디자인의 아이콘이었지만, 애플이 아이폰으로 생태계의 새로운 문법을 쓰는 순간 역사의 뒤안길로 밀려났다. 그들은 기능을 개선하는 데 열중했지만, 플랫폼 전환이라는 지각변동을 읽지 못했다. 이 교훈은 삼성에게도 치명적이다. 반도체와 스마트폰이라는 두 기둥이 여전히 강력하지만, AI와 초연결 플랫폼이라는 새로운 패러다임 앞에서 같은 함정에 빠질 수 있다.

일본 전자기업들의 몰락은 또 다른 교본을 제공한다. 소니, 파나소닉, 도시바, 샤프는 한때 세계 시장을 호령했으나 느린 의사결정과 내부 파벌 싸움, 전문경영인 체제가 만들어낸 책임 없는 경영으로 무너졌다. 삼성과 같은 오너십 구조를 '리스크'라고 부르는 시각도 있지만, 일본식 전문경영이 남긴 교훈은 더 날카롭다. 오너십이 사라진 일본 대기업은 혁신적 결정을 내리지 못했고, 기회를 붙잡는 대신 회의와 보고로 시간을 흘려보냈다. 삼성은 이 길을 따라가서는 안 된다. 오너 리스크를 관리하면서도, 오너십의 결단력은 반드시 살려야 한다.

위대한 기업이 몰락하는 또 다른 이유는 자만이다. 내부 구성원들이 자신들이 이룬 성취에 도취되고, 시장의 신호를 무시하는 순간, 추락은 이미 시작된다. 블록버스터가 넷플릭스의 도전을 가볍게 여겼을 때, 코닥이 디지털 카메라를 비웃었을 때, 몰락은 이미 예정돼 있었다. 삼성 역시 초격차라는 언어에 갇혀 기술적 우위를 당연하게 여긴다면 같은 길을 갈 수 있다. 지금 TSMC가 보여주는 치밀함, SK하이닉스의 과감한 선택, 애플의 생태계 전략은 모두 삼성에게 "자만하지 말라"는 경고로 읽힌다.

삼성 내부의 균열도 이 질문과 맞닿아 있다. TF 체제의 난맥, 노조와의 갈등, ESG 대응 지연은 외부의 기술 경쟁만큼이나 내부에서 회사를 잠식하는 요인이다. 위대한 기업이 무너질 때, 기술의 부재보다 더 빨리 다가오는 것은 내부의 피로감과 관료주의다. 협업이 무너지고, 책임 있는 결정을 내리지 못하며, 혁신보다 리스크 회피가 우선되는 순간 제국은 제 스스로의 무게에 짓눌린다.

그럼에도 삼성이 가진 강점은 분명하다. 오너십과 전문경영의 혼합 모델, 반도체와 AI를 잇는 기술 역량, 글로벌 네트워크는 여전히 강력한 무기다. 이재용 회장이 택해야 할 길은 이 무기들을 어떻게 배치하고, 어떻게 시대의 변화를 읽어내느냐에 달려 있다. "위대한 기업은 왜 몰락하는가?"라는 질문은 삼성에게 있어 곧 "삼성은 어떻게 살아남을 것인가?"라는 질문과 같다.

몰락은 기술 부족에서 오는 것이 아니다. 시대의 언어를 잃고, 내부의 균열을 방치하며, 결단의 순간을 놓칠 때 찾아온다. 삼성이 위대한 기업의 궤적을 유지하려면, 지금 이 질문을 가슴 깊이 새기고 답해야 한다. 제국은 언제나 내부에서 무너진다. 그렇다면 삼성은 제국의 운명을 피할 수 있을까? 그것이 지금 한국 경제와 세계 시장이 가장 궁금해하는 질문이다.

67

삼성 쇼크, 한국 자본주의의 거울

제국의 흥망을 비추는 사회적 거울

한국 사회에서 삼성전자는 언제나 기업을 넘어 제국이었다. 주식 시장의 시총 비중에서, 수출에서 차지하는 압도적인 비율에서, 그리고 국민 개개인의 삶 속에 스며든 제품과 이미지에서 삼성은 국가와 동격으로 불리기도 했다. 그래서 '삼성 쇼크'라는 말은 단순한 실적 부진이나 시장 점유율 하락을 의미하지 않는다. 그것은 곧 한국 경제 전체가 흔들리는 지각변동의 은유였다. 2023년과 2024년 초 삼성은 바로 그 '쇼크'의 주인공이었다.

TSMC가 3나노와 2나노에서 압도적인 수율을 기록하며 글로벌 팹리스 기업들을 빨아들이는 동안 삼성의 파운드리 사업은 '수율 20%대'라는 오명에 시달렸다. 엔비디아는 TSMC의 품을 안심하고 찾았고, 애플 역시 파운드리에서 삼성을 외면한 채 대만으로 기울었다. HBM 전쟁에서는 SK하이닉스가 엔비디아의 주요 공급자로 떠오르며 "메모리의 왕좌는 이미 하이닉스에 있다"는 평가가 나왔다.

삼성이 한때 자랑하던 '초격차'의 상징은 붕괴되는 듯 보였고, 한국 사회는 "삼성마저 흔들린다면 한국 경제는 어디에 의지할 것인가?"라는 공포에 휩싸였다. 그런데 이 위기는 다른 이름의 기회가 되어 돌아왔다. 2024년 하반기, 삼성이 공개한 3나노 게이트올어라운드(GAA) 공정은 업계가 주목하던 수율 개선을 이뤄냈다. 초기 양산의 난맥을 뚫고 60% 이상의 안정된 수율을 달성했다는 소식은 곧 파운드리 고객사들에게 신호탄처럼 퍼졌다.

이어서 2나노 라인에서도 시험 생산에서 경쟁력 있는 결과가 나오자, 퀄컴이 차세대 모바일 칩 생산을 삼성과 논의 중이라는 뉴스가 흘러나왔다. 업계는 "삼성이 추락했다"는 비명에서 "삼성이 다시 살아났다"는 놀라움으로 바뀌고 있었다.

메모리 시장의 지형도 반전의 기회를 안겼다. AI 붐이 몰고 온 서버 수요 폭발은 HBM을 넘어 DDR, 낸드, LPDDR까지 전 범위의 메모리 수요를 끌어올렸다. SK하이닉스가 HBM3E에서 먼저 자리잡았지만, 삼성은 곧장 HBM4로 치고 들어가며 초격차 승부를 준비했다. 글로벌 슈퍼사이클이 도래하면서 "메모리 제국 삼성의 귀환"이라는 말이 다시 떠올랐다. 이재용 회장은 메모리 사업부 인력 총집결을 지시하며, AI 서버와 슈퍼컴퓨팅용 메모리를 핵심 먹거리로 밀어붙였다.

여기에 '삼성 쇼크'의 극적인 반전은 테슬라와 애플이라는 이름과 맞물렸다. 일론 머스크가 테슬라의 차세대 FSD 칩 파운드리 계약을 삼성과 체결했다는 뉴스는 업계를 뒤흔들었다. 테슬라가 요구한 것은 단순한 위탁생산이 아니라 자율주행의 뇌를 맡길 수 있는 파트너였고, 그 자리에 삼성의 로고가 들어간 것이다. 애플 역시 한때는 소니와만 협력하던 이미지 센서 공급망을 삼성으로 확대하며 "삼성은 여전히 빠질 수 없는 기업"임을 증명했다. 두 기술 제국의 심장부에 동시에 삼성의 칩이 들어간다는 사실은, 위기의 삼성이라는 내러티브를 반격의 서사로 바꿔놓았다.

퀄컴과의 협력도 주목할 만했다. 이재용이 직접 미국 출장길에서 퀄컴 CEO 크리스티아노 아몬과 만나 파운드리 협력을 논의했다는 사실은 업계의 시선을 사로잡았다. 퀄컴은 모바일 칩 분야에서 삼성과 경쟁하기도 했지만, 동시에 파운드리 고객이 될 수 있는 중요한 존재였다. 애플과 TSMC의 끈끈한 관계 속에서, 삼성으로서는 퀄컴을 잡는 것이 곧 글로벌 시장 점유율을 되찾는 지름길이었다.

여기에 한국판 초거대 AI 연합 M7과의 협업은 삼성의 위상에 또 다른 색채를 더했다. 네이버, 카카오, SK텔레콤, LG, KT, 삼성전자 등 한국 ICT 대표 기업들이 모여 만든 연합체는 "한국판 챗GPT"를 꿈꾸며 글로벌 AI 주권을 외쳤다. 이 연합에서 삼성은 단순한 참여자가 아니라, 반도체라는 인프라를 쥔 핵심 공급자로서 자리 잡았다. M7이 개발하는 AI 모델이 결국 삼성의 칩 위에서 돌아가게 된다면, 국내 생태계 전체를 삼성 중심으로 엮어낼 수 있는 가능성이 열리는 것이다.

이처럼 파운드리의 수율 개선, 메모리 슈퍼사이클, 테슬라·애플·퀄컴이라는 고객사, 그리고 M7과의 연합까지. 삼성이 직면했던 '위기의 삼성 쇼크'는 다시 '부활의 삼성 쇼크'라는 언어로 교체

되고 있었다. 그리고 이 장면은 한국 자본주의의 거울과도 같았다. 삼성에 위기가 오면 한국 사회는 흔들리고, 삼성이 반등하면 한국 경제 전체가 살아난다는 사실. 국가와 기업의 운명이 불가분하게 얽혀 있다는 사실은, 다시 한 번 극적으로 증명되고 있었다.

삼성의 흥망은 단순히 한 기업의 실적이 아니라 한국 자본주의 전체의 리트머스 시험지였다. TSMC와 하이닉스에게 밀리며 몰락을 걱정하던 순간에도, 반등의 불씨는 기술과 동맹 속에 살아 있었다. 위대한 기업은 무너지는 순간에도 다시 일어날 수 있는 힘을 품는다. 그리고 지금, '삼성 쇼크'는 위기의 상징에서 부활의 아이콘으로 바뀌며 한국 자본주의의 아이러니한 거울로 서 있다.

68

엔드게임 – 삼성의 미래는 있는가?

마지막 장면에서 묻는 생존의 조건

삼성의 역사는 위기와 반등의 연속이었다. IMF 외환위기에서 국민들은 "삼성이 버티면 한국도 산다"는 믿음을 키웠고, 글로벌 금융위기 속에서도 반도체와 스마트폰으로 제국의 언어를 이어갔다. 그러나 지금 묻지 않을 수 없는 질문은 더 근본적이다. 초격차를 외치던 제국이 기술 패러다임의 전환 앞에서 끝까지 살아남을 수 있을까? 삼성의 미래는 있는가?

현재 삼성의 가장 큰 무대는 여전히 반도체다. 하지만 메모리 초격차 전략이 영원히 유효하지는 않다는 것은 모두가 알고 있다. 하이닉스가 HBM 전장에서 선두를 차지했고, TSMC가 3나노와 2나노 파운드리에서 시장을 압도하며 '삼성은 추격자'라는 프레임을 만들어냈다.

엔비디아, 애플, 구글, 마이크로소프트 같은 글로벌 빅테크는 자신들의 칩을 직접 설계하며 공급망의 주도권을 강화하고 있다. 삼성이 제국의 권좌를 유지하기 위해서는 반도체를 넘어 AI, 초연결,

ESG라는 복합적 해답을 찾아야 한다. 삼성이 최근 수율 개선에 성공하며 2나노 공정에서 다시 승부수를 띄운 것은 의미심장하다. 하지만 이는 시작일 뿐이다. AI 반도체 시장은 단순히 더 미세한 공정에서 경쟁하는 무대가 아니다. 퀄컴과의 협력, 테슬라와의 FSD 칩 계약, 애플과의 이미지 센서 공급이라는 굵직한 동맹들이 이어졌지만, 그것이 장기적 지위를 보장하지는 않는다.

이재용이 직접 나서 글로벌 CEO들과의 네트워크를 공고히 하고, M7 같은 국내 AI 연합과 손을 맞잡는 이유는 분명하다. 기술만으로는 생존할 수 없고, 생태계와 동맹이 새로운 제국의 질서를 결정하기 때문이다.

그러나 엔드게임의 본질은 기술이 아니다. 그것은 사람의 문제다. 이건희가 "마누라와 자식 빼고 다 바꾸라"는 선언으로 신경영의 시대를 열었듯, 위대한 기업의 생존은 결단의 순간을 놓치지 않는 리더십에서 비롯된다. 일본 전자업체들이 혁신적 오너십을 잃고 관료화된 전문경영 체제에 갇혀 몰락했듯, 삼성 역시 결단과 실행을 잃는다면 똑같은 길을 갈 수 있다.

오너 리스크는 여전히 무겁게 드리우지만, 그럼에도 불구하고 위기 국면에서 빠른 의사결정을 내리는 구조가 없다면, 삼성이 이 거대한 게임판에서 살아남을 방법은 없다. 삼성이 앞으로 직면할 엔드게임은 기술과 경영, 사회적 요구가 복합적으로 얽힌 퍼즐이다.

AI와 반도체의 융합은 산업의 심장을 재편할 것이고, ESG는 기업이 사회적 존재로 인정받는 최소한의 자격증이 될 것이다. 초연결 플랫폼 전쟁은 소비자의 감성과 문화를 지배하는 기업만이 승리하는 구도로 흘러갈 것이다. 이 모든 질문 앞에서 삼성은 이제 한국의 기업이 아니라 글로벌 자본주의의 시험대가 되었다.

위대한 기업이 왜 몰락하는지를 보여주는 사례는 넘쳐난다. GE, 노키아, 일본 전자 제국의 몰락은 모두 "영원한 제국은 없다"는 진실을 증명한다. 그러나 동시에 애플처럼 위기를 혁신으로 바꾸어 다시 전성기를 누리는 기업도 존재한다.

삼성은 지금 갈림길에 서 있다. 몰락의 곡선을 그릴 것인가, 아니면 제2의 전성기를 열 것인가? 한국 사회가 이 질문에 매달리는 이유는 단순하다. 삼성의 운명은 한국 경제와 떼려야 뗄 수 없는 연결고리이기 때문이다. 삼성 없는 대한민국을 상상하기 어려운 이유는 수출과 세수의 절반 가까이를 책임지는 비중 때문만이 아니다. 그것은 한국 자본주의가 가진 불안과 희망, 성공과 실패가 고스란히 삼성이라는 이름에 투영되어 있기 때문이다.

엔드게임은 결론을 예비하지 않는다. 기술과 사람, 제국의 서사가 맞물리며 쓰이는 마지막 장은 언제나 예측 불가능하다. 그러나 분명한 것은 하나다. 삼성의 미래를 묻는 질문은 곧 한국 자본주의의 미래를 묻는 질문이다. 반도체와 AI, 우주와 양자, ESG와 글로벌 동맹의 교차로에서 삼성은 다시 한 번 제국의 언어를 쓰려 하고 있다. 그리고 우리는 그 엔드게임의 막이 오르는 장면을 목격하고 있다.

69

테슬라·애플 동맹 이후, 글로벌 질서 속의 삼성

거대 동맹 사이에서의 위치 찾기

삼성전자의 미래를 둘러싼 좌표는 이제 더 이상 한국이라는 작은 지도에 갇히지 않고 세계 패권의 교차로 위에서 그려지고 있다. 이재용이 수차례 해외 출장에서 강조했듯이, 반도체와 AI의 경쟁은 단일 기술 기업의 생존 문제가 아니라 국가 경제의 향방을 좌우하는 전쟁이다. 이 전쟁의 핵심에는 삼성이 누구와 손을 잡고, 어느 정도 규모의 동맹을 맺느냐가 놓여 있다.

그 상징적 첫 장면은 테슬라였다. 2025년 7월, 삼성은 테슬라와 약 165억 달러, 한화로 22조 7천억 원 규모의 파운드리 계약을 체결했다. 이는 계약 기간만 보아도 8년 5개월에 이르는 장기 프로젝트였다. 삼성의 텍사스 테일러 공장에서 테슬라의 차세대 AI 칩을 생산하는 이 계약은 단일 고객 기준으로 삼성 역사상 최대 규모라는 평가를 받았다.

테슬라 CEO 일론 머스크조차 이 계약을 두고 "최소액일 뿐, 실제로는 더 커질 것"이라고 의미심장하게 언급했다. 계약 발표 직후 업계는 삼성의 파운드리 매출 구조가 단숨에 재편될 수 있으리라 전망했고, 삼성 안팎에서는 "머스크와의 동맹은 단순한 공급 관계가 아니라 삼성의 새로운 정체성"이라는 평가가 흘러나왔다.

이어 애플과의 계약은 또 다른 무대였다. 삼성은 아이폰용 이미지센서(CIS)를 공급하는 계약을 체결하면서, 애플이 그동안 소니에만 의존하던 공급망에 균열을 내는 데 성공했다. 삼성은 미국 텍사스 오스틴 팹에서 이 이미지센서를 생산하기로 했으며, 업계 전망에 따르면 이 센서는 2027년 이후 아이폰에 본격 탑재될 가능성이 높다. 그 순간은 단순한 부품 공급 이상의 의미를 가진다. 삼성의 이미지센서가 애플 생태계 안으로 들어간다는 사실은, 소니 독점 체제를 깨뜨리고, 삼성의 시스템반도체와 파운드리 역량을 동시에 끌어올리는 중대한 전환점이 될 수 있기 때문이다.

퀄컴과의 협력은 아직 수치로 가시화되지 않았지만, 잠재적 파급력은 테슬라와 애플 못지않다. 이재용은 미국 출장에서 퀄컴과의 협력 가능성을 직접 논의한 것으로 전해졌고, 업계는 퀄컴의 차세대 AI·모뎀·SoC 칩이 삼성 파운드리로 일부 이전될 경우 엄청난 파급 효과가 발생할 것이라고 분석한다. TSMC에 집중된 퀄컴 물량의 일부라도 삼성으로 흘러들면, 이는 단순한 숫자의 문제가 아니라 글로벌 파운드리 경쟁 구도 자체를 바꾸는 사건이 된다.

이 세 개의 축―테슬라와의 165억 달러 급 장기 동맹, 애플과의 이미지센서 계약으로 인한 소니 독점 체제 균열, 그리고 퀄컴과의 협력 협상 테이블―은 지금 삼성의 글로벌 질서 속 위상을 재편하고 있다.

　과거 삼성은 언제나 '추격자'라는 이미지에 묶여 있었지만, 이제는 누구와 손잡느냐에 따라 세계 시장의 균형을 흔들 수 있는 '키 플레이어'로 올라선 것이다. 문제는 이 동맹의 무게다. 테슬라와 애플, 그리고 퀄컴 같은 글로벌 빅테크와의 계약은 삼성에게 전례 없는 기회를 제공하지만 동시에 전례 없는 리스크를 동반한다.

　한쪽에 치우치면 다른 쪽의 반발을 살 수 있고, 공급망 전략이 실패하면 동맹은 하루아침에 족쇄로 바뀔 수 있다. 그러나 한국이라는 좁은 무대를 넘어 세계 질서의 판에서 움직이는 삼성에게 선택권은 많지 않다. 이제는 동맹의 크기와 질이 곧 기업의 운명을 결정한다.

　이재용 회장은 이러한 상황을 두고 내부에서 "세계는 혼자 살아남을 수 없는 판"이라고 말한 바 있다. 그 말처럼 삼성의 생존 방식은 고독한 초격차가 아니라 동맹의 역학 속에서 풀린다. 테슬라와 애플, 퀄컴과의 교집합 속에서 삼성은 더 이상 한국의 기업이 아니라 글로벌 질서 속 권력의 한 축으로 자리매김하고 있다.

　문제는 이런 개별적 계약들이 삼성의 글로벌 질서 속 위치를 보장하지는 않는다는 점이다. 테슬라와 애플은 철저히 자사 중심의 전략을 구사하며 언제든 협력의 무게추를 다른 곳으로 옮길 수 있다. TSMC와의 관계가 굳건한 상황에서, 삼성은 언제든 '세컨드 벤더'로 밀려날 수 있다는 불안감을 안고 있다. 그래서 삼성은 계약 그 자체를 넘어, 장기적 동맹 구조 속에 자신을 고정시키려는 노력을 기울이고 있다.

이 지점에서 퀄컴과의 협력 논의가 중요하다. 퀄컴은 모바일 칩 시장의 절대 강자로, ARM 기반 AI 칩 설계와 6G 모뎀 개발을 동시에 진행 중이다. 이재용이 미국 출장길에서 퀄컴 CEO 크리스티아노 아몬과 만난 것은 단순한 영업이 아니라 글로벌 질서 속 위치 찾기의 일환이었다. 애플과 테슬라가 삼성에 '파트너'라는 지위를 부여한 것이 계약 차원이었다면, 퀄컴과의 협력은 파운드리 생태계 속에서 '핵심 플레이어'라는 지위를 확보하기 위한 행보였다.

여기에 한국판 AI 연합 M7과의 협력은 또 다른 층위를 더한다. 네이버, 카카오, SK텔레콤, LG, KT 등 국내 빅테크와 함께 구축하는 한국형 AI 생태계는 글로벌 시장에서 독자적 목소리를 내기 위한 몸부림이기도 하다. M7의 AI 모델이 삼성의 반도체 위에서 구동된다면, 삼성은 단순한 부품 공급자가 아니라 AI 생태계의 중심축으로 서게 된다. 글로벌 동맹 속에서 삼성의 위치를 재정의하는 작업은 바로 이런 다층적 협력망 위에서 이루어지고 있다.

그러나 글로벌 질서는 점점 더 복잡해지고 있다. 엔비디아는 TSMC와의 밀월 관계를 굳히며 GPU와 HBM 시장을 주도하고 있고, 애플은 자체 칩 개발을 강화하며 점차 외부 의존도를 줄이고 있다. 마이크로소프트와 구글은 자사 클라우드 생태계에 최적화된 AI 칩을 직접 설계하고 있으며, 인텔도 새로운 도약을 준비하고 있다. 이런 판에서 삼성은 '어느 쪽에도 완전히 속하지 않으면서, 동시에 빠질 수 없는 기업'이라는 독특한 위치를 점하고 있다. 그것은 기회이자 리스크다.

삼성의 부활이 '삼성 쇼크'라는 이름으로 불린 이유도 여기에 있다. 위기의 순간에도 삼성은 다시 글로벌 제국들의 심장부로 침투하는 능력을 보여주었다. 그러나 이 쇼크가 반짝 효과로 끝날지, 아니면 장기적 질서 재편으로 이어질지는 여전히 미지수다. 삼성의 미래는 개별 계약이 아니라, 테슬라·애플·퀄컴·M7이라는 다양한 동맹을 어떻게 장기적 전략 네트워크로 묶어내느냐에 달려 있다.

글로벌 동맹의 시대, 삼성은 더 이상 '따라잡기 전략'으로는 살아남을 수 없다. 아이폰을 추격하고 TSMC를 따라가는 언어에서 벗어나, 스스로 글로벌 질서를 설계하는 플레이어로 자리매김해야 한다. 테슬라와 애플이라는 이름을 빌린 반격은 그 시작에 불과하다.

이제 세계는 묻는다. 삼성은 이 거대한 동맹 전쟁 속에서 주연으로 남을 것인가, 아니면 조연으로 밀려날 것인가? 그 대답은 앞으로의 10년, 삼성의 엔드게임을 결정지을 것이다.

주주가 묻는다 – '10년 뒤 삼성의 가치'

투자자들의 냉정한 질문, 시장의 최종 평가

삼성의 미래를 말할 때 가장 예리한 화살은 시장으로부터 날아든다. 기술의 초격차, 글로벌 동맹, 그리고 신사업 개척 모두 중요하지만, 결국 숫자로 평가받는 존재가 바로 기업이기 때문이다. 그리고 그 숫자를 가장 집요하게 물어보는 집단은 주주들이다. 한국의 개미 투자자에서부터 뉴욕의 펀드 매니저, 런던의 연기금 운용자에 이르기까지, 그들은 단 하나의 질문을 던진다.

"10년 뒤 삼성의 가치는 얼마인가?"

삼성은 한국 증시의 심장이라 불린다. 코스피 시가총액의 약 20%를 삼성전자가 차지하고 있으며, 550만 명이 넘는 개인 투자자가 삼성 주식을 보유하고 있다. 주주명부에 이름을 올린 이들 가운데는 직장인, 퇴직자, 대학생, 심지어는 중고등학생까지도 포함된다. '국민주'라는 별명은 허울이 아니다.

삼성이 흔들리면 곧바로 코스피 지수가 무너지고, 연기금의 운용 성적이 떨어지며, 개인들의 노후 자산이 직격탄을 맞는다. 시장은 그래서 더 가혹하다. 삼성이 '이익'보다 '가치'를 어떻게 증명하느냐에 따라 한국 경제 전체가 영향을 받기 때문이다.

투자자들이 가장 먼저 묻는 것은 반도체의 미래다. 파운드리에서 TSMC와의 격차를 얼마나 좁힐 수 있느냐? 메모리 슈퍼사이클에서 삼성은 얼마나 안정적으로 시장을 장악할 수 있느냐? 그리고 AI 시대에 삼성의 시스템반도체 전략은 어떤 새로운 기회를 열어갈 수 있느냐?

최근 테슬라와의 165억 달러 규모 계약, 애플과의 이미지센서 공급 계약 같은 소식은 일시적으로 주가를 끌어올렸지만, 주주들은 거기서 더 나아간 장기 시나리오를 원한다. 단발적 계약이 아니라, "삼성의 성장 엔진이 앞으로 10년을 어떻게 이끌어갈 것인가?"라는 본질적 질문이다.

이재용이 강조해온 '초격차'와 '초연결'은 투자자들에게 매혹적인 구호이지만, 동시에 불안한 구호이기도 하다. 시장은 이미 수많은 기업들이 '혁신'이라는 단어를 내세우고 사라지는 장면을 목격해왔다. 글로벌 투자자들은 삼성이 애플처럼 브랜드 충성도를 기반으로 한 안정적 수익 모델을 만들 수 있을지, 아니면 TSMC처럼 확고한 기술적 리더십을 유지하며 파운드리 전쟁을 승리로 이끌 수 있을지를 주목한다. 그 두 갈래 길 어느 쪽에서든 삼성의 미래 가치는 달라질 수밖에 없다.

또 다른 질문은 지배구조와 리스크 관리다. 한국 기업의 고질적 문제는 오너 리스크가 곧 국가 리스크로 이어진다는 점이었다. 이재용이 사법 리스크에서 벗어난 현재, 주주들은 묻는다.

"삼성은 전문경영인 체제와 오너십 사이의 균형을 어떻게 잡을 것인가?"

일본 전자업체들이 몰락한 배경에는 책임을 지는 오너십이 사라지고 느린 의사결정만 남은 구조적 한계가 있었다. 투자자들은 삼성이 그 길을 답습하지 않기를 원한다. 리스크는 피할 수 없지만, 위기를 돌파하는 결단이 존재한다면 그것은 곧 기업가치의 프리미엄이 된다.

신사업 역시 빠지지 않는 화두다. 의료기기, 로봇, 전장, 스마트싱스와 Home AI 등 삼성전자가 던진 베팅은 주가에 직접 반영되는 기대 요인이다. 그러나 투자자들의 눈은 언제나 냉정하다. 신사업의 매출 기여도가 구체적으로 어느 정도인지, 5년 뒤 어느 시장 점유율을 차지할 수 있을지, 그리고 M&A를 통해 글로벌 기업들과 어떤 시너지를 창출할 수 있을지가 숫자로 제시되지 않는다면, 아무리 화려한 청사진이라도 '스토리'로만 남을 뿐이다.

주주의 시선은 또 하나의 영역, 바로 ESG로 향한다. 글로벌 자본은 이제 환경, 사회, 지배구조를 무시하는 기업에 투자하지 않는다. 유럽의 연기금, 미국의 기관투자자들이 ESG 성적표를 기준으로 투자 여부를 결정하는 시대, 삼성은 얼마나 빨리 탄소 중립, 인권 문제, 지배구조 투명성을 해결할 수 있을까?

삼성의 반도체 공장 굴뚝에서 배출되는 탄소, 노동조합과의 갈등, 반도체 백혈병 논란 같은 문제는 여전히 국제 투자자들에게는 위험 신호다. 주주가치의 핵심은 단기 수익만이 아니라 지속가능성에 있다는 사실을 삼성은 체감하고 있다.

10년 뒤 삼성의 가치를 묻는 주주의 질문은 단순한 재무적 평가가 아니다. 그것은 삼성이라는 기업이 한국 사회에서 어떤 위치를 차지하고 있는지, 글로벌 시장에서 어떤 신뢰를 구축하고 있는지, 그리고 기술·문화·정치의 복잡한 맥락 속에서 어떤 선택을 하고 있는지까지 아우르는 종합 평가다. 삼성의 주가는 곧 한국의 거울이고, 그 변동성은 한 나라의 자신감과 불안을 동시에 드러내는 지표다. 이재용은 반복해서 말해왔다.

"삼성은 혼자가 아니다. 우리는 고객, 투자자, 사회와 함께 가야 한다."

이 문장은 단순한 기업 PR의 레토릭이 아니라, 주주들이 던지는 냉정한 질문에 답하려는 시도의 다른 표현이다. 10년 뒤 삼성의 가치가 어떤 모습으로 시장에 기록될지, 그것은 기술의 초격차나 동맹의 크기만으로 결정되지 않는다. 주주라는 집단이 인정할 수 있는 명확한 답, 바로 신뢰와 성과가 함께 증명될 때 비로소 미래의 가치가 완성된다.

삼성 없는 대한민국을 상상할 수 없듯이, 주주 없는 삼성 역시 상상할 수 없다. 그리고 10년 뒤의 삼성 가치는 바로 오늘 투자자들의 질문에 얼마나 설득력 있게 대답할 수 있는가에 달려 있다.

위기와 기회가 교차하는 미래로의 달리기

삼성 쇼크라는 말은 과거엔 '실적 추락'과 '글로벌 경쟁력의 균열'을 지칭하는 부정적 의미로 쓰였다. 그러나 최근 몇 년 사이 이 단어는 역설적으로 재해석되고 있다. 세계 반도체 전쟁, MZ세대의 소비 트렌드 변화, ESG 압박과 지정학 리스크라는 삼중고 속에서도 삼성은 무너지는 대신 더 높은 도약을 위한 발판을 만들고 있기 때문이다. 위기와 반격이 교차하는 과정 자체가 '삼성 쇼크'라는 이름을 다시 정의하고 있다.

예를 들어 ESG를 보자. 삼성은 2022년부터 2050년까지 약 7조 원 이상의 투자를 집행하며 탄소중립을 향한 로드맵을 본격적으로 가동했다. 반도체 부문은 2030년까지 탄소중립을 달성하겠다는 목표를 설정했고, 2050년에는 전 사업장을 포함한 전체 그룹 차원의 넷제로를 실현하겠다고 밝혔다. 이는 애플이나 마이크로소프트보다 늦은 출발이었지만, 반도체 제조업이라는 에너지 집약적 산업 특성을 고려할 때 훨씬 더 고난도의 도전이었다. 태양광과 풍력 에너

지 사용 비중을 늘리고, 2030년까지 모든 글로벌 사업장에서 재생
에너지 전환을 100% 완료하겠다는 선언은 ESG 시대 투자자들의
불신을 불식시키려는 거대한 약속이었다.

AI 동맹 역시 삼성의 최근 변화를 드러낸다. 2023년 삼성은 M7이
라 불리는 글로벌 AI 동맹에 합류하며 엔비디아, 구글, 마이크로소
프트, 오픈AI와 협력하는 그림을 그렸다. 이는 단순한 칩 공급 계
약을 넘어 AI 생태계 안에서의 '플랫폼 파트너'로 인정받기 위한 행
보였다.

2024년에는 퀄컴과 파운드리 협력을 논의했고, 애플과의 이미지
센서 계약, 테슬라와의 165억 달러 규모 파운드리 계약까지 이어지
며 AI·자동차·모바일이라는 3대 축을 동시에 공략하는 전략적 제
휴의 퍼즐을 맞춰가고 있다. 글로벌 투자자들이 삼성의 가치를 재
평가하기 시작한 것도 이 즈음이다.

숫자와 타임라인은 이 전략의 무게를 보여준다. 2030년까지 반도
체 시스템 1위 달성, 2050년까지 넷제로 완성, 2025년까지 미국 텍
사스 테일러 공장 가동, 2027년까지 2nm 양산 성공이라는 구체적
목표들이 삼성의 '질주 로드맵'을 구성한다. 위기에서 얻은 교훈을
숫자와 연도로 묶어낸 이 시계열 전략은 단발성 이벤트가 아닌, 그
룹 전체의 의지와 실행력을 상징한다. 삼성 쇼크의 진정한 의미는
여기에 있다.

그것은 실적 충격이나 위기론의 반복이 아니라, 전 세계가 주목
하는 압력 속에서도 위기를 기회로 변환하는 능력, 그리고 이를 미

래의 질주로 연결하는 힘이다. ESG 투자와 글로벌 AI 동맹 참여, 그리고 2030·2050 타임라인에 새겨진 약속들은 삼성이 단지 살아남기 위해 버티는 기업이 아니라, 위기를 동력으로 삼아 달려가는 기업임을 보여준다.

따라서 '삼성 쇼크'라는 단어는 이제 다른 무게를 지닌다. 그것은 세계가 예상하지 못한 순간 삼성의 반등과 질주를 목격하는 충격이며, 위기의 흔들림 속에서 기회를 길어 올리는 전략적 반전의 이름이다. 10년 뒤 투자자와 사회가 삼성의 진정한 가치를 평가할 때, 이 재정의된 삼성 쇼크는 단순한 사건이 아니라 미래 자본주의의 거울로 남을 것이다.

끝났다고 말할 수 없는 이야기,
여전히 진행 중인 제국의 서사

삼성의 역사를 되돌아보면 그것은 승리의 기록만이 아니었다. 수많은 위기와 추락의 순간이 있었고, 그때마다 사람들은 "삼성의 시대가 끝난 것 아니냐"는 질문을 던졌다. 삼성의 시대는 필연이었다. 외환위기 한복판에서 반도체 세계 1위를 지켜낸 것도, 스마트폰 전쟁에서 아이폰과 어깨를 나란히 했던 것도 모두 우연이 아니었다. 그러나 그 빛의 서사 뒤에는 늘 그림자가 어른거렸다.

이건희의 카리스마적 결단과 초격차 전략이 신화를 만들었다면, 그 신화는 곧 이재용의 어깨 위에 짐이 되어 올려졌다. 2019년 일본의 수출 규제는 거대한 기업조차 한 나라의 정치적 결정 앞에서 멈출 수 있음을 보여주었다. 반도체 공정에 들어가는 불화수소, 포토레지스트, 플루오린 폴리이미드가 막히자 삼성의 라인이 멈출 수 있다는 공포가 한국 사회를 덮쳤다.

그러나 삼성은 상처를 입은 바로 그 땅, 일본 요코하마에 2,500억 원을 쏟아부으며 첨단 패키징 연구소를 세웠다. 적진 한복판에 성채를 짓는 역설적 선택은 "위기를 기회로 바꾸는 방식"이라는 평가를 낳았다.

　미국의 요구는 더 노골적이었다. 반도체 공급망을 자국 중심으로 재편하려는 바이든 정부는 보조금과 동시에 '가드레일 조항'을 들이밀며 중국 내 생산 확장을 제한했다. 삼성은 텍사스 테일러에 20조 원 이상을 투입해 거대한 파운드리 공장을 건설했고, 그 대가로 9조 원에 달하는 보조금을 받아냈다. 동시에 엔비디아와의 HBM 테스트 협력, 테슬라와의 165억 달러 규모 파운드리 계약, 애플과의 이미지 센서 공급, 퀄컴과의 차세대 협력 전망까지 삼각 편대를 구축하며 미국의 중심부로 파고들었다.

　이 모든 움직임은 '삼성 없는 글로벌 반도체 질서'가 존재할 수 없다는 선언이었다. 그러나 제국의 이야기는 언제나 직선으로 나아가는 것이 아니었다. 반도체 파운드리 점유율은 여전히 TSMC에 밀리고, 메모리 시장에서는 SK하이닉스의 HBM 기술에 주도권을 빼앗겼다. MZ세대는 아이폰의 문화적 상징성에 이끌렸다. 갤럭시는 스펙 경쟁을 통해 반격했지만, 브랜드 충성도의 벽은 쉽게 깨지지 않았다. 내부적으로는 무노조 경영의 유산이 남긴 그림자가 여전히 노조와의 갈등으로 이어지고, ESG 대응은 국제 기준에 비해 늦다는 비판을 받고 있다. 삼성의 이름은 여전히 한국의 국기처럼 휘날리지만, 그 아래에는 수많은 균열이 교차하고 있었다.

　그럼에도 불구하고 삼성은 계속해서 '부활'을 연출했다. 3나노 공정의 수율 개선 소식은 업계를 놀라게 했고, 2나노 양산 로드맵은 TSMC와의 격차를 좁히는 신호탄이 되었다. AI 반도체 시장에서는

M7 동맹과의 협업, 그리고 자체 설계 칩의 진보가 다시 한 번 기회의 불씨를 만들고 있었다. 갤럭시24는 온디바이스 AI로 시장의 주목을 끌었고, 갤럭시25는 카메라 성능과 AI 기능으로 MZ세대를 흔들었다. 곧 출시될 갤럭시26은 엑시노스2600을 탑재해 생성형 AI 연산을 온전히 소화할 수 있는 'AI폰의 완성판'으로 평가받으며 기대를 모으고 있다.

이재용은 선대의 그림자를 지우기보다 그 위에 새로운 선을 덧그려 가고 있었다. 이건희의 초격차 정신은 여전히 그룹의 기저에 흐르지만, 글로벌 CEO 네트워크형 리더십, ESG와 AI 중심 경영, 그리고 미국과 일본, 중국 사이를 넘나드는 줄타기 전략은 그의 시대가 가진 색채였다. 오너 리스크라는 불안은 사라지지 않았다. 그러나 오히려 일본 전자업체들이 전문경영 체제로 전환하며 느린 의사결정에 갇혀 몰락한 역사를 거울삼아, 삼성은 오너십과 전문경영인 체제를 함께 활용하는 새로운 길을 모색하고 있다.

삼성이 무너진다면 그것은 단지 한 기업의 몰락이 아니다. 한국 GDP의 20% 가까이를 책임지고, 수출과 세수의 5분의 1 비중을 차지하며, 550만 명 이상의 국민이 주주로 연결된 기업이 흔들린다면 곧 국가 전체가 흔들린다는 뜻이다.

그래서 "삼성은 괜찮은가?"라는 질문은 사실상 "한국은 괜찮은가?"라는 질문과 동일하다. 제국의 이름은 국민 개개인의 삶과 얽혀 있고, 그 이름이 흔들릴 때 사회 전체의 균형도 함께 흔들린다.

책을 마치며 우리는 삼성의 서사를 완결된 이야기로 쓸 수 없다는 사실을 발견한다. 그것은 여전히 쓰이고 있는 드라마이며, 몰락과 부활의 장면이 교차하는 서사시다. 삼성이 다시 초격차를 만들어낼지, 혹은 글로벌 동맹과의 협력 속에서 새로운 질서를 구축할지, 아니면 내부의 균열과 외부의 압력에 무너질지는 아직 알 수 없다.

그러나 분명한 것은, 삼성의 이야기는 끝났다고 말할 수 없다는 것이다. 제국은 여전히 무대 위에 서 있고, 전 세계가 그다음 장면을 지켜보고 있다. 삼성의 이름은 이제 하나의 기업을 넘어, 한국 자본주의의 거울이며, 글로벌 자본의 시험대이자, 미래 산업의 전장 그 자체다.

몰락과 부활 사이, 그 끝나지 않은 드라마가 던지는 질문은 단 하나다. 제국은 다음 장면에서 어떤 얼굴로 다시 등장할 것인가? 그리고 그 얼굴은, 단지 삼성의 것이 아니라 한국 사회 전체의 운명을 비출 거대한 스크린일 것이다.

리더십 학습노트 66계명 誡命

리더십 훈련을 위한 66개의 키워드

역사가의 성인 사마천과 역사서의 바이블 《사기》가 들려주는
금과옥조(金科玉條)와 같은 리더십 66계명으로 위기를 대처하라!
리더는 타고나는 존재가 아니다.
'리더는 훈련(訓鍊)과 단련(鍛鍊)의 산물'이란 것이다.
때로는 '혹독한 시련(試鍊)'도 거친다.

김영수 지음 / 신국판 / 336쪽 / 2도 인쇄 / 값 20,000원

새우와 고래가 함께 숨 쉬는 바다

삼성 쇼크
–삼성은 몰락할 것인가, 아니면 다시 세상을 뒤흔들 것인가?!

편저자 | 이채윤
펴낸이 | 황인원
펴낸곳 | 도서출판 창해

신고번호 | 제2019-000317호

초판 1쇄 인쇄 | 2025년 11월 07일
초판 1쇄 발행 | 2025년 11월 14일

우편번호 | 04037
주소 | 서울특별시 마포구 양화로 59, 601호(서교동)
전화 | (02)322-3333(代)
팩스 | (02)333-5678
E-mail | dachawon@daum.net

ISBN 979-11-7174-061-1 (03320)

값 · 20,000원

Publishing Club Dachawon(多次元)
창해·다차원북스·나마스테